NELSON TRIUNFO
DO SERTÃO AO HIP-HOP

CB069774

GILBERTO YOSHINAGA

NELSON TRIUNFO
DO SERTÃO AO HIP-HOP

SHURIKEN

SHURIKEN PRODUÇÕES / LITERARUA

1ª EDIÇÃO
SÃO PAULO
2014

NELSON TRIUNFO
DO SERTÃO AO HIP-HOP

Gilberto Yoshinaga

Revisão
Danilo Almeida

Capa
Denny - www.denny-design.net

Diagramação
Toni C.

Conteúdo sob licença Creative Commons 4.0
creativecommons.org/licenses/by-sa/4.0/br

creative commons

Informações, palestras, aquisição de livros, contato com o autor:
www.shurikenproducoes.com
www.literaRUA.com.br
Facebook.com/biografiadeNelsonTriunfo

Ficha Catalográfica elaborada com o auxílio da equipe da Biblioteca da Escola de Comunicações e Artes da Universidade de São Paulo

---

Y65n
Yoshinaga, Gilberto
Nelson Triunfo - Do Sertão Ao Hip-Hop / Gilberto Yoshinaga. São Paulo: Shuriken Produções / LiteraRUA , 2014.

26 cm. - 368 p.

ISBN 978-85-67688-00-8

1. Nelson Triunfo (1954-   ) - Biografia. 2. Hip-Hop (História e crítica) 3. Rap (Música) - Aspectos Sociais (Brasil) 4. Funk (História) 5. Cultura de Rua (São Paulo - SP) 6. Bailes - Identidade Social. I. Título. II. Autor

CDD 22. ed. 305.2350981
CDU 2. ed. 012:784.4 (81)

*Seja no soul, no hip-hop, na diáspora afronordestina
ou em quaisquer outras manifestações populares legítimas,
esta obra é dedicada a todas as pessoas que compreendem,
respeitam e/ou vivem a cultura em sua essência
- e com responsabilidade.*

* * * * *

*Em memória de Nelson Goro Yoshinaga,
Nelson Gonçalves Campos e Frank*

As legendas de todas as fotos do livro, bem como seus respectivos créditos, encontram-se relacionados a partir da página 357.

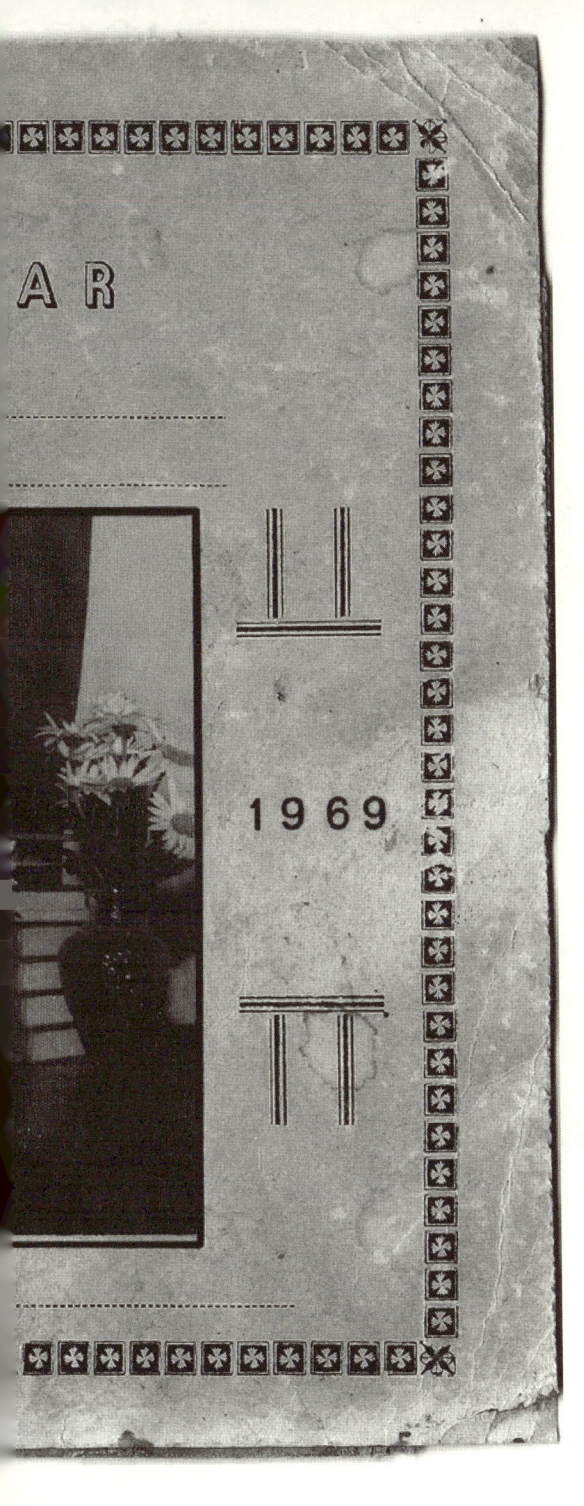

*Minha vida é andar por esse país
Pra ver se um dia descanso feliz
Guardando as recordações
Das terras por onde passei
Andando pelos sertões
E dos amigos que lá deixei*
(Luiz Gonzaga - "A vida do viajante")

*Eu tenho formigas nas minhas calças
E eu preciso dançar!*
(James Brown - "I got ants in my pants")

AGRADECIMENTOS-11 PREFÁCIO-13
CAP.1-NASCIDO PARA TRIUNFAR-35
CAP.3-EM BUSCA DO SONHO-101
CAP.5-DO BAILE PARA AS RUAS-16
CAP.7-PERPETUAÇÃO-283 RETICÊNCIA
REFERÊNCIAS/RECOMENDAÇÕES-.35

SUMÁRIO

ANTES DE MAIS NADA-15 INTRODUÇÃO-19
CAP.2-INVERTEBRADO NO SOUL-69
CAP.4-NA TERRA DA GAROA-119
CAP.6-O FENÔMENO HIP-HOP-223
323 NELSON TRIUNFO POR...-347
LEGENDA DAS FOTOS-361

O obrigado mais que especial vai para minha mãe Luiza, pois sem ela este livro não existiria nem mesmo em pensamento. Meu muito obrigado de alma e coração vai, também, para meus irmãos Eduardo, Fabio, Deborah e Daniel, a todos os meus familiares Kurita e Yoshinaga, à Karina, ao Apolo e à 'família Triunfo' (Heloisa, Jean e Andrinho).

Não posso deixar de agradecer aos amigos e colaboradores Alexandre de Maio, Ambrosino Martins, André Miani, Arena MC, Arnaldo Borges, Arnaldo Tifu, Banda Isaías Lima, Beth Begonha, Bio All Stars, Bocada Forte/Central Hip-Hop, Caju e Castanha, Carlinhos de Jesus, Carlo Rappaz, Chico Macena, Christian 'Kika' Saito, Clodoaldo Arruda, Coletivo 90 BPM, Combo Grooves, Criolo, DJ Cia, DJ Cortecertu, DJ Dan Dan, DJ Gibass (Região Abissal), DJ Heliobranco, DJ Man, DJ Marcelinho, DJ Meio-Quilo, DJ Nato PK, DJ Raffa, DJ Roger P3, DJ Tatinha, DJ Tony Hits, Dom Billy, Dom Filó (Cultne), Douglas Beethoven, Egildo de Biata, Elly (DMN), Elaine Nunes de Andrade, Enézimo, Fabricio Ramos, Família Patronagem, Fino, Gaijin Produções, GOG, Grandmaster Duda, Grandmaster Ney, Guilherme Botelho, Guinho B-boy, Irmãos Black Power, Jackson (Styllo Selvagem), James Lino (Potencial 3), Japão (Viela 17), Jarbas Soares, Jenny Choe, João Break, José Gabriel Vidal, Kamau, KL Jay, Lindomar 3L, Lino Krizz, Lívia Cruz, Lucivaldo Ferreira, Luiz Café, Luiz Felipe Nunes, Majô, Mamuti ZeroOnze, Márcio Graffiti, Marechal, Markão (DMN), Mateus Cordeiro, Maurício Tonnera, Max B.O., Milton Sales, Mister Giba, Moisés da Rocha, Nandes Castro, Nano Filmes, Neide Campos, Pau-de-dá-em-doido, Renato e Ronaldo Gama (Nhocuné Soul), Noise D, Osvaldo Cassapa, Paulo Brown, Pedro

AGRADECIMENTOS

Alexandre Sanches, Pepeu, Petrônio Melo, Ponto4Digital, Potencial 3, Primo Preto, Prodígio, Projeto Preto Véio, Valmir Black Power, Rádio Unesp FM (Bauru/SP), Rapadura Xique-Chico, Rateio, Rooneyoyo, Sandra de Sá, Sandrão RZO, Sergio Vaz, Seven Ups (ETEPV), Skowa, Soul Sister's, Spensy Pimentel, Sueli Chan, Templários Acústicos, Thulla Melo, Toninho Crespo, Tony Bizarro, Tuchê, Uclanos, Usblacks, Valmir Black Power, Vini Gorgulho, Vras77, Winny Choe, X (Câmbio Negro), X da Questão/Sudoeste Soul Mano e Zeca MCA, além do meu 'irmão' Zap-san, Elisa Junko, Dandara Yumi e Mimy.

Agradeço, também, aos amigos e profissionalíssimos que ajudaram a revisar e aprimorar este livro ou, de alguma forma, deram importante contribuição ao mesmo: Abraão Antunes, Alessandro Buzo, André Jacaré, Antonio Penedo, Bonga, Danilo Almeida, Débora Queiroz, Denny, Diego e Giovanna Padgurschi, DJ Neew (Dê Loná), DJ TR, Emerson Rosa, Evaldo Novelini, Fabrício Pontes, Fernando Paquito, Flávio Florido, Gerson King Combo, Joul, Juca Guimarães, Karina Morizono, Maltrapilho e Philipe Terceiro (Terceira Safra), Mara Rita Oriolo, Márcio Graffiti, Mundano, Nino Brown (Zulu King), Oswaldo Faustino, Penna Prearo, Rashid e Dani, Renan Cruz, Renan Inquérito, Rodrigo Fonseca, Sergio Mamberti, Thaide, Thiago Gouvêa (Sailors Pub), Yukio Spinosa e Zé Brown.

E um salve muito especial a Toni C. (LiteraRUA), parceiro que contribuiu de forma muito significativa para que a publicação deste livro se tornasse realidade.

Cabem aqui, ainda, agradecimentos *in memorian* a Aroldo do Hospital, Fábio Macari, Mr. Kokada, Nelsinho Véio e Tom Lú.

E a James Brown, é claro!

> Ele tem mistério, ele tem poder
> O vento lhe abraça, mas você não vê
> O vento não tem asas, mas sabe voar
> Não usa passaporte, tá em qualquer lugar,
> Tá em todo lugar e dentro de você, é só você soprar
> ("Você conhece o vento?" - Nelson Triunfo)

Salve Nelson Triunfo!

Recebi o convite inesperado, mas profundamente grato, de participar dessa homenagem que o companheiro de lutas, o jornalista e escritor Gilberto Yoshinaga, acaba de prestar a este extraordinário artista brasileiro, contando no presente livro a saga do Homem-Árvore, o Nelsão lá de Triunfo, que, com sua vasta cabeleira, veio do Nordeste, cabra da peste, para incendiar com sua ginga e sua luz as quebradas desse nosso mundaréu.

Mal sonhava eu que percorreria, através destas páginas, sua insólita e heróica trajetória, desde o sítio Caldeirão, lá na divisa de Pernambuco com a Paraíba, até o coração do Bixiga, Diadema e esta Pauliceia Desvairada. Sempre com seu suingue funkeado, na levada da embolada e do xaxado, do soul, do hip-hop e do samba, com seus hábitos sertanejos, sua habilidade cordelista de verso ligeiro e seu humor malicioso e criativo, que brota vigoroso e desafiador em suas rimas improvisadas.

Sequer suspeitava eu, nesse trajeto, estar colhendo os frutos suculentos e saborosos de uma mesma semente atirada em diferentes tipos de solo, amalgamando o Brasil e os EUA, nos doces

PREFÁCIO

embalos dos ritmos e sons da Jamaica, que acabaram por transbordar no caudaloso manancial da cultura hip-hop brasileira com vibrante intensidade.

Que viagem fecunda e criadora a leitura desta obra irá proporcionar a quem debruçar-se sobre ela, desvendando a gênese dos inusitados caminhos e vertentes com que nos brinda a contemporaneidade, nessa história inspiradora que não se encerra aqui, mas "continua em andamento, gerando desdobramentos instigantes e imprevisíveis. Um desafio inerente à proposta de biografar alguém como Nelson Triunfo, um artista de múltiplos talentos, um vulcão de ideias, uma incansável metamorfose dançante e ambulante, com a robustez de quem preserva, por mais de quatro décadas de cabeleira black, a copa de um lôngevo baobá cultural".

Agradeço de coração por me permitirem compartilhar deste momento em que celebramos nacionalmente a pujança e o colorido mosaico da diversidade cultural brasileira.

Sergio Mamberti

Antes de mais nada...

Sonhei ter escrito este livro. Literalmente falando, isso ocorreu-me durante um sono misteriosamente fértil de junho de 2009. Quando acordei ainda estavam bem vívidas, na minha mente, as cores do sonho e até o delicioso cheiro das páginas do tal livro imaginário: a biografia de Nelson Triunfo. Fiquei realmente muito empolgado com a ideia e, durante dias, pensei: "E por que não?".

Com o consentimento do próprio mestre, que eu conhecera havia cerca de dez anos e com quem desde então mantinha esporádicos contatos, comecei a colher e agrupar "retalhos" de sua história, um complicado e peculiar quebra-cabeça multicultural.

Garimpei arquivos pessoais em busca de recortes de jornal desgastados e fotografias, algumas delas amareladas ou emboloradas. Percorri na sola cada metro quadrado do Sítio Caldeirão, berço de Nelsão em Triunfo, cidade do sertão pernambucano que faz divisa com solo paraibano. Conheci Paulo Afonso, na Bahia, onde ele fundou sua primeira equipe de dança, Os Invertebrados. Localizei e entrevistei personagens-chave de sua trajetória artística e pessoal, desenterrando e registrando memórias que por pouco poderiam se perder com o tempo. Convivi – e continuo convivendo – com sua família e amigos em animados almoços de domingo, viagens para apresentações artísticas e incontáveis eventos, de hip-hop ou não.

Ainda assim este não é um registro absoluto. Certamente há informações e episódios relevantes que devem ter se perdido no decorrer dessas seis décadas de vida do "pai do hip-hop brasileiro".

Linha paralela

Ao acompanhar a trajetória de vida de Nelson Triunfo, inevitavelmente esbarrei na história do soul, do funk e do hip-hop no Brasil. Isso explica por que alguns trechos, sobretudo nos capítulos 5 ("Dos bailes para as ruas") e 6 ("O fenômeno hip-hop"), se esquivem em alguns momentos da história de Nelsão propriamente dita, para percorrerem uma linha paralela que resgata acontecimentos relacionados a essas manifestações. Mas não foi minha pretensão, em nenhum momento, oferecer um registro pleno sobre elas. Conto com a compreensão do leitor que julgar incompletos tais trechos, que aqui apenas têm efeito de contextualização.

Afinal, o foco principal deste livro é a história da vida de Nelson Triunfo.

Reconhecer, registrar, perpetuar

Com seu nome bastante associado à dança, nosso protagonista mistura passos de soul, funk, street dance, samba, frevo, forró e o que mais sua criatividade permitir, inclusive quando atua como coreógrafo. Mais que isso, porém, Nelsão é um artista eclético e versátil, que vai muito além da expressão corporal. Poeta e músico, compôs mais de duzentas músicas ao longo de quatro décadas. Canta rap, reggae, rock, soul, samba e ritmos nordestinos diversos. Participou de inúmeros programas televisivos ao longo de sua carreira artística, de infantis a abertura de novela, passando por programas de auditório, de entrevistas e até um reality show. Como ator estrelou propagandas, filmes e peças de teatro, incluindo uma na Alemanha.

Além de ser um dos pioneiros da cultura hip-hop no Brasil, Nelsão também foi um dos primeiros a utilizá-la como instrumento de educação e reinserção social, colaborando com a criação de um modelo de projeto social que se tornou referência nacional. Assim, consolidou-se como um educador social cuja metodologia informal – e comprovadamente eficaz – é constantemente requisitada em escolas, universidades, conferências e debates sobre questões sociais e raciais. Suas oficinas, palestras e apresentações já rodaram o Brasil e também chegaram à Europa.

Diante deste currículo significativo, Nelson Triunfo pouco recebeu pelo muito com que contribuiu para a cultura. É feliz com a vida simples que leva, mas quando analisamos sua trajetória com um mínimo de sensatez, vemos um tímido reconhecimento da sociedade ao seu trabalho. Um dos objetivos deste livro é o de reverter esse tradicional mau hábito brasileiro de não dar o devido valor, em vida, a muitos de seus ícones. Ou, ainda, o de supervalorizar referências de outros países em detrimento de sua própria cultura.

O Brasil ainda desconhece a riqueza do caldeirão cultural que possui. Reconhecê-la, valorizá-la, registrá-la e refletir sobre ela são maneiras de perpetuar nossa história e nossa identidade. Essa é uma lição que fica muito evidente na trajetória de vida de Nelson Triunfo, que tento compartilhar a partir da próxima página.

Boa leitura *(aprecie sem moderação)!*

* *E lembre-se: o destino final é o mais importante, mas não deixe de contemplar também o caminho!*

Gilberto Yoshinaga

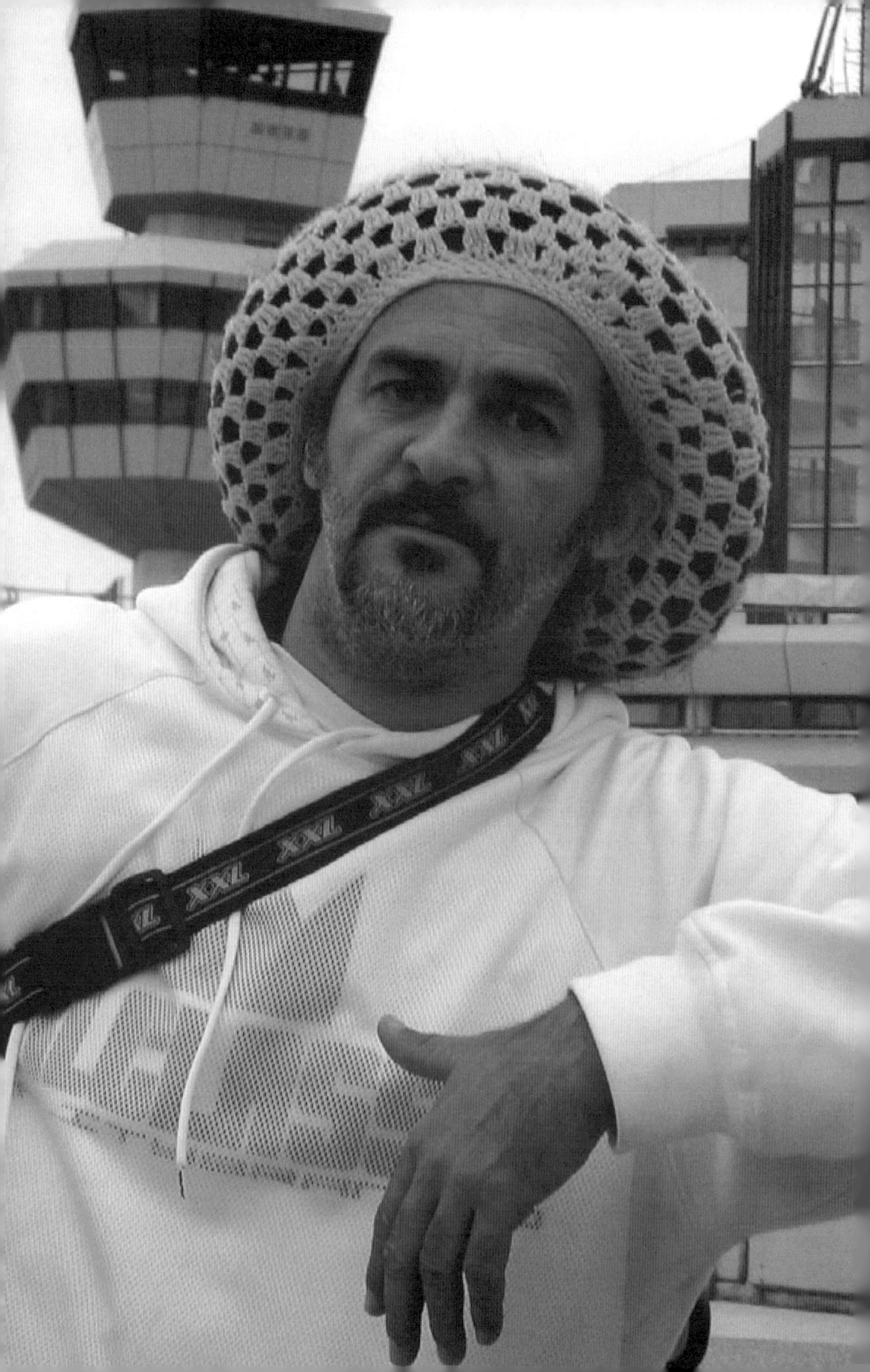
XXL

INTRODUÇÃO

UM MATUTO NA ALEMANHA

Berlim, mais uma vez!

Ele estava em Berlim pela segunda vez na vida e o motivo de uma viagem não estava diretamente relacionado ao da outra. Mesmo assim, não interpretava aquilo como coincidência. Começou até a acreditar que algum tipo de magnetismo o conecta à Alemanha.

Aportara pela primeira vez naquele mesmo lugar treze meses antes e agora, em uma tarde quente de junho de 2007, em pleno verão europeu, Nelson Triunfo estava de volta à capital alemã. Agora já se sentia bastante à vontade para percorrê-la do lado oriental ao ocidental, da Alexanderplatz (ou praça Alexander) ao zoológico Tierpark, do bairro jovem Kreuzberg à vida noturna de Prenzlauer.

Sozinho em mais um dia calorento e de calendário livre para passeios, Nelsão saiu cedo do hotel e comprou um tíquete de transporte que o permitia fazer quantas viagens quisesse, durante o dia todo, fosse de trem, metrô ou ônibus. Estava hospedado no Hotel Ibis Berlin Mitte, a cerca de quinhentos metros da praça Alexander, no centro oriental da cidade. De lá jogava-se em qualquer ônibus ou trem e seguia para destino desconhecido, a explorar e admirar lugares cujos nomes nem se lembraria depois.

– Êta, mas é cada nomezinho complicado! Uns com umas vinte letras e as palavras tudo emendadas – brincou consigo mesmo, ao mirar nos letreiros dos ônibus nomes como Waldschluchtpfad, Rauchfangswerder ou Hohenschönhausen.

Aquilo o fez refletir sobre as diferenças culturais, a começar pelo idioma. Imaginou que para os alemães, Tiquatira, nome do bairro em que residia desde 1984 na região da Penha, na zona leste de São Paulo, também devesse soar estranho.

Nelsão se encantou com a praça Alexander. Aos pés dos 368 metros da Fernsehturm, a formosa torre de televisão construída naquela praça no final da década de 1960, admirou a água a jorrar no Neptunbrunnen, fonte esculpida em 1891 que tem uma representação do deus romano Netuno entre quatro mulheres que simbolizam os rios Elba, Reno, Vístula e Oder. Também ficou impressionado com o imponente Rotes Rathaus, suntuoso prédio avermelhado construído na década de 1860, que abriga a Prefeitura e o Senado, e com o Weltzeituhr, o "relógio mundial" que mostra as horas em várias cidades do planeta. Ao retorno de um de seus passeios, perto das onze horas, consultou-o e constatou que eram seis da manhã em São Paulo.

– A Heloisa e os meninos já devem tá acordando – balbuciou para si mesmo, imaginando a esposa a preparar o café da manhã e os rostos ainda sonolentos de seus filhos Jean e Andrinho.

Durante todo o dia seguiu para diferentes cantos da cidade, maravilhado com a arquitetura das construções seculares, a modernidade dos prédios recém-erguidos, as ruas arborizadas e os muitos parques e monumentos de Berlim. Segunda cidade mais populosa da Europa, com quase três milhões e meio de habitantes, a capital alemã abrigava na época quase quinhentos mil estrangeiros oriundos de mais de 180 países, que davam um colorido especial ao vaivém urbano.

Nelsão adorava o que via. Nos tantos trens e ônibus pelos quais vagou, nas muitas avenidas e praças por onde andou, surpreendeu-se ao ver muitos pretos, asiáticos e árabes em meio a tantos louros de pele rosada e olhos claros, num convívio aparentemente sadio.

De certa forma aquela miscelânea racial e cultural o fazia lembrar-se de São Paulo, cidade que adotara como lar havia exatos trinta anos. E, quando precisava pedir alguma informação, misturando um pouco de inglês com algumas palavras que aprendera do idioma alemão, era atendido com cordialidade. "Amo Berlim!", pensou, sorrindo sozinho em suas idas e vindas pela cidade. Perto de completar cinquenta e três anos de idade, sentia-se como uma criança a desbravar um pomar carregado. Com a diferença que, dessa vez, não precisaria temer os tiros de sal que tanto o castigaram, durante a infância, em bananais, jabuticabeiras e canaviais alheios.

O que também enchia os olhos de Nelsão era a atmosfera cultural de Berlim, com seus 180 museus e 135 teatros. Um deles, o imponente Volksbühne, ou Teatro do Povo, tinha significado muito especial. Afinal, dessa companhia de teatro partira o novo convite para que fosse à Alemanha. Estava lá para participar como ator da peça *Im Dickicht der Städte (Na Selva das Cidades)*, de Bertolt Brecht, a convite do renomado diretor alemão Frank Castorf. Teatro estatal que pertenceu à Alemanha Oriental antes da queda do muro de Berlim e da reunificação do país, o Volksbühne se tornou uma das principais instituições teatrais da Europa e vinha sendo dirigido por Castorf desde 1993.

O belo teatro localizado na praça Rosa-Luxemburg, no curto trecho entre o hotel e a praça Alexander, era o "quartel-general" daquela equipe tão agradável que, um ano antes, Nelsão tinha conhecido no Brasil.

Da Copa da Cultura ao teatro

Torna-se válido recapitular como se iniciou a relação de Nelson Triunfo com a Alemanha, no ano anterior.

Desembarcou em Berlim pela primeira vez no dia 26 de maio de 2006, acompanhado de uma versão reduzida de seu grupo Funk & Cia formada pelos b-boys Guinho, Zóio e Joul, que também é MC. A convite do então ministro da Cultura Gilberto Gil, no dia seguinte eles já se apresentariam como uma das atrações da Copa da Cultura.

O espírito do evento, que antecedeu a Copa do Mundo de futebol, tinha muito a ver com a trajetória multicultural de Nelsão. Sua proposta era reunir as mais diversas manifestações artísticas dos trinta e dois países participantes da principal competição de futebol do mundo.

Eclético por natureza e um eterno curioso no campo da arte, o pernambucano que construiu sua trajetória como dançarino, músico, coreógrafo, ator e educador social sentia-se como um jogador de futebol convocado para defender a seleção brasileira, tal a importância conferida àquele convite. Em seu peito misturavam-se o orgulho de ter sido designado para aquela missão e a responsabilidade de fazê-lo diante de ouvidos e olhos de todo o mundo.

De fato, ser escolhido para representar um país de dimensões continentais e grande riqueza cultural em um evento daquele porte, mesmo praticando um tipo de arte que sempre fora discriminado e ainda era mantido distante dos holofotes da chamada grande mídia, tinha sabor de coroação. Se nos campos de futebol o Brasil teria nomes como Cafu, Roberto Carlos, Kaká, Ronaldo Fenômeno e Ronaldinho Gaúcho, na Copa da Cultura também haveria uma seleção de peso. No campo da música, além de Nelson Triunfo e Funk & Cia, o Brasil levou à Alemanha nomes como AfroReggae, Arnaldo Antunes, Elba Ramalho, Elza Soares, Gilberto Gil, Instituto, Jorge Ben Jor, Margareth Menezes, Mart'nália, Nação Zumbi, Naná Vasconcelos e Sandra de Sá, entre outros. Também houve representantes de dança, literatura, teatro, cinema e artes plásticas.

O show de Nelson Triunfo e Funk & Cia foi realizado na Haus der Kulturen der Welt, a Casa das Culturas do Mundo, e durou cerca de uma hora. Nelsão cantou, dançou e conversou com o público, com a ajuda do intérprete Cláudio (um brasileiro que residia em Berlim havia doze anos), mas também arriscou algumas palavras em inglês e arranhou algo em alemão.

UM MATUTO NA ALEMANHA

Apesar de não terem ensaiado uma apresentação específica para a ocasião, todos tiveram desempenho muito satisfatório. Zoio e Guinho esbanjaram técnica nos passos de breaking, o que incluiu difíceis movimentos de chão, como rodopios, saltos mortais e giros de cabeça que desafiam as leis da física. Joul dividiu o microfone com Nelsão e também se aventurou a dançar um pouco. Todos trajavam roupas com as cores da bandeira brasileira, enquanto um telão exibia imagens das belezas naturais de todo o Brasil e da diversidade étnica do povo verde-amarelo. A performance terminou em clima de grande festa, com os espectadores, incluindo turistas de várias partes do mundo, a se misturar aos artistas em uma grande e democrática roda de dança soul.

Essa primeira experiência de Nelsão na Alemanha durou breves três dias. Uma passagem rápida, mas muito gratificante, que já o fez apaixonar-se por Berlim e maravilhar-se com a troca de valores culturais proporcionada pela experiência. Quando seguia para o aeroporto a fim de embarcar de volta para o Brasil ouviu pela primeira vez, em uma rádio local, a música "Mas que nada", do pianista brasileiro Sérgio Mendes, na versão rap feita em parceria com will.i.am, do grupo norte-americano Black Eyed Peas. O motorista informou que a música já era sucesso na Alemanha havia alguns dias. No Brasil, Nelsão, Zóio, Guinho e Joul ainda nem tinham ouvido falar daquela versão.

– Como é que pode, *Man*? A música de um brasileiro já faz sucesso na rádio da Alemanha e ainda nem chegou lá no Brasil! – observou Nelsão.

Já de volta a São Paulo, cerca de dois meses depois dessa viagem, Nelson Triunfo soube de um teste para uma peça teatral e alguma intuição o deixou tentado a participar. Uma companhia alemã queria selecionar dois atores brasileiros para se unirem ao seu elenco, a fim de excursionar pelo Brasil com a peça *Na Selva das Cidades*. Extrovertido, comunicativo e com seu visual irreverente, o pai do hip-hop brasileiro, como é conhecido, facilmente caiu nas graças do diretor Frank Castorf e foi um dos escolhidos, ao lado da atriz Sandra Santos.

Enigmático, o texto de Brecht é ambientado em Chicago no ano de 1912 e trata de conflitos humanos no seio de uma família que migra das savanas para a cidade grande – a "selva" de concreto –, representados pela luta entre um madeireiro e um funcionário de biblioteca. Na montagem de Castorf, uma espécie de humor nonsense, a história não tinha lugar ou época definidos. Nelsão interpretou o personagem John Garga, alternando o português de suas falas com o alemão do restante do elenco – o público brasileiro acompanhou os diálogos por meio de legendas. Bastante elogiada pelos críticos, a peça foi apresentada entre agosto e setembro de 2006 em seis cidades: São Paulo e Santos, no estado de São Paulo; Guaramiranga e Fortaleza, no Ceará; além de Brasília e Salvador.

E foi com o propósito de mostrar *Na Selva das Cidades* para o público alemão com aquele formato abrasileirado que o diretor convidou Nelson Triunfo para retornar a Berlim, em junho do ano seguinte, e emprestar seu talento ao palco do Teatro do Povo.

A montanha imaginária

O clima era de comemoração, já que tudo transcorrera bem com as apresentações. No palco bem iluminado e de boa acústica, o elenco tivera desempenho impecável, arrancando aplausos do exigente público alemão. Até o diretor Frank Castorf, que muitos consideravam um sujeito carrancudo e rigoroso, se mostrara radiante e bem humorado naqueles dias.

Rodeado por uns quinze artistas extasiados, com os quais acabara de contracenar com sucesso, Nelson Triunfo era o centro das atenções em uma lanchonete anexa ao teatro. Frente a garrafas de diferentes formatos, aperfeiçoava seus conhecimentos sobre os bons vinhos, prática iniciada com aquelas mesmas pessoas, um ano antes, na turnê da peça pelo Brasil. Aprendera a degustar a bebida e a apreciar detalhes como aroma, qualidade de uva, safra e outros aspectos.

De uma garrafa escura com a inscrição Black Tower no rótulo, presente de um dos animados anfitriões, serviram-lhe uma taça de vinho branco alemão elaborado com uvas da variedade Müller-Thurgau. Em pé, lentamente Nelsão ergueu a taça. Aproximou-a dos olhos, fez umas caretas e começou a cadenciar movimentos ritmados e alegóricos, como se estivesse em um ritual. Os alemães fizeram silêncio e, curiosos, fixaram os olhos no convidado, que prosseguiu com o inusitado rito. Após a breve cerimônia, ele reservou uma pequena quantidade de vinho na boca. Fechou os olhos, prendeu a respiração e engoliu. Enigmático e cômico ao mesmo tempo, voltou a respirar aos poucos, ainda fazendo caras e bocas como se acordasse de um transe. Em suspense, todos aguardavam que Nelsão dissesse algo, mas ele permaneceu em silêncio, com olhar misterioso, a fitar uma parede distante.

– So... did you like the wine? ("Então... você gostou do vinho?")
– irrompeu um ator alemão, impaciente.

Mais teatral impossível: Nelsão gesticulou, apontando para as paredes sem janelas da lanchonete, correu um horizonte imaginário com os olhos e respondeu, em um alemão de pronúncia caricata:

– *Schauen den Berg... ist hoch* ("Veja a montanha... é alta")!

Os alemães caíram na gargalhada com a frase inesperada e se derramaram em aplausos. Sem querer, o brasileiro tinha improvisado uma piada. E nesse clima divertido de confraternização se encerrou aquela noite, marcante na memória de Nelson Triunfo e, certamente, na de seus amigos do Volksbühne.

Antes de voltar para o Brasil, depois de quase um mês na Alemanha, além de muitos beijos e abraços daqueles calorosos artistas e agentes culturais, Nelsão ganhou três garrafas de vinho. Uma delas avaliada em quase quatrocentos euros, presenteada por uma das chefes do Volksbühne, Yana Ross – uma simpática teatróloga russa de trinta e quatro anos cujo currículo já incluía passagens por Nova York e Vilnius, capital da Lituânia.

– *Ich liebe dich* ("Eu amo você")! – repetiu ela, diversas vezes, fazendo-o memorizar mais uma frase em alemão.

As garrafas de vinho eram uma espécie de "cartilha" para o aspirante a enólogo, que começou a distinguir as variadas qualidades de uva, com preferência para Cabernet Sauvignon, Carménère e a combinação Syrah-Bonarda. O próprio Nelsão ainda compraria outras quatro garrafas para colocar na mala, incluindo uma de Black Tower, junto com algumas recordações e presentes para Heloisa, Jean e Andrinho.

Tapioca e 'Bin Laden'
De Berlim, Nelson Triunfo embarcou no voo de volta para o Brasil, mas ainda faria escala em Munique. Ao menos era a chance de conhecer mais uma cidade da Alemanha, mesmo que se limitasse ao aeroporto Franz Josef Strauss – no ano anterior, a escala fora em Frankfurt. Feliz com a experiência que vivera nos últimos dias, seguia sem pressa, sem preocupações, grato por mais uma oportunidade de visitar aquele agradável país que já começava a lhe inspirar saudades.

Depois de ter passado vergonha em um cômico episódio no voo de ida para Berlim, agora sabia que o serviço de bordo da Lufthansa não serve tapioca. A hilária cena assim se dera: a caminho da Alemanha, Nelsão dormia pesado em pleno voo. Em dado momento, acordou com uma comissária de bordo a lhe oferecer, com delicada pinça metálica, uma massa branca, enrolada, quente e esfumaçante, com formato semelhante ao de uma tapioca. Estava faminto e ainda meio grogue de sono e, sem pestanejar, deu uma abocanhada das grandes, com vontade. Só então sentiu o gosto da toalha quente a preencher-lhe a boca e se deu conta de que todos os passageiros ao seu redor desenrolavam a tal "tapioca" para limpar as mãos e o rosto. Depois disso, passaria boa parte do voo rindo de si mesmo, chegando até mesmo a ter espasmos de solitária gargalhada, o que estimulava os passageiros mais próximos a imaginar que ele fosse louco.

Quando o avião pousou em Munique, Nelsão não ficou afoito para ser o primeiro a deixar a aeronave, como a maioria dos passageiros. Com todo o tempo do mundo, desafivelou o cinto de segurança, ajeitou seu assento e colocou um par de óculos escuros que comprara em Berlim. Dos pés ao peito, conferiu se estava tudo conforme sua vaidade exigia. Com seu visual único, mantinha a enorme cabeleira presa em uma touca semelhante à que os jamaicanos usam para conter seus *dreadlocks* e trajava suas habituais roupas largas e coloridíssimas. Esperou os corredores se esvaziarem para, só então, com muita calma, pegar sua bagagem de mão e sair.

Enquanto descia a escada notou que, ao lado do avião, havia dois ônibus que conduziriam os passageiros até o terminal, que ficava a algumas centenas de metros dali. Como um já estava quase cheio, optou pelo segundo. Mesmo assim fez questão de ser o último a entrar. Já no interior do ônibus, observou ao seu lado um homem estranho, meio maltrapilho, de pouco mais de um metro e sessenta de altura. Trajava jaqueta e calça um tanto surradas, que até tinham alguns rasgos, e calçava tênis bastante sujos. "Deve ser um punk, um anarquista, algo assim", pensou, descontraído.

Ao descer do ônibus e se preparar para colocar os pés no aeroporto, Nelsão viu o maltrapilho caminhar em sua direção. Logo pensou que ele lhe pediria algo.

O homem, então, colocou a mão por dentro da jaqueta, sacou um distintivo e identificou-se. Era um agente de polícia a paisana.

– *Excuse me, sir. Let me see your passport, please* ("Com licença, senhor. Deixe-me ver seu passaporte, por favor") – abordou-o o policial, num inglês seco, sonoro e meio arrastado, certamente por conta do sotaque alemão.

– *What is happening, man?* ("O que está acontecendo?") – perguntou Nelsão, de passaporte na mão.

Em tom intimidador, o agente perguntou o motivo de sua viagem para a Alemanha, enquanto analisava o documento. Pego de surpresa, num primeiro impulso Nelsão imaginou que poderia ter problemas com as sete garrafas de vinho que estavam embrulhadas em peças de roupa suja dentro da mala que fora despachada. Mas manteve a calma e apenas respondeu, em inglês:

– *I am a Brazilian artist... actor and dancer... I am coming from Berlin's theater... Bertolt Brecht... Frank Castorf...* ("Sou um artista brasileiro... ator e dançarino... Estou vindo do teatro de Berlim [...]").

Quando folheou o passaporte de capa verde e notou que estava diante de um brasileiro, o policial adotou um tom mais cortês. Feita a checagem, logo liberou o "suspeito".

– *Vielen Dank* – agradeceu Nelsão, em alemão, ao recolher seu passaporte.

Quando olhou para o lado, percebeu que mais três agentes, altos e fortes, cada um com um pastor alemão a tiracolo, tinham observado toda a abordagem e ainda o encaravam. Supôs que, como estava um pouco barbado e mantinha o enorme cabelão preso em uma touca, era até compreensível que seu visual chamasse a atenção.

– Esse baixinho invocado deve ter me achado parecido com o Osama Bin Laden – disse para si mesmo, rindo sozinho, enquanto aguardava para embarcar de Munique para São Paulo.

Dali a pouco mais que doze horas, calculou, estaria de volta ao aconchego de seu lar e aos braços de sua família.

Triunfo, sinônimo de vitória

Já no voo de volta, após comer algo e cochilar um pouco, Nelsão pediu uma garrafinha de vinho tinto seco, colocou os fones de ouvido e começou a fuçar os vinte e um canais de rádio disponíveis no avião. Encontrou um que tocava rap e achou a fala do cantor parecida com árabe. Na tela instalada no dorso da poltrona à sua frente, observou um mapa que indicava a exata localização do avião. Naquele momento sobrevoava Marrocos, no noroeste do continente africano, pouco abaixo do estreito de Gibraltar.

O serviço de bordo tinha acabado de servir uma toalha quente para os passageiros, e agora Nelsão sabia que ela não era uma tapioca, mas sim servia para limpar as mãos e o rosto.

Depois de escutar o rap e um soul cantados em idioma que não soube identificar, Nelsão reconheceu o som de violino nos primeiros acordes da música seguinte: "It's a man's man's man's world", de James Brown, um de seus maiores ídolos.

Naquele momento um turbilhão de ideias e imagens passou a povoar sua cabeça, enquanto aquela canção despertava nele um tipo de emoção diferente. Refletiu profundamente sobre como aquele músico tinha mudado sua vida e lamentou seu falecimento, ocorrido seis meses antes, algo que jamais conseguiria digerir por completo. Até então, passara metade de um ano tentando enganar a si mesmo, evitando pensar na perda de seu maior ídolo, que tivera a honra de conhecer pessoalmente. Agora, seus olhos lacrimejavam.

Pela janela, até onde sua vista alcançava, a paisagem se resumia a uma imensa área descampada à beira da costa africana do Oceano Atlântico, com alguns mirrados pontos de vegetação distribuídos ao longo de terras áridas.

– Essa é a África! – refletiu, emocionado.

Só tinha chorado duas mortes mais que a de James Brown: a de seu filho Nathan, que falecera com um dia de vida em 1986, e a de sua mãe Carmelita, em 1988 – na época, sem poder ir ao Nordeste a tempo de acompanhar o sepultamento da própria genitora, sentiu-se impotente e desamparado. Abatido, só lhe restara chorar um dos maiores infortúnios que a vida lhe reservara.

Sozinho na poltrona daquela aeronave, agora Nelsão tinha sua cabeça bombardeada por esses e outros pensamentos sobre tudo o que vivera até então – e de alguma forma seus valores estavam conectados entre si: o amor à família, a importância de James Brown em sua vida, o significado cultural e espiritual da cabeleira black power, o orgulho negro, a emoção de sobrevoar a África, o soul, o hip-hop, a raiz nordestina, a vida construída no Tiquatira, o magnetismo que tinha com Berlim, os intercâmbios culturais, a eterna desconfiança da polícia...

Junto a essas ideias, passou a recapitular diversas passagens de sua vida, enquanto as lágrimas até então dedicadas a James Brown começavam a ser motivadas por uma gostosa sensação de superação e missão cumprida.

Dono de boa memória, viu *flashes* de momentos marcantes de sua vida, acumulados em mais de cinco décadas bastante atribuladas. Tomado por forte emoção, fechou os olhos e avistou-se, ainda criança, a correr por Triunfo entre preás e croatás, sobretudo nos campos do Sítio Caldeirão, onde viveu boa parte de sua infância. Recordou a adolescência, quando deixou o sertão pernambucano e foi de pau-de-arara para Paulo Afonso, na Bahia, onde conheceu o soul e formou sua primeira equipe de dança, Os Invertebrados. Lembrou-se das andanças pelo Distrito Federal e pelo Rio de Janeiro, da mudança para São Paulo em dia de garoa, da criação dos grupos de dança Black Soul Brothers e Funk & Cia, das incontáveis botinadas que levara da polícia na época em que dançava nas ruas e do preconceito que sempre enfrentou por ser nordestino, ostentar uma enorme cabeleira black e vestir roupas diferentes. Transportou-se, ainda, para as rodas de dança que inaugurara nas ruas do centro de São Paulo, para a estação São Bento do metrô – onde ajudara a plantar a semente da cultura hip-hop brasileira – e para os vários anos de militância cultural e de trabalhos socioeducativos na Casa do Hip-Hop de Diadema, onde novas mudas seguiam sendo cultivadas.

Tudo se conectava. Tudo era um ciclo metamórfico de releitura, renovação e continuidade.

Olhou novamente pela janela e notou que a África tinha ficado para trás. Nenhuma nuvem habitava o céu que o cercava. Viu-se a sobrevoar o meio do oceano e, num mágico capricho da natureza, percebeu que mal conseguia distinguir, naquela imensidão azul que o rodeava, qual era o exato ponto do horizonte em que céu e mar se beijavam. Naquele momento, ter o ídolo James Brown nos ouvidos, a porção africana do Atlântico nos olhos marejados, a Alemanha na memória recente e o Brasil no coração fazia Nelsão se sentir um pleno vencedor. A frase "Triunfo, sinônimo de vitória", que ele vivia repetindo em alusão à sua cidade e ao seu nome artístico, nunca fizera tanto sentido.

UM MATUTO NA ALEMANHA

Matuto desacreditado, menosprezado e ridicularizado por alguns, e combatido por tantos outros durante várias décadas, ele agora voltava para casa após ter sido aplaudido no palco de um dos principais teatros de Berlim, superando barreiras geográficas, étnicas e de idioma.

– Já fui Nelsinho de Seu Nelson, hoje Triunfo ou Nelsão! – refletiu, ao se lembrar de um verso autobiográfico que escrevera três anos antes, em 2004, em sua participação na música "Influências", do grupo de rap Matéria Rima.

Até a chegada a São Paulo, Nelsão continuaria a ver o filme de sua vida sendo projetado dentro de sua cabeça, com as mesmas emoções, cores, aromas e sensações das diversas andanças que tinham ficado armazenadas em sua memória.

E que andanças!

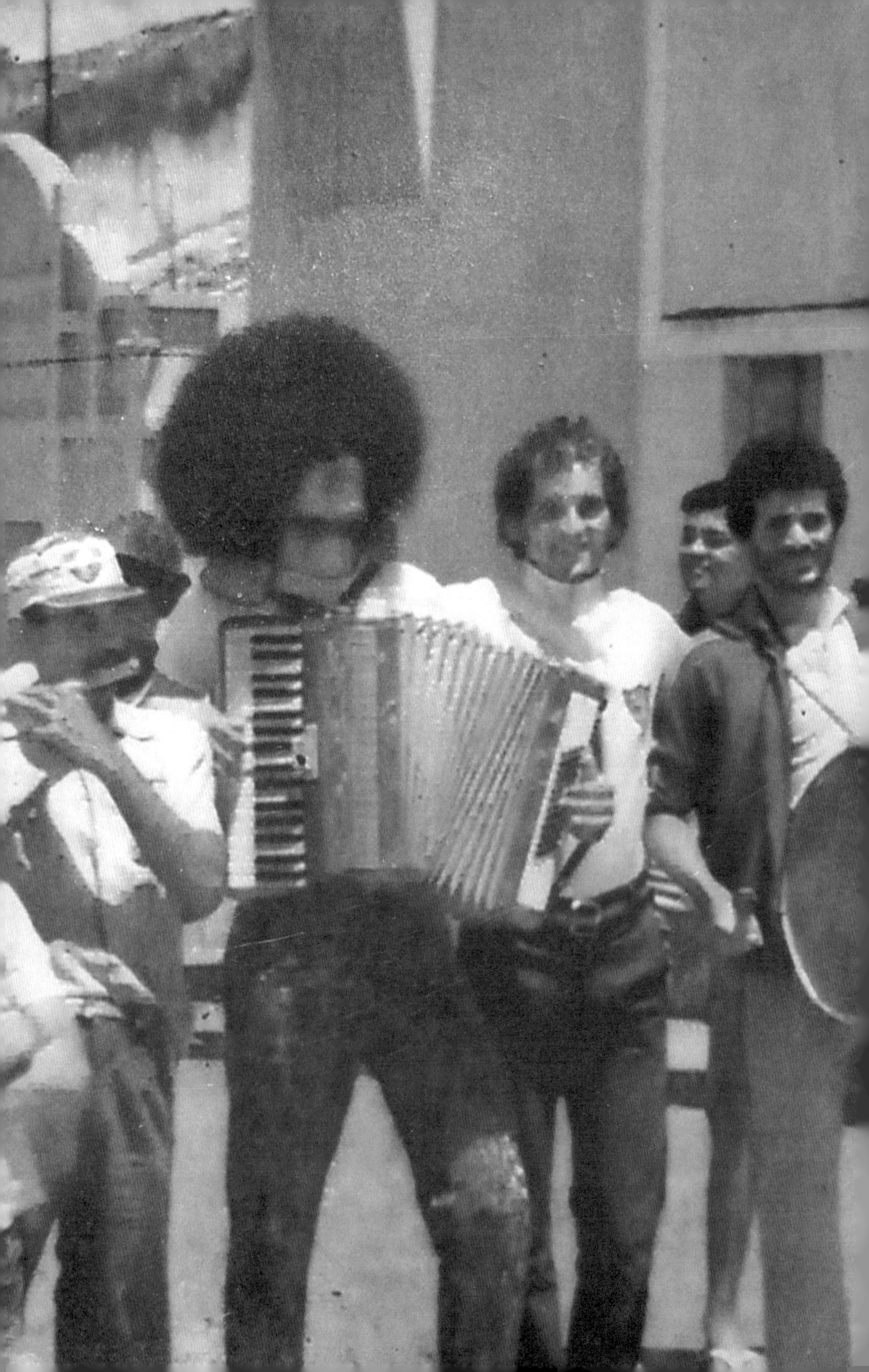

Cap. 1

NASCIDO PARA TRIUNFAR

Vida pacata

O ano era 1952. Aos quarenta e dois de idade, Seu Nelson levava uma vida modesta, sem luxo nem excessos, na pacata cidade de Triunfo, no sertão pernambucano, rente à divisa com a Paraíba. A esposa Carmelita, uma cafuza quinze anos mais nova, acabara de dar à luz uma menina, primeira filha do casal, batizada Maria do Socorro. Apesar do dia a dia simples, a família não passava necessidades.

Filho mais novo de um comerciante de certo prestígio na região, por esse motivo Nelson Gonçalves Campos fora desfavorecido na partilha dos bens, ficando com a menor cota dentre seus irmãos. Mesmo assim herdara uma pequena casa e um ponto comercial no centro de Triunfo, em que montara uma loja de tecidos, além do extenso Sítio Caldeirão, a cerca de três quilômetros dali, já em território paraibano.

Na época, Triunfo tinha menos de três mil habitantes. Situada a cerca de quatrocentos quilômetros da capital Recife, em um dos pontos mais altos do agreste de Pernambuco, a cidade faz parte do sertão do Pajeú. A mil e quatro metros acima do nível do mar, integra o chamado "circuito do frio" pernambucano – o verão chega a cravar em torno de 30°C, mas no inverno a temperatura mínima desce a aproximadamente 5°C, invariavelmente sob neblina. Considerada o oásis da região, a cidade possui terra muito fértil, possibilitando ao seu povoado o fácil cultivo de grande variedade de frutas, legumes e hortaliças.

O Sítio Caldeirão era uma prova disso. A propriedade ficava ao lado de um pequeno açude, de onde se pode avistar parte de Santa Cruz da Baixa Verde e as primeiras cidades do sudoeste paraibano. Além de uma modesta criação de animais com algumas cabeças de gado, cavalos, porcos e galinhas, Seu Nelson mantinha suas áreas verdes muito ricas, de modo a abastecer muito bem o cardápio diário. Essa fartura incluía as culturas plantadas pelos vizinhos, já que era corriqueiro, entre eles, compartilhar ou cambiar o que por ali se produzia. Era costume local trocar um item por outro, dispensando o uso de dinheiro em muitas ocasiões.

Entre outros alimentos, naquelas bandas se plantava desde feijão, batata inglesa, mandioca, milho e cenoura até macaxeira rosa e inhame acará, além de muitos tipos de hortaliça. Os pomares eram fartos, com variadas espécies de manga, goiaba, jabuticaba, jaca, banana, laranja, limão, abacate, maracujá, acerola, graviola, jatobá, pitomba, seriguela e muitos outros frutos. A cana-de-açúcar também já era abundante em Triunfo, conhecida por fabricar a rapadura mais conceituada do Nordeste.

Enfim, embora seus hábitos e sua rotina fossem simples e ainda que a região também enfrentasse esporádicos períodos de seca, as famílias de Seu Nelson e de seus vizinhos não costumavam ter problemas de alimentação.

Consta que os primeiros habitantes de Triunfo, área então conhecida como Serra da Baixa Verde, foram os índios cariris. O nome da cidade faz referência ao êxito dos habitantes que ali se tinham instalado, em um conflito com a poderosa família Campos Velhos, da cidade de Flores, que dominava a região de forma autoritária. Fruto de conquista popular cuja luta resultou até mesmo em mortes, em 1870 o povoado de Baixa Verde foi elevado à condição de vila, sob o nome Triumpho, e em 13 de junho de 1884 oficializou-se a emancipação de Triunfo.

Pequena e charmosa cidade incrustada na montanha, do tipo de lugar em que praticamente todos os moradores se conhecem, Triunfo tem como coração o lago João Barbosa Sitônio, ao redor do qual se instalou o tímido comércio local. Colada ao lago há a praça Carolino Campos, por esse motivo também conhecida como "praça do açude". A maioria das construções da região central data do século XIX, com arquitetura refinada, de traços coloniais. Cheias de ladeiras, as ruas são em sua maioria tomadas de paralelepípedos, já que as serras da região possuem rochas em abundância. Coisa comum por ali é avistar muros e casas feitos inteiramente de pedras. Algumas ruas têm como charme aprumadas fileiras de palmeiras imperiais, plantadas entre as décadas de 1930 e 1940 pelas freiras alemãs que emigraram para a cidade e lá fundaram o tradicional Colégio Stella Maris. Dos lados nordeste e sudoeste do lago, de cerca de um quilômetro de extensão, já em 1952 começavam a pipocar as primeiras casas embrenhadas nas montanhas que rodeiam a cidade.

Seu Nelson administrava uma loja de tecidos, mesmo ramo em que seu pai Antônio Osório Campos tinha atuado até 1926, quando seu estabelecimento fora incendiado por cangaceiros do bando de Virgulino Ferreira, o Lampião, em um episódio que marcou a história da cidade. Depois de ser totalmente destruída pelo fogo, a loja de Seu Antônio não voltou a ser aberta.

Quase trinta anos se tinham passado desde aquele incidente até Seu Nelson reativar o empreendimento. Seguia o mesmo estilo da loja que o pai perdera décadas antes, com as paredes cheias de rolos de tecidos intercaladas por extensos balcões de madeira, onde os metros do produto eram desenrolados para apreciação da clientela. De certa forma, era uma maneira de resgatar o que fora perdido por Seu Antônio e dar prosseguimento honroso à trajetória da família Campos na história do comércio local.

Quando não estava na loja de tecidos, Seu Nelson se dedicava a cuidar das plantações e dos animais que criava no Sítio Caldeirão. Era um dia a dia corrido, mas que o matuto alto, magro e de vívidos olhos azuis – cuja ascendência misturava sangue negro, indígena e europeu – cumpria sem dificuldades. Desde pequeno adquirira hábitos típicos e simples do campo, como acordar cedo todos os dias e cumprir os inúmeros afazeres que aquela propriedade exigia. Aliada à alimentação rica e fresca que sempre tivera ao seu redor, a rotina cheia de atividades o tornara um homem forte, com saúde de ferro.

Religiosamente todos os dias, quando o sol se escondia atrás das montanhas de Triunfo, depois de trabalhar por horas seguidas entre o comércio e o campo, Seu Nelson se recolhia à casa no centro da cidade para tomar banho, jantar e dormir. Não reclamava de seu cotidiano porque tinha qualidade de vida privilegiada, ao menos para aquelas circunstâncias, cercado por encantadora paisagem.

"É meu filho, um cabra-macho!"

Entre março e abril de 1954, quando soube que a mulher estava grávida novamente, Seu Nelson vibrou. Ficava maravilhado ao ver o progresso diário da primogênita Socorro, que mal começara a andar, já balbuciava as primeiras palavras e tornava mais alegre o ambiente familiar. Esperava, dessa vez, a chegada de um menino.

À época, naquele longínquo sertão, ainda não havia como antever o sexo do bebê. Carmelita não tinha preferência. Muito religiosa, apertava com fé o inseparável terço e atribuía a decisão unicamente a Deus. A chegada de um bebê saudável já seria vista por ela como mais uma bênção em sua vida, a agradecer sempre, fosse menina ou menino. Mas Seu Nelson queria um garoto e não escondia esse desejo de ninguém. Seguia, assim, um pouco da tradição daquelas bandas, calcada em um misto de machismo e certo autoritarismo. Acreditava que só um homem podia garantir, com pulso firme e segurança, a perpetuação do nome da família e a boa condução dos negócios e do sítio. Às mulheres cabia unicamente cuidar dos afazeres domésticos e se manterem submissas às decisões dos homens, uma tradição até então aceita por muitas e questionada apenas em pensamento por algumas.

A esperada revelação sobre o sexo do bebê veio na fria noite de 28 de outubro daquele ano, na própria casa em que moravam. A ansiedade de Seu Nelson se transformou em festa quando, por volta das onze e vinte da noite daquela quinta-feira, Dona Maria de Lurdes, conhecida parteira da cidade, confirmou o nascimento de um saudável menino.

Lampião em Triunfo

Rezam os registros da região que o lendário Virgulino Ferreira da Silva, eternizado na história do cangaço como Lampião, chegou a se instalar em Triunfo entre 1923 e 1924. Em respeito a sua devoção por Nossa Senhora das Dores, a padroeira da cidade, diz-se, ele não promovia ataques naqueles domínios.

Mesmo assim, no dia 7 de maio de 1926 um cangaceiro de seu bando, de nome Sabino Gomes, invadiu Triunfo com doze cangaceiros armados. Assolada por um surto de peste bubônica que matou mais de 200 habitantes, a cidade estava às escuras.

O grupo comandado por Sabino travou um tiroteio com policiais, que ficaram entrincheirados nas obras da Igreja matriz, que estava em reforma. Os capangas partiram em ataque à loja de Antônio de Campos, avô de Nelsinho. Mas, mesmo com sucessivos golpes de machado, não conseguiram abrir o pesado cofre inglês Milners que o comerciante mantinha no local. Aborrecidos, atearam fogo à loja de tecidos.

O incêndio se alastrou para um depósito onde havia mais de sete mil foguetões. As explosões assustaram o bando, que pensou tratar-se da polícia e fugiu. No confronto, o cabo Zé Sabiá morreu com um tiro na testa e os soldados Zé Piauí e Olegário, baleados, faleceram dias depois.

Destruída, a loja de Seu Antônio não foi mais reaberta.

Informações extraídas do livro *Triumpho A Corte do Sertão*, de Diana Rodrigues Lopes.

O matuto comemorara, extasiado, a chegada do aguardado rebento:

– É meu filho, um cabra-macho!, repetiria diversas vezes, para si mesmo e para quem quisesse ouvir.

O nome da criança já estava decidido desde o dia em que Seu Nelson imaginara ter um filho homem: Nelson Gonçalves Campos Filho. Dentro de casa e pelas ruas da pequena Triunfo, inevitavelmente, em pouco tempo o pimpolho virou Nelsinho. Ou melhor: "Nelsinho de Seu Nelson", como reza o costume local de sempre adicionar uma referência ao nome das pessoas.

Primeiros passos

No Sítio Caldeirão, o inquieto Nelsinho adorava seguir o pai, que por sua vez adorava ser seguido por ele, embora não o admitisse de forma descarada – afinal, cabra-macho não pode se mostrar sensível.

Nem parecia que o garoto mal tinha aprendido a andar, com pouco mais que um ano de idade. Quando se desequilibrava, mal caía sentado e prontamente se levantava, ávido, para prosseguir com seus passos curtos e firmes sobre gramados irregulares, pedregulhos ou mesmo o chão de terra batida. Entre dois e três anos, já era incansável em companhia do pai por todos os cantos do sítio. A dupla cortava campos, subia morros, percorria encostas, pomares e plantações, e refazia esses mesmos trajetos seguidas vezes, dia após dia. Enquanto observava pássaros e insetos ou colecionava pedras, gravetos, folhas e sementes, o pequeno aprendia com o pai sobre a riqueza e os segredos, dádivas e armadilhas da natureza.

De dia, apreciava o coral dos pássaros; à noite, dormia sob a orquestra regida por sapos, grilos e aves noturnas. Enfim, desde a tenra infância maravilhava-se com aquele lugar que, para ele, sempre seria considerado um pedaço privilegiado do mundo.

Triunfo também se revelava peculiar no trato à cultura. À entrada da cidade, um portentoso prédio inaugurado em 1922 se impunha – e, até hoje, é referência indispensável: o Cine Theatro Guarany, cartão-postal da cidade. Sua construção fora iniciada em 1919, num período de seca que barateou a mão-de-obra necessária para erguê-lo à base de barro, pedras e óleo de baleia. Embora ao longo das décadas seguintes seu uso nem sempre tenha mantido vínculo com manifestações artísticas, seu simples surgimento na cidade, com arquitetura e proposta ousadas, já mostrava, naquela época, que por ali emana uma atmosfera bastante especial no âmbito cultural.

No Carnaval a população estralava chicotes nas ruas, brincando de se esconder atrás das criativas máscaras e dos coloridíssimos trajes típicos dos Caretas, tradicional folia folclórica até hoje muito valorizada em Pernambuco. A musicalidade também era diversificada, indo de samba, frevo, coco, embolada, maracatu, xote, xaxado e forró a incontáveis vertentes dessa mesma essência afronordestina a ecoar pelas vilas, becos, campos e mangues.

Nos festivais que tomavam a praça central da cidade, ao redor do tranquilo lago, o silêncio purificava e amplificava as marchas das bandas marciais das escolas, sons que penetravam os ouvidos do pequeno Nelsinho e, como por instinto, o induziam à música desde cedo. Aos três anos, ele já manifestava verdadeira fixação por instrumentos de percussão, em especial o tarol e a caixa. Batucava o que lhe viesse às mãos tentando imitar o que via nos festejos de 7 de Setembro, Dia da Independência.

Outra forte inspiração eram os músicos da banda Isaías Lima, tradição mantida na cidade desde 1890. Nas datas comemorativas, quando eles percorriam as ruas da cidade com suas fardas impecavelmente alinhadas a executar marchinhas e outras canções, o garoto se mantinha hipnotizado, seguindo os músicos do início ao fim, com olhos e ouvidos apurados. Também admirava os instrumentos de sopro, mas era o ritmo retumbante dos percussionistas que mais o impressionava.

Sanfoneiro de mão cheia, a ponto de ter tocado com Luiz Gonzaga[1] em rodas informais, Seu Nelson logo percebeu o gosto do filho pelo batuque e, como apreciava e valorizava a música, resolveu incentivar o menino.

A iluminação do sítio era feita à base de candeeiros, como chamavam os lampiões. Por isso era grande o consumo de querosene, sobretudo o da marca Jacaré, geralmente comprado em latas de vinte litros. Certo dia, o pai de Nelsinho viu alguns galões vazios, lembrou-se do fascínio do pimpolho por instrumentos de percussão e teve a ideia de presenteá-lo com um tambor artesanal. Limpou uma lata de querosene, cortou um de seus lados com cuidado para não deixar arestas afiadas e prendeu-a em alças feitas com folhas de bananeira. À parte, lixou dois galhos de marmeleiro que, de improviso, viraram baquetas para o tamborzinho. Missão cumprida, pendurou o apetrecho no pescoço do filho e pôs-se a admirá-lo, feliz da vida, a correr pelos campos e batucar freneticamente.

Seu Nelson era perspicaz e logo teve a ideia de unir o útil ao agradável. A partir daquele dia, então, suas andanças pelos campos com o filho passaram a ter a trilha sonora necessária para afugentar boa parte dos pássaros que insistiam em atacar a plantação de milho e parte do pomar. Quando os espantalhos lá colocados não eram suficientes para inibir ou intimidar as aves, lá vinha o amedrontador Nelsinho, gargalhando, correndo e batucando de forma enérgica o seu tambor de lata de querosene Jacaré. Enquanto se divertia, o garoto ajudava a dispersar para longe aqueles insistentes pássaros.

Repetido quase diariamente, aquele trabalho em dupla pelos campos do Sítio Caldeirão fez o orgulhoso Seu Nelson, certo dia, dividir com amigos um comentário que, captado de soslaio, o pequeno guardaria para sempre em sua memória:

– Ôxe, mas esse menino vai sê trabaiadô! Tem três anos e já me ajuda aqui na roça!

---

1   Dois anos mais novo que Seu Nelson, Luiz Gonzaga do Nascimento, que anos mais tarde se tornaria o Rei do Baião, nasceu em 1912, em Exu, município situado a 230 quilômetros de Triunfo. Quando Nelsinho tinha dois anos de idade, em 1956, ele lançava *Aboios e Vaquejadas*, primeiro dos 45 discos que lançaria até 1989, quando faleceu.

Vida de criança

Até completar seis anos, Nelsinho teve uma infância muito bem aproveitada. Simples, mas gostosa, como definiria décadas mais tarde. Mesmo que os pais fossem bastante rígidos com a educação e não tolerassem o mínimo espirro que considerassem desrespeito. Moldados à base dos severos modos com os quais tinham sido criados também por seus pais, achavam comum punir as crianças com castigos, chineladas e até açoitadas, se julgassem "merecido" – critério que variava conforme o humor do dia. Filhos que respondiam aos pais, rezava a tradição, tinham de ser repreendidos com surra.

Mas Nelsinho sabia lidar com aquilo e, quando fazia algo errado e não apanhava, evitava retrucar as broncas que recebia. Assim, fugia dos castigos mais pesados. Preferia engolir a seco qualquer mágoa ou sentimento de injustiça e ficar quieto, de cabeça baixa. Já Socorro e o caçula Francisco, o Frank, dois anos mais novo que ele, costumavam teimar com os pais. Respondiam de forma grosseira e, por esse motivo, apanhavam com mais frequência.

O pai severo também tinha seus momentos de ternura e sabia ser engraçado, especialmente quando contava histórias marcantes de sua infância. Tinha um repertório hilário.

Certa noite contou que em 1918, quando tinha oito anos, andava por uma área semi-descampada quando avistou a "besta-fera" rumando em sua direção. A coisa era enorme e imponente, tinha um rosto assustador, fazia muito barulho e surgia bufando em alta velocidade. Ele contou que ficou muito amedrontado com o que viu e, por reflexo, resolveu se embrenhar no mato. Conseguiu despistar aquela coisa "esquisita da peste", mas mesmo assim não parou de correr, em desespero, de volta para casa. Quando chegou, ainda pasmo, estava todo cortado pelo matagal que atravessara como flecha desembestada. Seus pais ficaram intrigados com a coisa medonha que o garoto jurava ter visto. Só alguns dias depois, ao comentar o ocorrido com outras pessoas da cidade, descobriram que a tal besta-fera era, na verdade, o primeiro caminhão Ford que chegara a Triunfo. Seu Nelson dava gargalhadas quando se lembrava disso.

Outro causo que arrancava risadas dos filhos era sobre quando lhe disseram que um guarda-chuva funcionava como para-quedas e que, se pulasse de um lugar alto com ele nas mãos, o objeto amorteceria sua queda. Ainda garoto, Seu Nelson resolveu tirar a prova: foi ao topo de uma mangueira com um guarda-chuva, abriu-o e pulou, cheio de confiança. Ele contava que a queda foi tão feia que, depois de despencar de um galho a quase cinco metros de altura, permaneceu vários minutos quieto, no chão, só sentindo dores pelo corpo e se imaginando o garoto mais tolo do mundo.

Desde pequeno, Nelsinho tinha de ajudar o pai com o trabalho no sítio. Ainda criança, já aprendera a tirar leite das vacas, cuidar do gado, plantar, podar e colher, entre outros afazeres do campo. Mas, ainda que puxar animais e pegar em enxada desde cedo fosse cansativo, não lhe faltava energia nem tempo para fazer coisas que toda criança do sertão fazia.

Andava descalço pelos campos, inalava o frescor da mata, bebia água da fonte e comia frutos do pé. Subia muito em árvores, principalmente as mangueiras, em que também usava cordas para fazer balanços. Conhecia vários tipos de manga e era apaixonado pela fruta. Aliás, amaria seu cheiro para sempre. Mesmo quando adulto, chegaria a desejar ter um frasco de perfume com fragrância de manga.

Um de seus lugares preferidos era o ponto mais alto da propriedade, um lajeiro de centenas de metros de extensão e cerca de dez metros de largura que corta boa parte do Sítio Caldeirão. Espécie de mirante natural, o grande trecho rochoso que se inicia no pasto era ladeado por árvores frutíferas e vegetações típicas da caatinga, como alguns vistosos croatás e mandacarus. O lajeiro termina em uma pequena represa onde os animais eram levados para beber água.

Nelsinho também tinha o privilegiado cenário da paisagem verde de Triunfo como inspiração e palco para traquinagens e várias brincadeiras com outras crianças.

De brutos pedaços de madeira improvisavam seus cavalos-de-pau. Para os pequenos, cada toco de aroeira ou pau-pereira podia se tornar o mais nobre puro-sangue. Ariscos no páreo do universo infantil, disputavam acirradas corridas em um terreno plano com muita terra e areia, em cujo chão riscavam ponto de partida e linha de chegada, sempre respeitando o território dos formigueiros e cupinzeiros. Era proibido apenas correr segurando a madeira entre as pernas: segundo as regras, todos deveriam marchar no mesmo ritmo do galope de um cavalo. Após vários "pocotó, pocotó", previsíveis provocações entre a molecada, muita poeira levantada e roupas exageradamente encardidas, o que cruzasse à frente sempre comemorava a vitória como se acabasse de ganhar a final olímpica do hipismo. E os perdedores tinham direito a inúmeras revanches até que o sol se pusesse ou as mães, aos berros, começassem a chamar por suas crianças, sob ameaças explícitas de chineladas ou sessões de castigo ajoelhadas sobre grãos de milho com os rostos virados para a parede.

Outro improviso que muito divertia os garotos era construir "carrinhos" com peças tiradas da natureza. Primeiro, faziam dois furos em cada lado de folhas de palma, um tipo de cacto muito utilizado como alimento para o gado, principalmente nos períodos de seca. Depois, atravessavam tiras de cipó roxo pelos furos. Em seguida, nelas amarravam as rodinhas, previamente esculpidas em cuias de cabaças. Em raras ocasiões adultos também participavam da confecção dos carrinhos.

Na maioria das vezes os próprios garotos faziam seus modelos, para depois disputarem intermináveis e divertidas corridas pelos campos de Triunfo. Em autódromos imaginários, varavam tardes a disputar sequências de excitantes "grandes prêmios", sem pausa nem *pit-stop*.

Em algumas vezes que não foram raras, Nelsinho e outras crianças de Triunfo se divertiram invadindo pomares alheios, seduzidos pelo brilho de frutos suculentos ou pelo irresistível tom arroxeado da cana-de-açúcar em seu estágio mais doce. Goiaba, manga, banana e jabuticaba também eram vítimas preferenciais das formiguinhas humanas. Era dessa forma que, nos intervalos das cansativas brincadeiras, a patota recompunha as energias sem deixar de se divertir.

Mas na cama de Nelsinho aqueles furtos inocentes se transformavam em fantasmas: nos dias de saques a pomares, quando se deitava para dormir ele mal conseguia olhar para as imagens de santos que, devido à fervorosa religiosidade de sua mãe, estavam espalhadas pela casa. Tinha consciência de que pecara. Afinal, sabia que tinha invadido sítios particulares para comer frutos que não lhe pertenciam.

Nossa Senhora das Dores, padroeira de Triunfo, liderava os olhares que intimidavam e amedrontavam o pobre matutinho. Temeroso de que os santos resolvessem castigá-lo no breu de seu quarto, nos dias em que havia surrupiado frutos alheios ele escondia o rosto sob a coberta e fazia força para tentar dormir, com o coração disparado. Em suas orações diárias, também vivia pedindo a Deus que asas se criassem em suas costas, para que pudesse realizar seu desejo de conseguir voar.

Não faltavam opções de diversão aos moleques. Brincadeiras de rua conhecidas em outras partes do Brasil também tinham espaço naquela pacata cidade pernambucana, como os populares pega-pega, esconde-esconde e garrafão. Em outras ocasiões, o coreto da praça central da cidade era o ponto ideal para brincarem de quatro cantos da forma mais barulhenta possível. Alguns idosos mais ranzinzas, que preferiam a monotonia do silêncio sertanejo, se irritavam com a gritaria das crianças. Outros se distraíam assistindo às brincadeiras, rindo daqueles pirralhos inocentes e até invejando a liberdade que a distante infância um dia também lhes proporcionara.

Outro passatempo que entretinha os pequenos em Triunfo era o jogo de bolas de gude – na época, início da década de 1960, lá conhecido como "bila". Nelsinho era bom praticante, tinha técnica apurada e boa mira. Por meio da bila fez seu primeiro intercâmbio cultural. Em Triunfo, os jogadores friccionavam a bola de gude entre o indicador e o polegar dobrados, descarregando tal pressão para atirá-la ao alvo. Quando recebeu a visita de seu primo Silvio, que morava em São Gonçalo, no Rio de Janeiro, Nelsinho aprendeu a técnica que então era praticada pelos garotos fluminenses: apoiavam a bolinha entre os mesmos dedos, mas, ao invés de pressioná-la, usavam o polegar para atirá-la, como o braço de uma catapulta. Em pouco tempo de prática Nelsinho, que já era craque no estilo pernambucano de jogar, também não fazia feio com a técnica "vinda do sul".

Naquele momento, ainda que de forma inocente, o embrião da curiosidade despertou no garoto. Involuntariamente, aquela experiência o fez começar a reparar a diversidade cultural que se descortinava ao seu redor, e que passaria a vida a explorar incansavelmente.

E foi no mesmo Rio de Janeiro, de onde importou um novo estilo de jogar bila, que Nelsinho foi morar quando deixou Triunfo pela primeira vez, na virada de ano entre 1959 e 1960, aos cinco anos de idade.

Incentivado pelo irmão Pompeu, que morava em Laranjeiras, na zona sul do Rio de Janeiro, e tinha um sítio em São Gonçalo, Seu Nelson resolveu conhecer as oportunidades que ele dizia fervilhar em território fluminense.

Apesar de estar com dias contados para deixar de ser a capital do país, já que a inauguração de Brasília estava prevista para breve, o Rio não perdera seu encanto e ainda mantinha o mesmo ritmo intenso de trabalho e oportunidades.

Um horizonte luminoso se desenhou aos olhos de Seu Nelson, que resolveu apostar na mudança, ou jamais saberia se daria certo. Decidiu vender a loja de tecidos que administrava no centro de Triunfo e levar a família toda para lá, a fim de conferir o que a sorte lhes reservava. Mas, com receio do incerto, não se desfez da casa no centro da cidade nem do Sítio Caldeirão.

Na Cidade Maravilhosa

Exaustiva e cheia de percalços, a viagem de quase quinze dias em pau-de-arara e marinete até o Rio de Janeiro era recompensada para o pequeno Nelsinho, agora maravilhado com a grandeza da nova paisagem que tinha ao seu redor. O ritmo da então capital do país impressionava o garoto, que observava pessoas elegantes, sempre apressadas, a percorrer as ruas do centro, e imaginava que tivessem compromissos importantes.

Contemplava o mosaico de luzes e letreiros piscantes que davam especial e charmoso colorido à noite da avenida Rio Branco. Admirava cada detalhe do babilônico cenário presenteado pela natureza. Imaginava uma silenciosa briga de vaidades entre as beldades turísticas a disputar os olhares dos transeuntes: o horizonte panorâmico dos morros ainda pouco desmatados, o Cristo Redentor com seus braços abertos no pico ao longe e o imponente Pão de Açúcar, com seu estiloso bondinho. Todos os cantos da paisagem carioca pareciam querer disputar qual era o cenário mais belo. O menino queria admirar tudo ao mesmo tempo.

Certa tarde, de passagem pelo centro do Rio, Nelsinho se divertia observando a travessia das barcas que ligam a cidade à vizinha Niterói. Ficava impressionado ao ver aquela gigantesca embarcação transportar centenas de pessoas por quase quinze quilômetros de mar.

Admirava a barca a deslizar sobre as águas quando, repentinamente, o céu de poucas nuvens atraiu sua atenção, naquele momento sendo cortado por um barulhento grupo de helicópteros que voava baixo, em debandada para algum destino especial.

Seu Nelson percebeu que o filho estava intrigado com as aeronaves:

– Tá vendo esses pássaros de ferro, filho? – perguntou ele, apontando o céu e encarando o pequeno Nelsinho. Sem tirar os olhos das máquinas, o garoto fez sinal afirmativo com a cabeça e o pai prosseguiu. – Esse é o pessoal do presidente Juscelino Kubitschek. Eles 'tão indo pra Brasília porque a capital do Brasil vai deixar de ser o Rio de Janeiro e vai se mudar pra lá, sabia?

Nelsinho assimilava cada nova informação, sempre maravilhado com a modernidade e a agitação que o cercavam. Mas sua mãe Carmelita estava desgostosa com o Rio. Não se sentia à vontade lá e já começava a cogitar a volta para Triunfo. Preferia o sossego do campo e achava absurdo chamarem aquele lugar de Cidade Maravilhosa.

Seu Nelson ainda não sabia o que o destino lhes reservaria, mas evitava deixar sua insegurança transparecer. Pedia calma à mulher e dizia que, em pouco tempo, conseguiriam se adaptar ao novo lar. Argumentava que o sacrifício valeria a pena, pois o Rio poderia oferecer melhores oportunidades de trabalho para ele e de estudo para os filhos.

Durante alguns meses, apesar de discordar do marido, Carmelita suportou a situação, mas continuou incomodada com a vida que levavam. E eram crescentes as saudades de Triunfo. Saíra de um ambiente aconchegante e pacato para viver em um casebre apertado, em uma das cidades mais movimentadas e barulhentas do país. Deixara de ouvir os pássaros e grilos para ter seus ouvidos invadidos por roncos de motores, britadeiras, buzinas e outros ruídos urbanos. Trocara o ar fresco das montanhas mais verdes de Pernambuco pela fumaça dos escapamentos e indústrias. Sentia muita falta de Triunfo, onde praticamente todos os moradores se conhecem, e não conseguia se acostumar à estranheza de mal saber quem eram seus próprios vizinhos. Em suma, não via vantagem em seguir vivendo naquele lugar.

Dona de personalidade forte, no final de 1960 Carmelita deu um ultimato ao marido: disse que estava decidida a voltar para Triunfo de qualquer maneira, mesmo que sozinha ou somente com os filhos nos braços.

– Pego carona na estrada e peço esmola se precisar, mas não fico mais nesse lugar de jeito manêra! Vou voltar pra Triunfo! – descarregou ela, colocando Seu Nelson contra a parede.

O chefe da família percebeu que a mulher falava sério e não quis contrariá-la.

Seu irmão Pompeu até lhe pediu que ficasse. Garantiu que as coisas passariam a melhorar, tentou argumentar que bastava ter um pouco mais de paciência para todos se acostumarem à vida no Rio... Mas Carmelita se manteve irredutível.

Seu Nelson, então, amoleceu e decidiu voltar com a família para o sertão pernambucano. Àquela altura já tinha gastado quase todo o dinheiro que obtivera com a venda da loja de tecidos, mas ainda tinha a pequena casa no centro de Triunfo e o Sítio Caldeirão. Confiava que, com trabalho, logo conseguiria se restabelecer.

Para Nelsinho a experiência fora rápida, mas suficiente para despertar a noção de que o mundo era muito maior que Triunfo. Já conhecia o Rio, ouvia muitas pessoas falarem de São Paulo e, depois de ver o "pessoal de JK" cortar o céu em helicópteros, também começava a alimentar curiosidade pelo nome de Brasília, que estava prestes a se tornar a nova capital do país. Voltaria para sua terra natal com os nomes daquelas cidades na cabeça, mesmo sem saber que elas viriam a fazer parte da sua história.

Guardião do Sítio Caldeirão

Ao voltar para Triunfo no início de 1961, Seu Nelson ainda contava com o Sítio Caldeirão, mas não optou por residir nele. Dono de espírito empreendedor, logo montou uma pequena bodega em uma esquina da praça Carolino Campos, no centro da pequena cidade. A família passou a morar em uma modesta casa situada ao lado do estabelecimento. Diferente da época da loja de tecidos, quando se desdobrava para dividir seu tempo entre o comércio e o sítio, agora Seu Nelson ficava menos no campo e mais na cidade.

Alguém precisava ajudar a administrar as atividades do sítio e, mesmo muito novo, Nelsinho assumiu este papel quando estava prestes a completar oito anos. Era uma responsabilidade desafiadora, mas o garoto não temeu encará-la. Já sabia ler, era bom em matemática e, nos momentos em que a seriedade lhe era exigida, agia e falava de igual para igual com adultos, até mesmo desconcertando-os em algumas ocasiões. Com isso, ganhou a confiança do pai para se tornar "o guardião do Sítio Caldeirão", mesmo que de forma simbólica.

– Meu filho, preciso muito que me ajude com as coisas lá no sítio, porque agora vou ficar cuidando mais aqui da bodega – orientou Seu Nelson, quando resolveu passar o bastão. – Você já conhece o sítio e sabe como as coisas funcionam. Tenho certeza que vai conseguir me ajudar.

Uma das novas tarefas de Nelsinho era vigiar o trabalho dos rendeiros, os boias-frias que trabalhavam nas plantações em troca de três quartos da colheita, principalmente a de milho. Astuto, passou a administrar o relacionamento com os agricultores, ainda sob supervisão do pai.

Em pouco tempo também começou a ensinar os rendeiros a ler, escrever e fazer contas. Um roceiro queria aprender a escrever o próprio nome, um precisava de ajuda para escrever uma carta de amor e outro pretendia colocar no papel a letra de uma música de Valdick Soriano. Nelsinho não se recusava a ajudá-los.

Ao ensinar os peões, o professor mirim também aprendia novas coisas e alimentava ainda mais sua avidez por novos conhecimentos. E quando não se debruçava nos livros e cadernos, encontrava fôlego para percorrer o campo, tocar o gado e pegar na enxada, como sempre fizera.

As diárias incursões por todos os cantos da propriedade, do pomar ao lajeiro, do pequeno açude à mata nativa, também o tornaram conhecedor das coisas do campo. Era atento ao perigo das urtigas e cansanções, plantas que causam irritação ao contato com a pele. Sabia lidar com os animais mais ariscos e escolhia os frutos bons no momento certo de colhê-los. Como adorava pegá-los diretamente do pé, tinha olhar clínico para detectar plantas parasitas que se embrenhavam nas mangueiras, goiabeiras, pitombeiras e outras árvores do pomar para sugar sua seiva. Não só cuidava desse arvoredo como também plantava novos pés, por todo o sítio, prevendo colheitas mais abundantes para dali a alguns anos. Quando sentia sede e não estava perto da cacimba, bebia a água da chuva que ficava acumulada nas folhas das bromélias. Também conhecia as posições do sol e as fases da lua só de observá-las e previa a chegada de chuvas ou ventaneiras só de avistar as nuvens ao longe, horas antes.

Pedaços de rochas de tamanhos variados ficavam espalhados por alguns espaços específicos do Sítio Caldeirão, trechos chamados de "serrotes" devido à inconstância de sua superfície. Era o tipo de terreno mais complicado para se trabalhar com a enxada: na hora de roçá-lo era necessário ter muita destreza e paciência para desviar de cada pedra e completar a capinação. Apesar dessa dificuldade, os serrotes tinham uma vantagem: ao favorecer o acúmulo de umidade, essas pedras tonificavam a adubagem do solo. Por isso, a terra dos serrotes era mais fértil, principalmente para o plantio de milho.

Milhos, aliás, faziam a alegria de Nelsinho. Depois da colheita, ele costumava separar algumas espigas para fazer sessões "secretas" de pamonhada. Certo dia seu pai surgiu de supetão no Sítio Caldeirão e o flagrou junto a uns dez amiguinhos das cercanias a preparar várias pamonhas. A "festinha" teve fim no ato: os moleques da vizinhança se puseram a correr de medo de Seu Nelson e o pobre garoto, sozinho, teve de enfrentar o castigo do furioso pai. Isso não evitou que, posteriormente, novas pamonhadas clandestinas tornassem a ser feitas.

– O que é proibido é mais gostoso – diziam.

Nelsinho estudava no grupo escolar Alfredo de Carvalho, na rua Padre Ibiapina, com a professora Maria Belfort, onde sempre esteve entre os melhores alunos.

Quando não estava na escola, vivia fazendo andanças entre o centro da cidade e o sítio. O percurso de cerca de três quilômetros era cumprido em lombo de burro, a cavalo ou mesmo a pé. O que mais o desagradava eram as ocasiões em que tinha de levar lenha do sítio para a casa no centro, algo essencial para que sua mãe pudesse cozinhar. O garoto utilizava um carrinho de mão para carregar pedaços de madeira. Conhecia as árvores cuja lenha era mais apropriada para fazer comida, como angico, marmeleiro e goiabeira. No caminho, como a estrada era bastante irregular, era inevitável que o carrinho trepidasse e os tocos começassem a cair. Com isso, Nelsinho tinha de fazer inúmeras paradas para ajeitar a madeira, um irritante transtorno que o aborrecia muito e fazia o trajeto parecer interminável. Em algumas ocasiões, sob sol torturante, chegou a chorar de raiva daquela situação, mas nunca deixava faltar madeira em casa, até mesmo porque depois seu estômago era muito bem recompensado.

O fogão a lenha dava trabalho, mas a comida nele preparada tinha sabor mais que especial. Era o prêmio por tanto esforço. E o garoto se esbaldava em pratos como cozido de carne de bode, caldeirada, preá com andu, polenta, pirão, piaba com angu, mungunzá doce ou salgado, bolo de caco, canjica, tapioca, pé-de-moleque e outras delícias típicas locais, preparadas com maestria pelas mãos da mãe Carmelita.

Rádio e o desejo de ser músico

Quando tinha cerca de dez anos, uma das diversões de Nelsinho era tirar mel das colmeias. Começava ateando fogo a uma porção de esterco seco, sob o ninho, para afugentar as donas da casa. Em seguida, removia com cuidado as camadas da colmeia.

Às vezes, abelhas guerreiras ficavam rodeando seu lar, o que rendia algumas picadas ao pequeno ladrão. Mas o garoto não se intimidava e cumpria bem sua missão. Ao término, fazia questão de lamber o excesso de mel que, propositalmente, deixava lambuzado em seus dedos.

Numa dessas tardes, ao longe avistou um grupo de homens rindo de suas peripécias com as abelhas. Eram os empregados do sítio que, em seu momento de descanso, pitavam seus cigarros de palha, conversavam amenidades e riam da vida. Aquela cena era um ritual dos matutos, que comiam bijus e bebiam um bule inteiro de café durante as tragadas, zombarias e risadas. Deixavam sempre por perto um chumaço de algodão dentro de um chifre de boi, além de um pequeno pedaço de ferro e um fragmento de uma pedra que chamavam de seixo. Para acender seus cigarros de palha, os matutos chocavam a pedra contra o metal, próximo do algodão. O atrito gerava uma faísca que, com certa insistência, fazia o chumaço pegar fogo. O menino se intrigava com aquela técnica rudimentar.

Os peões também riram muito quando, de maneira entre trágica e cômica, Nelsinho teve um "desentendimento definitivo" com Giz, um bezerro de pelagem malhada que recebera esse nome por ter vindo ao mundo com um risco branco desenhado na testa. Ambos sempre se estranhavam e Nelsinho costumava pregar peças e caçoar do animal. Certo dia, distraído, o garoto se abaixou defronte a um jardim para arrancar matos que cercavam uma das muitas plantas das quais cuidava. Nem percebeu que Giz estava enfurecido e, de cabeça, mirava seu traseiro sem chance de errar. Quando deu por si, depois de levar uma certeira cabeçada nos glúteos e cambalear barranco abaixo, tinha ido parar dentro da cacimba, todo sujo e com o corpo dolorido, enquanto o bezerro traiçoeiro parecia rir à beirada do declive, alguns metros acima. Nelsinho nunca mais sequer se aproximou de Giz depois daquela investida do maldito animal.

Em dezembro de 1965, aos onze anos, Nelsinho testemunhou a chegada da energia elétrica a Triunfo – até então, a cidade tinha um motor-gerador conhecido como Andorinha, que funcionava somente até perto das dez da noite, quando um sinal sonoro era dado para anunciar a interrupção do fornecimento. Aquilo foi uma revolução. A iluminação a querosene começou a ser substituída por lâmpadas elétricas, ao passo que maquinários inovadores começaram a roçar as plantações e moer a cana nas fazendas mais abastadas.

Uma das grandes mudanças que a chegada definitiva da eletricidade provocou na vida da família Campos foi quando Seu Nelson arranjou um aparelho de rádio, que ficava ligado praticamente durante todo o dia.

Um fio preso a duas varas de bambu e esticado de um lado a outro sobre o telhado da casa era improvisado como antena. A ele se conectava outro extenso fio, que invadia a sala por um dos flancos do telhado e trazia mágicas ondas sonoras ao trambolho. Seu Nelson costumava sintonizar a emissora Afogados da Ingazeira, da cidade vizinha. Também ouvia com frequência as rádios ABC e Mundial.

A programação era eclética e incluía de forró e outros ritmos regionais ao iê-iê-iê, como eram rotuladas algumas canções de rock da época, passando por muita música brega e gêneros internacionais diversos. Nelsinho gostava muito de ouvir os músicos que davam início ao movimento da Jovem Guarda, como Roberto Carlos, Erasmo Carlos, Renato e Seus Blue Caps e Eduardo Araújo, entre outros, além dos cantores regionais. Tinha especial apreço pelos Beatles e, no Carnaval, se embalava no frevo e no maracatu.

O mais incrível é que aquele aparelho gigantesco, valvulado, tinha muita potência de captação e, talvez favorecido pela altitude elevada em que se localiza Triunfo, sintonizava até mesmo sinais de rádios estrangeiras. Apesar de não entenderem nada do que os locutores falavam, Seu Nelson e Nelsinho passavam horas acompanhando programações de outros países, ouvindo os mais diversos gêneros musicais, mesmo sem saber os nomes de muitos cantores e músicas que apreciavam.

Certo dia, Nelsinho se abaixou perto do rádio para ouvir melhor uma canção que o agradava e se embalou em um cheiro familiar: o aroma de folhas de sacatinga, planta utilizada para amadurecer frutos, que estavam dentro de um caixote ao lado do aparelho. Disposta em camadas entre abacates, mangas, mamões e outros frutos, ela agia como uma "estufa" de frutos verdes. Em três dias, ou até menos, eles atingiam o ponto ideal para consumo. A sacatinga exalava perfume especial, que acabou por marcar a infância de Nelsinho.

Na companhia daquela fragrância doce e verde, com os ouvidos atentos ao rádio, o garoto teve um estalo e decidiu o que queria para o seu futuro: ser músico. Era uma tendência até óbvia para ele, que adorava tocar instrumentos de percussão e sempre participava da banda marcial da escola. Vibrava com forró, maracatu, frevo, coco, embolada, iê-iê-iê e as poucas canções de soul que conhecia, adorava dançar todos aqueles ritmos com muita desenvoltura. Amava ficar colado ao rádio, conhecendo canções novas. Podia ser só um bobo desejo de criança, mas colocou na cabeça que queria ser músico.

Em sua vida cheia de costumes rústicos do campo, aos doze anos Nelsinho já andava a cavalo "no osso", como se referiam, no sertão, a uma cavalgada sem o uso de sela. Onde quer que fosse, estava sempre com uma peixeira na cintura, o que lhe conferia certa valentia. Mas não era briguento. A "arma" era usada apenas para roçar o mato quando fazia trilhas e cortar os frutos que encontrava pelo caminho. Só se separava do facão quando parava para nadar, mesmo que os pais o advertissem para não entrar em rios ou lagos.

Certo dia, foi escondido se refrescar no açude do Boje, vizinho ao Sítio Caldeirão. Não era bom nadador, mas mesmo assim foi se aventurar sozinho na água. Quando pulou de pé na água, desceu mais do que esperava e sentiu algo segurar suas pernas. Descobriu o que era o tal lodo sobre o qual muitos comentavam. Resolveu concentrar toda sua força nas pernas e, num impulso, com muita dificuldade e por poucos centímetros, conseguiu tornar à superfície. Bebeu muita água até atingir local seguro, depois de muito espernear em desespero e quase se afogar. Ofegante, esperou o corpo secar, recolocou suas roupas e seguiu para casa. Depois, sem contar o episódio pelo qual passara para não levar uma surra, pediu ao pai que o ensinasse a nadar. Foi atendido nas semanas seguintes e aprendeu rápido. Mas, talvez com resquícios do trauma vivido, a partir de então passou a evitar os lugares mais perigosos, onde pudesse haver lodo traiçoeiro. Principalmente quando estava sozinho.

Nessa época, Nelsinho também já era exímio percussionista na banda escolar, habilidade que começara a adquirir uma década antes, quando batucava o tamborzinho feito de lata de querosene Jacaré para espantar os pássaros. Discretamente, também começou a observar com atenção a maneira como o pai manuseava a sanfona em rodas de forró. Seu Nelson dominava o instrumento como poucos. Animava grandes festas na região e era muito requisitado em junho, para as festividades de São João. Mesmo sem ter aulas o garoto soube tirar proveito do "professor" que tinha em casa. Antes que o pai se desse conta, de tanto observá-lo e fuçar a sanfona sozinho desde os dez anos, Nelsinho aprendeu a tocá-la. Aos treze, quando começou a se apresentar em pequenas festas, já tinha plena confiança com o instrumento. O pai o repreendia, advertia que ser sanfoneiro não lhe daria futuro e dizia que ele tinha que se dedicar somente aos estudos. Ainda assim, às escondidas, o aspirante a sanfoneiro se arriscava a dar suas escapadas de casa para poder tocar em rodas pequenas – por vezes, observado por Seu Nelson, que resmungava para si e fingia não perceber nada.

Não havia mesmo justificativa para repreendê-lo. Nelsinho vinha cumprindo, e muito bem, seu papel de estudante. Tinha facilidade para aprender e era bastante aplicado, virtudes com que conquistara o respeito dos professores. Um deles era o sisudo Francisco de Pádua, de língua portuguesa. Ele não tinha o hábito de elogiar alunos, mas um dia surpreendeu a classe ao destacar, perante todos, o bom desempenho de Nelsinho. Alguns garotos de famílias abastadas, que ostentavam roupas mais alinhadas e costumavam levar suculentos lanches à escola, se mostraram incomodados. Tinham sido superados pelo garoto da roça que trajava roupas simples - por vezes, encardidas. Mas o próprio Nelsinho não se deixava contagiar. Sentia-se vitorioso e orgulhava-se daquilo. Não estudava com a intenção de competir com os colegas, mas sim porque gostava de aprender, tinha fome de conhecimento. E conseguia estar sempre entre os primeiros alunos, mesmo entre outros garotos muito inteligentes da cidade, como o irmão mais novo de Seu Chincho, um amigo de Seu Nelson. Já naquela época, o garoto desmontou um rádio e, sem nunca ter tido aulas de eletrônica, instalação elétrica ou coisa do tipo, criou um dispositivo que, ligado a um fio preso na palma de sua mão, descarregava choques nos desavisados que paravam para cumprimentá-lo.

Nelsinho também fez algumas aulas de francês com frei Miguel, do convento local, e por este era sempre chamado de "doutor Nelson". Achava aquilo engraçado: um adulto conceituado na igreja demonstrando exagerado respeito por um moleque. "Doutor Nelson", ria sozinho. Ainda não entendia direito o sentido daquela expressão, mas adorava aquele tratamento que o fazia se sentir importante.

Apreciador da cor vermelha desde pequeno, certa vez, na quinta série, Nelsinho respondeu às questões de uma prova com caneta vermelha. Irritada, a professora nem a avaliou e aplicou-lhe uma nota zero seguida de um sermão. De forma ríspida, ela disse ao garoto que a tinta vermelha só pode ser usada por professores e ignorou o fato de todas as respostas estarem corretas. Ele não entendeu por que tamanho escândalo em razão de um detalhe que considerava irrelevante. "Era só ela usar tinta azul pra corrigir a prova, oras", pensou, sentindo-se injustiçado. Avesso a seguir padrões e questionador por natureza, guardou tal episódio em sua memória. Décadas depois, o fato o inspiraria a compor uma música chamada "Cartas com letras vermelhas". Nela, ironiza a atitude da tal professora.

> Cartas com letras vermelhas é falta de educação
> Mas eu falei pro meu bem que pra mim é curtição

Ser destratado por causa das roupas que vestia era uma coisa que muito incomodava Nelsinho. Desde criança não conseguia entender por que algumas pessoas julgavam outras pela vestimenta. Era nascido e criado na roça e se sentia feliz por isso. Admirava o espírito batalhador dos pais, orgulhava-se de trabalhar desde pequeno, tinha vigor físico bastante desenvolvido para um rapaz da sua idade e sempre fora bom aluno. Mas era matuto e vestia roupas simples, às vezes um pouco sujas de terra ou carvão, reflexos do trabalho no sítio. Não tinha as roupas mais caras que os esnobes mandavam trazer de Recife e conseguiam manter sempre limpas porque tinham empregados que faziam tudo para eles. Nelsinho comprava seus chinelos com o dinheiro que obtinha vendendo as mamonas que tirava do mato. Fazia pamonhadas com a porção de milho que ganhava para ajudar os vizinhos na colheita.

Toda essa simplicidade o fazia ser rejeitado ou barrado em alguns grupos. O garoto não suportava aquele constrangimento e a sensação de ser desprezado, principalmente porque julgava ser vítima de grande injustiça. Engolia a seco e continha as lágrimas, mas jamais aceitaria aquele tipo de tratamento, mágoa que nunca mais sairia de sua memória.

Galanteios
Também foi por volta dos doze anos que Nelsinho começou a dar atenção diferente às garotas, principalmente as estudantes do Colégio Stella Maris que, ocasionalmente, seguiam em grupo para o cinema. Sempre com roupas bem comportadas, elas desfilavam graciosas e falantes, despertando o interesse dele e de outros adolescentes. Mas as madres alemãs faziam vigilância cerrada sobre suas alunas e impediam a aproximação dos garotos. Essa "proibição" só atiçava ainda mais o interesse deles pelo sexo oposto. Além dos rigorosos tabus da época, calcados num tipo de criação autoritária ainda muito comum no sertão nordestino, havia outro empecilho: em cidade pequena, praticamente todos os habitantes se conheciam e se vigiavam. Então, quando não estavam no colégio, as adolescentes de Triunfo eram bastante reprimidas, observadas de perto pelos pais, amigos, vizinhos e muitos outros olhos zelosos. As raras oportunidades de aproximação que os garotos tinham surgiam nas festividades da cidade, quando a descontração da multidão ajudava a dispersar o cerco dos adultos às garotas.

Tudo isso fazia do processo de conquista um desafio lento e tímido para os jovens triunfenses. Trocas de olhares podiam perdurar por dias, semanas ou meses. Quando bem sucedido em uma paquera silenciosa, depois de muitas investidas um galanteador podia ser premiado com o discreto sorriso de uma garota. Daí até conseguir trocar algumas palavras, segurar uma das mãos ou ganhar um mero beijo no rosto, por exemplo, ainda eram exigidos muito empenho e paciência. Definitivamente, os tempos eram outros...

Àquela época havia na cidade um ponto de encontro muito popular entre os jovens: a Sorveteria Reis, situada na praça Monsenhor Eliseu Diniz, defronte à Igreja Matriz de Nossa Senhora das Dores. Uma vitrola envolvia e animava o ambiente, a tocar os sucessos da época, sobretudo os músicos da chamada Jovem Guarda, que estavam em evidência em todo o país: Roberto Carlos, Erasmo Carlos, Wanderléa, Jerry Adriani, Eduardo Araújo, Golden Boys, Os Incríveis e Renato e Seus Blue Caps, entre outros. Por alguns trocados os clientes também podiam pedir as músicas de sua preferência. Os rapazes aproveitavam para incrementar suas paqueras: numa tentativa de acelerar alguma aproximação, ofereciam canções românticas às garotas que cobiçavam.

Em certa tarde do final de 1966, Nelsinho estava na sorveteria quando se deparou com Maria Helena, uma linda garota morena que vinha despertando seu interesse. Já tinham trocado alguns olhares e breves palavras, o que o fez acreditar que suas investidas vinham sendo correspondidas. Decidiu oferecer uma música à garota e pediu uma indicação ao funcionário da sorveteria que cuidava do som:

– Ô amigo, eu vou oferecer uma música pra Maria Helena – disse Nelsinho, ao depositar algumas moedas sobre o balcão.

– Opa... e qual música você quer?

– Ôxe... sabe que eu não sei? Toca alguma coisa bacana aí, algum lançamento. Cê me indica algo?

– Tem um lançamento que tá fazendo sucesso – respondeu o balconista, ao exibir a capa de um compacto de Dori Edson que tinha acabado de ser lançado pela gravadora Continental.

DO SERTÃO AO HIP-HOP

Nelsinho nunca tinha ouvido falar sobre aquele cantor, mas gostou da capa do disco e decidiu arriscar. Aprovada a indicação e feito o oferecimento "de Nelsinho para Maria Helena", os acordes iniciais da música, bem dançantes, começaram a agradá-lo. Mas as primeiras palavras já causaram estranheza:

Dispensei você, que agora me aparece

Conforme prosseguiu a canção chamada "Veja se me esquece", Nelsinho simplesmente não acreditou no que dizia aquela absurda letra:

Veja se me esquece!
Se você gamou, o problema é seu
Você não me serve
(...) Fiz até uma prece
Para não vir mais me aborrecer
Veja se me esquece!

Furioso, Nelsinho teve vontade de esmurrar o funcionário da sorveteria. "Mas que cabra imbecil, ele só pode tá mangando de mim! Como é que o sujeito me bota uma música dessas sabendo que eu tô oferecendo pra uma menina?", pensou, enquanto se imaginava a esganar o pescoço do lazarento. Foi quando a própria Maria Helena se aproximou, mas aparentemente de bom humor:

– Que música é essa que você me ofereceu, Nelsinho? – perguntou, a esboçar um tímido sorriso.
Constrangido, ele decidiu explicar a gafe:
– Ôxe, me desculpa mesmo! Pedi uma música bonita pra te oferecer, mas esse jumento aí da vitrola colocou essa porcaria. Mas eu não sabia e não gostei nem um pouco da letra...
– Eu também não gostei, não. Mas em vez de gastar dinheiro com isso, por que você não me paga um sorvete então? – contornou a garota.
Nelsinho ficou animado ao perceber que Maria Helena não se

aborrecera com a música de Dori Edson. Apesar da trapalhada inicial, no fim das contas a paquera acabara dando certo por vias tortas. Por sorte ainda tinha dinheiro, então pagou um sorvete à garota e engatou com ela uma longa e agradável conversa. Para se redimir da canção anterior, antes de se despedirem ele ainda fez questão de oferecer a ela uma música verdadeiramente romântica. Dessa vez, recusou a ajuda do sorveteiro.

– Ôxe... se esse abestalhado depender de discotecagem pra viver, vai morrer de fome!

Daquela época em diante, com sorvete e música ou não, as paqueras e namoricos se tornariam mais frequentes na vida de Nelsinho, mas sem nenhum relacionamento que se possa chamar de sério. O garoto se tornava um rapaz e, gradativamente, alguns de seus costumes de infância passariam a ser deixados de lado.

Liberdade

Se o interesse pelo sexo feminino representava a porção adulta de seus primeiros anos de adolescência, em alguns momentos o jovem Nelsinho mantinha peraltices de moleque.

Uma delas era dar tiros de "peteca", como o estilingue era chamado, à época, naquelas bandas. Ele mesmo confeccionava a sua, tendo em mãos uma tira de borracha amarrada a um galho com forquilha no formato da letra "Y". Suas árvores prediletas para isso eram a sacatinga e a goiabeira. Também descobrira que a borracha do açoite usado com o gado era perfeita para dar tiros precisos. Alinhava a tira de tamanho milimetricamente calculado, cortava-a com cuidado e prendia cada ponta dela em um vértice da peteca.

Além da peteca, usava arapucas e gaiolas para aprisionar aves de todo tipo. Ainda com sua ingenuidade adolescente, não via maldade no ato. Colecionava-as porque admirava seu canto. Encarava aquilo com a naturalidade de quem, desde que nascera, tinha o costume de pescar e criar porcos, cavalos, gado e galinhas. Com espírito de caçador sagaz, também fazia alçapões para os preás, mas sua preferência era abatê-los com tiros de peteca. A olho, raramente errava uma empreitada. Na maioria das tentativas, acertava em cheio seu alvo.

Também foi nessa fase que aflorou uma característica que se tornaria marcante em sua personalidade: o espírito brincalhão, gozador, de sujeito falante e sempre pronto para improvisar uma piada que quebre o gelo de qualquer tipo de ambiente, interagindo com pessoas conhecidas ou não. Timidez, definitivamente, é palavra que nunca habitou seu vocabulário.

Quando tinha quinze anos, Nelsinho começou a se entediar com a rotina que levava em Triunfo e passou a alimentar o desejo de sair de lá por uns tempos. Inspirava-se no amigo Egildo de Biata, seis anos mais velho, que deixara a cidade ainda jovem, já conhecera outros países da América do Sul a trabalho e, naquele momento, residia em Paulo Afonso, na Bahia. Nelsinho também queria conhecer outros lugares, respirar ares diferentes, mirar novos horizontes, ter contato com outras pessoas e culturas, aprender com o diferente.

Contou à mãe sobre seus planos e, ainda que não esperasse, ouviu palavras de apoio. Carmelita conhecia o filho que tinha, um rapaz muito sério e determinado. Talvez tenha imaginado que não adiantaria contrariá-lo.

– Mas se vai mesmo sair de Triunfo, você precisa se preparar, porque além de estudar vai ter que trabalhar – disse ela ao filho. – Você vai fazer um curso de datilografia antes de partir!

Na semana seguinte, Nelsinho dava suas tecladas em uma velha Olivetti, em curso ministrado pelas freiras alemãs do Colégio Stella Maris. Em conversa com familiares de Egildo de Biata, Carmelita cogitou também mandar o filho para Paulo Afonso, que parecia ser um lugar próspero e não era tão distante. Tinha uma amiga que residia lá e dava ótimas referências sobre a cidade. A mulher, inclusive, oferecera espaço em sua casa para acomodar Nelsinho. Como queria investir no potencial do filho, Carmelita decidiu-se pela cidade baiana.

Apesar de não ser tão desenvolvida como a capital Salvador, Paulo Afonso era um polo de oportunidades, pois muitos empregos eram gerados em razão da presença de um complexo de usinas da Companhia Hidrelétrica do Vale do São Francisco (Chesf) em seu trecho do rio São Francisco. Outros jovens de Triunfo vinham conseguindo boas ocupações por lá.

Havia grandes empreiteiras com base na cidade, que poderiam servir de ponte para oportunidades de trabalho em grandes centros, como Rio de Janeiro, São Paulo e Brasília, ou até mesmo fora do país. Seu Nelson foi convencido pela esposa, que se comprometeu a levar Nelsinho para a Bahia a tempo de fazer a matrícula para o ano letivo que estava prestes a iniciar.

Com uma modesta muda de roupas e alguns objetos pessoais na mala, então, Nelsinho, já com dezesseis anos, embarcou para Paulo Afonso no final de 1970. Só a mãe o acompanhou na cansativa viagem de pau-de-arara, que despendeu quase um dia inteiro para percorrer os mais de cento e cinquenta quilômetros até chegar ao seu destino. Os passageiros carregavam muitas tralhas, incluindo volumosas caixas de alimentos e até galinhas caipiras. Durante a desconfortável viagem, Carmelita dera inúmeros conselhos para Nelsinho: falara sobre a responsabilidade que ele passaria a ter, sobre como precisaria saber cuidar de si próprio a partir dali e por que não deveria incomodar ou criar transtornos para seus anfitriões, que estavam fazendo o grande favor de recebê-lo e abrigá-lo. Lembrara-o que sua obrigação em Paulo Afonso era estudar, mas que também teria de trabalhar para poder ter seu próprio dinheiro. Dissera que confiava no filho e deixara bem claro: não queria ser decepcionada. Acima de tudo, desejara sorte para que ele pudesse agarrar as oportunidades que, tinha certeza, a cidade baiana iria lhe oferecer.

Nelsinho, que até então andava confuso e meio insatisfeito com a limitada e previsível vida que vinha levando em Triunfo, sentiu-se livre naquele momento. Conheceria novos ares, distante do olhar inibidor dos pais, e teria a liberdade de tomar decisões que, até então, ainda não lhe pertenciam. Desde definir seus horários até programar-se de acordo com suas vontades, aquela nova fase de sua vida parecia oferecer um horizonte repleto de portas a serem abertas. Ele sabia que atrás de cada uma teria uma surpresa nem sempre agradável, mas aquela situação o excitava.

Tinha plena consciência de que saía de casa para encarar duas escolas: a dos estudos e a da vida. E isso também incluía o fato de ter de começar a trabalhar para pagar suas próprias contas, um desafio pelo qual ansiava havia muito. Pela primeira vez sentiu-se totalmente livre, imaginou-se no lugar de um pássaro que consegue deixar a gaiola. E uma das primeiras coisas que faria em Paulo Afonso seria deixar o cabelo crescer, um desejo particular que, até então, esbarrava na proibição imposta por seus pais. Um novo Nelsinho começaria a nascer em ares baianos.

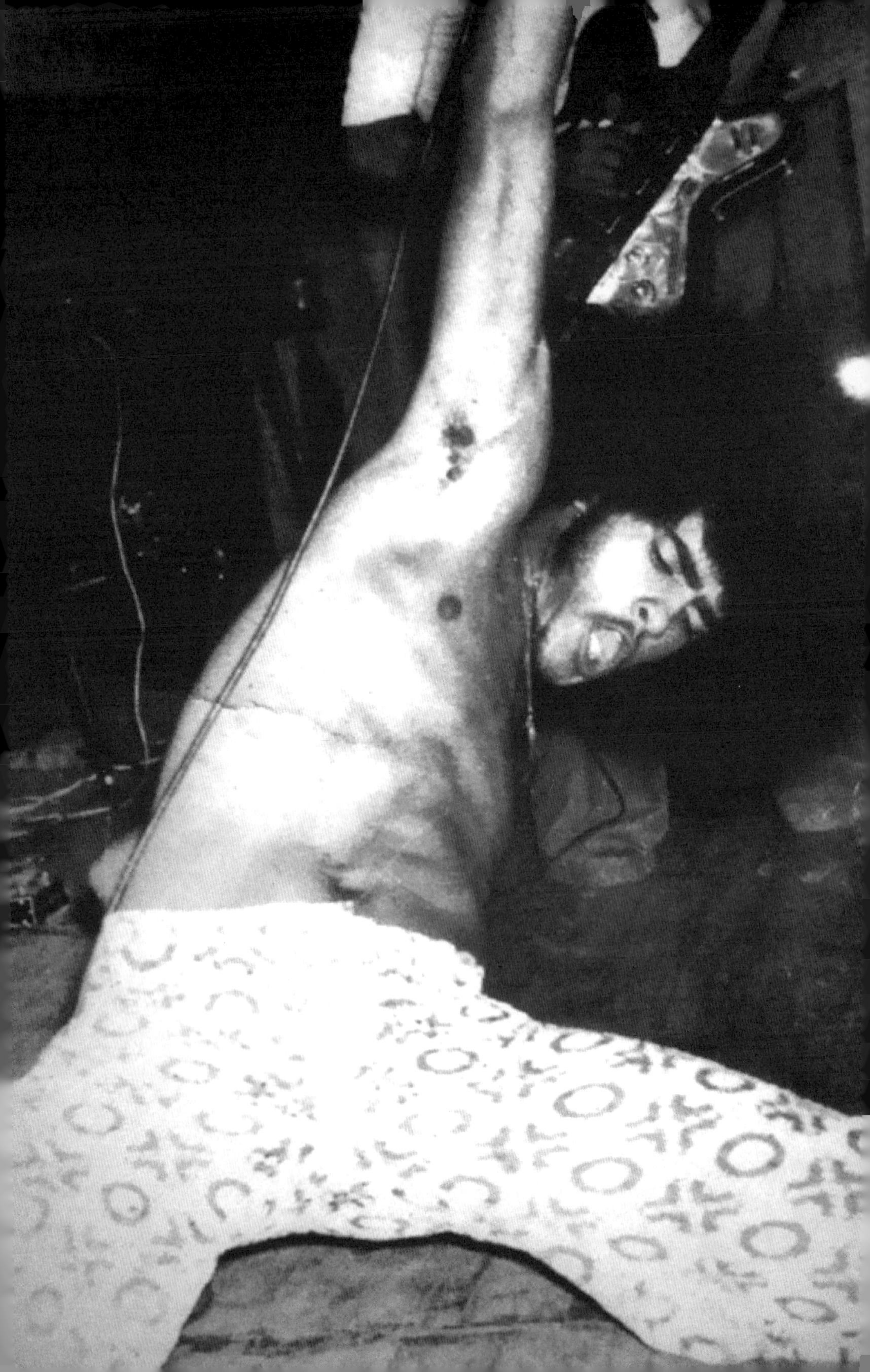

Cap. 2

INVERTEBRADO NO SOUL

Ao trabalho!

A adaptação escolar de Nelsinho em Paulo Afonso transcorreu de forma rápida e sem complicações. Afinal, sempre fora estudioso e chegara "afiado" ao novo ambiente, empolgado com a nova experiência. Com mais de um metro e oitenta de altura, era um dos mais altos entre os colegas de classe. Apesar de magro, tinha musculatura bem definida, conquistada graças aos muitos anos a segurar gado, correr pelos campos e empunhar a enxada no Sítio Caldeirão. Sua figura, agora com o cabelo cada vez mais volumoso, inspirava certo ar de imponência. Sua facilidade de comunicação logo lhe iria conferir condição de destaque entre os demais estudantes. Desembaraçado, irreverente e de espírito cativante, em pouco tempo seria eleito representante da classe, de forma a assumir responsabilidades, em nome dos colegas, junto aos docentes do Centro Integrado Educacional de Paulo Afonso (Ciepa).

Fora do ambiente escolar, porém, o início daquela nova vida na Bahia não foi tão fácil para Nelsinho. Nas primeiras semanas percorreu os mais diversos estabelecimentos comerciais da cidade em busca de algum emprego, mas não conseguiu nem mesmo um mísero bico. Não conhecia ninguém e ainda era menor de idade, fatores que dificultavam bastante a busca por trabalho. O dinheiro que chegara nas primeiras cartas enviadas por seus pais já estava perto de acabar e ele não queria pedir que mandassem mais. Não era só questão de orgulho: sentia-se emancipado, adulto o suficiente para não precisar mais depender deles. Queria ser livre de verdade. Além disso, morar de favor em casa de estranhos vinha sendo uma experiência desagradável. Enquanto não tinha condições de sair daquela casa suportou algumas situações constrangedoras, deixou de fazer muitas coisas que queria e, recolhido em seu minúsculo quartinho, chegou a chorar de angústia em algumas noites.

Mas Nelsinho se manteve à procura de trabalho e, quando completara três meses vivendo em Paulo Afonso, com a ajuda de um conterrâneo que encontrara por lá, conseguiu algo como ajudante de obras de uma grande construtora. O trabalho era pesado e informal, ou seja, mal remunerado, insalubre e sem qualquer benefício trabalhista. E arriscado também, já que na maioria das vezes os peões eram transportados em caminhões, sem nenhuma segurança, dentro das caçambas – às vezes, cheias de areia ou pedra. Ainda com dezessete anos incompletos, ele não tinha outra opção, já que não acreditava que fosse conseguir oportunidade melhor que aquela e não suportava mais a pressão diária dos donos da casa em que passava aqueles dias. Precisava de dinheiro para ser verdadeiramente livre e estava decidido a trabalhar no que fosse necessário.

As tarefas de Nelsinho no novo emprego se resumiam a cavar alicerces nos terrenos destinados às obras e coletar, em rios e pedreiras, a areia e as pedras para encher as caçambas que seriam transportadas até os canteiros de obra. No início, ainda inexperiente no manuseio da pá, atirava boa quantidade de areia para fora da caçamba. Mas logo aprendeu a técnica de jogar o material na altura e direção certas. Quando chegou a vez de erguer pedras, então, percebeu que não era tão forte quanto imaginava. Sofria para, com muito custo, levantá-las acima de seus ombros, altura necessária para colocar o pesado material dentro da caçamba.

Os peões que já tinham experiência naquele serviço o faziam em ritmo de brincadeira, pois tinham músculos formosos e definidos, construídos na própria labuta diária. Um deles, Nego Fuba, um preto de uns vinte e cinco anos, era o mais forte de todos. Erguia pedras de cerca de cinquenta quilos como se fossem pedaços de isopor e raramente demonstrava cansaço. Não por acaso era o que comia mais e com mais voracidade. Atropelava um gigantesco prato de comida em poucos minutos, mal fazia digestão e, como num estalo, já retomava o trabalho com a mesma disposição hercúlea.

Sempre de bom humor e com seu espírito gozador, o que ajudava a tornar mais descontraída aquela cansativa labuta, Nelsinho facilmente cativou os outros peões e se tornou uma espécie de "café com leite" da turma. Por isso, no início, teve o privilégio de poder escolher o tamanho das pedras que carregaria, porque sabia que não podia com o peso das maiores e as deixava para os solidários colegas mais experientes. Conseguia erguer as médias e pequenas até a altura de seus ombros, mas ainda lhe faltavam preciosos centímetros para alcançar a borda da caçamba. Engenhoso, logo teve a ideia de selecionar algumas pedras de formatos mais regulares, com cerca de um palmo de altura, e encaixá-las no chão, próximas à caçamba, moldando uma espécie de degrau. Graças ao improviso conseguiu atingir a altura necessária para atirar as pedras dentro da caçamba e, a partir de então, seu rendimento no trabalho progrediu.

"Ei, Ficheiro!"

Os primeiros dias foram cansativos, principalmente porque Nelsinho conciliava o trabalho com o estudo. Mas em pouco tempo ele se acostumou à nova rotina. Depois de algumas semanas conseguiu sair da casa em que estava e foi morar com o amigo Egildo de Biata, em quem se espelhava desde o início da adolescência.

Seis anos mais velho, Egildo trabalhava como vigia da Chesf mas, em ocupações anteriores, tivera a oportunidade de conhecer outras cidades do Brasil e até alguns países vizinhos, como Argentina, Peru, Bolívia e Colômbia. Em Paulo Afonso, decidiu "adotar" o conterrâneo, que passou a tratar como se fosse um irmão caçula. Como recebia bom salário e admirava o esforço de Nelsinho em conciliar a pesada rotina de trabalho com os estudos – e, ainda assim, o rapaz conseguia obter bom rendimento escolar –, não se importava em arcar com a maioria das contas domésticas. Egildo sentia que podia fazer por Nelsinho o que ninguém fizera por ele anos antes, quando chegara sozinho à cidade baiana. A cada dia seu afeto pelo conterrâneo só aumentaria. A amizade entre ambos perduraria por toda a vida.

Dedicado na rotina diária e com bom jogo de cintura, Nelsinho logo adquiriu mais vigor físico e passou a se sentir mais à vontade no trabalho. A ponto de, em certa tarde, ao final do expediente, interromper o engenheiro que fazia o pagamento dos funcionários. Ao perceber que o dinheiro destinado a alguns peões estava errado, o que também incluía o seu, não se conteve:

– Com licença, doutor... não é por nada não, mas acho que tem um engano aí nessa conta. Eles dois aqui trabalharam cinco dias, mas eu e eles ali trabalhamos seis dias, até sábado – afirmou ele, convicto, enquanto apontava para os colegas que estavam ao redor. – Então a quantidade certa de caçambas que eu e eles temos que receber tem que ser multiplicada por seis dias, e não por cinco.

O engenheiro observou bem as planilhas de serviço e constatou que, de fato, aquele atrevido peão estava certo.

– Você tá certo, de fato houve um engano aqui nas contas. Vou pedir pra corrigirem os valores – admitiu ele, um pouco constrangido. – Qual é o seu nome, mesmo?

— Nelson. Meu nome é Nelson, doutor!
— Tem razão, Nelson. Legal. Obrigado por avisar...

No dia seguinte os peões se aglomeravam logo cedo em torno dos basculantes que os levariam para os "trechos", como chamavam os locais onde era feita a coleta de areia e pedras. Pronto para mais um dia de trabalho, Nelsinho foi surpreendido por um recado vindo do escritório: ele deveria ficar ali enquanto os colegas seguiriam para o turno de trabalho.

— O doutor Zé Maria quer falar com você, Nelson – disse, de forma seca, um funcionário da construtora.

Quem convocava a conversa era um dos diretores da empresa, um homem que habitualmente apenas delegava responsabilidades a outros, sem sair de sua sala, e não costumava se dirigir diretamente a um peão. Em pensamento Nelsinho tentou supor que algo errado tivesse acontecido e se lembrou de, no dia anterior, ter apontado o desfalque na folha de pagamento. "Como eu sou burro! Só pode ser isso! Fui me meter onde não fui chamado e agora vou entrar pelo cano", pensou, arrependido. Estava quase convencido de que iriam dispensá-lo. Um carrancudo Zé Maria o chamou para a temida conversa:

— Nelson, Nelson... Você é de onde, rapaz?
— Sou de Triunfo, Pernambuco, doutor... perto de Serra Talhada...
— Sei onde é Triunfo. Mas por que é que você, tão jovem e magrinho assim, resolveu trabalhar nesse negócio de erguer pedras tão pesadas?
— Doutor, eu vou falar a verdade. Acho que isso aí nem é trabalho pra mim porque é muito pesado, mas como eu sou sujeito homem não vou fugir da raia – contou Nelsinho, sem tirar os olhos do diretor, ainda com a voz meio embargada de nervosismo. – Na verdade eu vim pra Paulo Afonso estudar, mas como tava morando de favor numa casa eu precisava trabalhar pra ajudar a pagar umas contas. Procurei emprego no comércio, em loja, supermercado e um monte de lugar, mas não consegui nadica de nada. Aí me apareceu essa oportunidade aqui, e como não tinha nenhuma outra opção eu resolvi encarar.

– Se esse trabalho é pesado pra você, então não precisa mais fazer isso – rebateu Zé Maria, com secura. Àquela altura, Nelsinho já não estava apenas receoso, e sim convicto de que seria demitido. Mas foi surpreendido. – É o seguinte. Eu soube que você é bom com números e preciso de alguém pra me ajudar a controlar as fichas de materiais. Cê vai ter que fazer muita conta pra medir os metros cúbicos de material e manter a concentração pra não se perder no meio de tanto número, mas acredito que isso você aprende rápido e pode dar conta. Tá disposto a encarar?

– Ôxe... e como não, doutor? – limitou-se a dizer o jovem peão, tão aliviado que mal se lembrou de agradecer.

– Então manda bala, Nelson! – finalizou o diretor. Em seguida, delegou a alguém a missão de ensinar ao matuto sua nova tarefa.

De cada caminhão que chegasse, Nelsinho teria de medir a altura, a largura e o comprimento referentes ao material que vinha na caçamba, para calcular e contabilizar quantos metros cúbicos havia de areia ou pedra. Cada ficha preenchida tinha três vias, das quais uma seria entregue ao motorista e as outras duas ficariam com a empresa. Fera em matemática e familiarizado com contas, dominou o novo ofício com muita facilidade. Logo ganhou dos colegas de trabalho o apelido de Ficheiro, já que sua função se resumia a preencher e destacar as fichas de controle de material. E o que era melhor: sem sujar a roupa nem precisar erguer um pedregulho sequer.

Não demorou para que um motorista surgisse com uma conversa esquisita.

– Ei, Ficheiro! Quer ganhar um dinheirinho a mais aí? – perguntou o caminhoneiro, discretamente, quase a sussurrar. – Tem bastante material aqui e se você dividir tudo e extrair duas fichas em vez de uma só, eu vou receber como se tivesse feito duas viagens. Pago metade de um frete pra você agora mesmo, adiantado.

– Ôxe, mas não tá certo, eu não posso fazer isso aí não – respondeu Nelsinho, surpreso e constrangido.
– Mas ninguém mais vai saber, só nós dois. Vários colegas meus fazem isso com outros ficheiros, sabia? A gente ganha pouco e os donos dessas construtoras 'tão tudo podre de rico. Não é nenhum pecado a gente dar um jeitinho de ganhar um pouco mais, já que a gente merece, hein? – prosseguiu o motorista, um tanto sarcástico, ainda a tentar convencê-lo a tirar vantagem de sua condição de ficheiro.
– Olha, camarada... cê vai me desculpar. Não tenho nada contra quem faz esse negócio aí, mas eu prefiro ficar na minha, numa boa – afirmou Nelsinho, em tom firme. – Eu tava sofrendo nessa firma, pegando no pesado, erguendo pedra e carregando caçamba. Aí o doutor Zé Maria me deu essa oportunidade e tá sendo um trabalho bem melhor pra mim. Não quero trair essa confiança e não posso correr o risco de ir pra rua...
– Entendo... É uma pena, cabra, mas enquanto pensar assim cê vai continuar ganhando uma merreca – disse o caminhoneiro, visivelmente frustrado, antes de recolher sua via da ficha e se retirar.
Na semana seguinte outros motoristas fariam a mesma proposta ao irredutível ficheiro. Alguns não gostavam da recusa. Entre os funcionários surgiram comentários de que aquele esguio jovem pernambucano era otário, "caxias" demais. Mas Nelsinho não ligou para os burburinhos e continuou a fazer seu trabalho com a consciência tranquila.

Topografia
Depois de cerca de dez meses de bom desempenho como ficheiro Nelsinho recebeu uma proposta mais vantajosa, para trabalhar em uma empresa vinculada à construtora Mendes Júnior, que tocava vários projetos junto à Chesf.

Começou no cargo de contínuo, mas, curioso por natureza e até meio enxerido, de tanto fuçar e perguntar aos colegas de trabalho, rapidamente adquiriu familiaridade com as ferramentas utilizadas nas obras. Graças à sua habilidade com números, logo foi deslocado para se integrar à equipe de topografia, com a qual passaria a fazer medições e cálculos na fundação de diversas obras ligadas à terceira usina do complexo hidrelétrico do São Francisco.

Em seu segundo ano em Paulo Afonso, Nelsinho ainda encontrava tempo e disposição para praticar atletismo. Desde pequeno estava acostumado a percorrer longos trajetos a pé, às vezes pelos terrenos íngremes e irregulares de Triunfo. Quando descobriu a equipe de atletismo do Ciepa, logo se interessou em fazer parte dela e pensou que seria fácil se destacar.

A primeira medalha que conquistou foi de prata, com a segunda colocação obtida em uma prova de curta distância. Correu bem e, muito feliz com seu feito, acreditou que aquela bela medalha quadrada poderia lhe trazer bons fluidos. Resolveu transformá-la numa espécie de amuleto da sorte. No dia seguinte à prova tratou de arranjar uma corrente e, a partir de então, passou a andar com a medalha pendurada no pescoço, por dentro da camisa, adotando-a como uma espécie de talismã.

De início, porém, sobrava-lhe ímpeto e faltava técnica nas pistas de corrida. Uma das primeiras competições que disputou foi uma prova de 1.500 metros. Ao largar, deu o máximo de si e disparou feito doido na frente de todos os competidores, que preferiram seguir em ritmo cadenciado. Assim que completou os quatrocentos metros da primeira volta, ainda em vantagem, começou a sentir o cansaço e um forte aperto no peito. Teve tontura e precisou reduzir o ritmo, mas ainda assim conseguiu completar a prova na terceira colocação, ofegante, com a língua de fora e o coração disparado. Levou vários minutos para se recuperar do desgaste.

Na ocasião, um experiente treinador o alertou:

– Rapaz, você tem potencial pra ser um bom corredor, mas fez uma grande burrada hoje, sabe? Você tem que se aquecer bem antes de correr e aprender a controlar o ritmo. Não adianta nada sair correndo feito um cavalo desembestado na largada e depois ficar pra trás, quase morrendo, antes da prova acabar.

A partir daquele dia, Nelsinho passou a estudar a melhor maneira de administrar o ritmo de sua corrida e, como mal tinha tempo para treinar, começou a ir para o trabalho correndo. Deixava lá o uniforme, saía mais cedo de sua casa e, diariamente, percorria na sola os seis quilômetros até a Mendes Júnior.

Precisou de pouco tempo de trabalho para pegar prática no novo ofício, em que logo já era elogiado por sua precisão e agilidade. Logo se tornaria um dos funcionários mais requisitados em importantes trabalhos topográficos da empresa, a ponto de criar ciúmes em alguns mais experientes e com mais tempo de casa.

"Com vocês, Nelsão!"

Paixão cada vez mais forte em Nelsinho, a dança foi seu principal cartão de visitas em Paulo Afonso. De início, em algumas festas realizadas no Clube Paulo Afonso (CPA) e no Clube Operário de Paulo Afonso (Copa).

Ainda era pouco íntimo do soul, tipo de música com a qual, até então, tivera apenas contatos esporádicos. Seus movimentos de dança ainda não tinham estilo definido, pois eram um misto de influências distintas. Algumas vinham dos filmes e musicais a que pudera assistir anos antes, nos cinemas de Triunfo.

Desde que vira na grande tela, pela primeira vez, os astros dos musicais norte-americanos, arquivara em sua memória vários passos e performances que ficava a ensaiar quando estava sozinho. Gostava da dança solo, solta, além dos passos do flamingo, do sapateado e do iê-iê-iê. Mas seu gingado também bebia, e muito, da malemolência da cultura popular, do xaxado, do frevo, do forró, do Carnaval, das danças folclóricas e do próprio samba.

Nas festas escolares o dançarino Nelsinho monopolizava as atenções quando entrava em ação. Enérgico, criativo e flexível, emendava trechos de sapateado com saltos, giros e admiráveis estripulias com o corpo. Logo foi convidado por alguns colegas para conhecer os bailes que eram realizados no CPA e no Copa, onde pôde ouvir muitas canções de soul e funk que ainda desconhecia. Foi quando começou a perceber que aqueles ritmos lhe despertavam um tipo de energia diferente, uma espécie de vibração que surgia da alma e se alastrava pelo corpo de forma quase incontrolável.

Já tinha ouvido falar, por meio do primo Silvio, sobre Tony Tornado, um preto enorme e irreverente que surgira no Rio de Janeiro cantando algo como "Podes crer, amizade! Podes crer, amizade" e fazendo passos de dança interessantes, diferentes de tudo o que já tinha sido visto no Brasil. Como gostava bastante de ler, ainda em Triunfo Nelsinho já tinha visto o tal negrão nas páginas de alguma revista, não se recordava ao certo se na *Cruzeiro*, *Manchete* ou *Fatos e Fotos*. Em 1970, conforme lembrava-se de ter lido, o emergente e inovador artista negro que chegara a residir nos EUA por alguns anos saíra vencedor do Festival da Canção, ao interpretar uma música chamada "BR-3".

Com aquilo na cabeça Nelsinho começou a dar mais atenção, nos bailes de Paulo Afonso, ao que os músicos chamavam de som "troncho", talvez por causa do estilo ousado e agressivo dos músicos, sobretudo os bateristas e baixistas. Troncho, para eles, era algo diferente, incomum, atrevido, oblíquo, provocante. Era como se referiam às canções mais agitadas de rock, soul e funk, como "Listen to the music", dos Doobie Brothers ou "Sex machine", de James Brown.

Cinemas em Triunfo

Triunfo sempre foi uma cidade com atmosfera cultural diferenciada. Uma prova disso é o fato de a cidade ter abrigado três cinemas na década de 1960, um número acima da média nacional, sobretudo para uma cidade de pequeno porte - que, meio século depois, segundo o Censo de 2010 feito pelo Instituto Brasileiro de Geografia e Estatística (IBGE), ainda seria de 15 mil habitantes.

Muitos filmes clássicos foram exibidos nos cinemas triunfenses, mas o que mais chamava a atenção do pequeno Nelsinho eram os musicais, com artistas como Fred Astaire, Frank Sinatra, Dean Martin, Sammy Davis Junior, Gene Kelly e Jerry Lee Lewis - algumas de suas primeiras influências, e que despertaram-lhe o fascínio pela dança.

A sala mais célebre era a do Theatro Cinema Guarany (atual Cine Teatro Guarany), localizado no histórico prédio inaugurado em 1922 à beira do lago João Barbosa Sitônio, e que hoje é atração turística e cartão-postal da cidade. Em sua infância, Nelsinho também tinha como opções o Cine Petit-Trianon e o Cine Guri (que, mais tarde, mudou seu nome para Cine Triunfo).

No Guarany, quando o público excedia o limitado número de assentos, era permitido às pessoas que buscassem cadeiras em suas casas. Como raramente tinha dinheiro para pagar ingresso, Nelsinho aproveitava esses momentos para levar uma cadeira de sua casa e entrar no cinema sem pagar, fingindo que já estava lá antes. Os funcionários Bal e Maquinista, que conheciam as peraltices do garoto, apenas riam entre si e faziam vista grossa para o "golpe".

Mesmo sem ter assistido a alguma performance deste último, gostava da musicalidade e nutria especial interesse por seu nome, já que diziam tratar-se, também, de um exímio dançarino. Passou a buscar mais informações sobre aqueles sons tronchos, sobre os quais adorava improvisar passos de dança, e logo constataria que James Brown era mesmo o músico mais troncho entre os maiores tronchos do planeta.

Foi esse mesmo artista, também conhecido como Mr. Dynamite ("Sr. Dinamite"), que assinou a trilha sonora do filme *Slaughter's Big Rip Off*, de 1973, no Brasil batizado como *Jogando Sujo*.

Mesmo que sua curiosidade sobre o nome de James Brown fosse muito grande, por pura e besta distração Nelsinho deixou de assistir ao filme, que ficara em exibição em um cinema de Paulo Afonso. Tinha uma rotina bastante agitada e estafante entre o estudo, o trabalho e os treinos informais de atletismo. Quando se deu conta, a película já não estava mais em cartaz. Lamentou bastante o vacilo e, poucas semanas depois, comprou em uma loja o LP *Revolution of the Mind*, lançado em 1971, o que fez com que passasse a admirar ainda mais aquele cantor.

Nessa mesma época, em um baile no Copa, conheceu Urânio, grande apreciador de música negra, que também arriscava vários passos de soul e funk na pista de dança. Passou a trocar informações com o novo amigo e, quando possível, ambos passaram a ensaiar juntos.

Dançar, que até então fora apenas um divertimento despretensioso para Nelsinho, havia se transformado em uma paixão. Durante a semana estudava e trabalhava contando as horas para a chegada do domingo, dia de baile no CPA ou no Copa. Ao longo das aulas ou do expediente no trabalho ensaiava até em pensamento: mentalizava passos de dança e imaginava as sequências que, depois, pretendia apresentar nos salões dos clubes. Semana a semana, a cada baile, seu estilo de dança progredia em velocidade espantosa. Sempre sincronizado com os bumbos e caixas dos variados ritmos tronchos que tanto o contagiavam, criou características únicas, passos inusitados e inovadoras sequências de movimentos e estripulias dançantes.

Num dos eventos, depois de dançar "O bom", de Eduardo Araújo, sucesso da Jovem Guarda na época, Nelsinho foi questionado por um colega:

– Por que você não se apresenta no Coliseu Show?
– Mas que diacho é esse tal de Coliseu Show?
– É um show de calouros feito todos os domingos, lá no centro, na Praça Libanesa! Se quiser, posso mostrar pra você como se inscrever lá.
– Interessante... Quero conhecer, sim – replicou Nelsinho, que ficou com aquilo na cabeça.

Poucos dias se passaram e, numa bela e ensolarada manhã de domingo, lá estava Nelsinho no Cine Coliseu, pronto para se apresentar no tal Coliseu Show. Seu tipo chamava a atenção, já que era magro, alto e trajava uma larga calça boca-de-sino e uma chamativa camisa comprida, de estampa multicolorida. As portas se abriam por volta das dez da manhã e rapidamente todo tipo de gente tomava os assentos. O show começava às onze e durava cerca de duas horas. Aquele programa de auditório era muito popular em Paulo Afonso, às vezes transmitido por uma rádio local.

– Ei, você! Vai apresentar o quadro de dança, não é? – perguntou o apresentador Milton, nos bastidores, pouco antes do início daquela edição do evento. Ao receber sinal afirmativo com a cabeça, o apressado apresentador questionou: – Qual é o seu nome? Como devo anunciar você pro público?

– Pode botar aí que meu nome é Nelsinho – respondeu o calouro, ansioso por fazer sua primeira exibição de dança em público.

Na hora de entrar no palco, porém, foi surpreendido pelo apresentador, que não conseguia ver diminutivo em um sujeito que, com a enorme cabeleira solta, chegava a quase dois metros de altura. Por sua própria conta, o mestre de cerimônias decidiu rebatizá-lo:

– E agora temos uma nova atração aqui no palco do Coliseu Show. Com vocês: Neeelsããããooo!

Surge um novo artista

Um pouco nervoso, mas bastante empolgado por finalmente poder se sentir um artista de verdade, o então recém-batizado Nelsão tinha escolhido uma canção bastante troncha para aquela que ficou marcada como sua primeira apresentação em público: "Fencewalk", da banda Mandrill, um autêntico funk dançante com riffs de guitarra inovadores para a época e um naipe de metais dos mais tronchos.

A atuação bastante ágil e a figura marcante do dançarino debutante encantaram o público. Ele rodopiou, se jogou no chão e, de um salto, se recompôs em pé, com as pernas abertas. Misturou movimentos de capoeira com sua ginga natural, sempre com muita rapidez e em sintonia com o ritmo. Diferente de tudo o que os moradores de Paulo Afonso já tinham visto antes, aquela dança hipnotizante despendeu pouco mais de cinco minutos, tempo suficiente para Nelsão ficar ofegante, quase sem ar, e encharcado de suor.

Os calorosos aplausos do público fizeram-no perceber que o esforço valera a pena. A sensação de ser aclamado o deixara extasiado. Aquele tipo de música negra também lhe despertara algo mágico, como se um espírito dançante se tivesse apoderado de seu corpo. Talvez fosse manifestação de algum instinto ainda desconhecido, um tipo de aptidão nata, ou mesmo uma possível predestinação.

Ainda nas nuvens com aquele momento, após ter sido ovacionado pelo público do Coliseu Show, o aspirante a artista saiu pelos fundos, deu meia-volta no quarteirão e ficou na porta do teatro, à espera do término do evento. Quando os espectadores começaram a sair, muitas pessoas, algumas que estudavam no Ciepa e outras que ele nunca tinha visto na vida, foram abraçá-lo e cumprimentá-lo.

– Olha o Nelsão aí! – diziam uns.

– Parabéns, você dançou muito bem! – elogiavam outros.

Uma bela garota fez questão de conhecê-lo e o surpreendeu com um estalado beijo no rosto, o que o deixou desnorteado.

O rapaz se deliciou com os breves minutos de fama e, antes mesmo de aquele domingo acabar, já estava decidido a retornar ao Coliseu Show na semana seguinte, a fim de reviver aquele momento tão especial.

Para a nova apresentação sete dias depois, Nelsão decidiu mudar de gênero e optou por um rock pesado. Escolheu uma canção do norte-americano Alice Cooper, que àquela altura fazia sucesso em todo o mundo. Para compor sua performance, providenciou uma roupa preta brilhante e uma peruca, além de improvisar, com um pedaço de tecido verde, uma falsa cobra – animal que seria lembrado em diversos trabalhos futuros ao longo da carreira do roqueiro. No palco, dublou a música "Billion dollar babies" com muita malemolência, enquanto dançava e agitava seu corpo imitando os trejeitos do verdadeiro Alice Cooper.

O público não deixou de aprovar e aplaudir aquela sua nova faceta, porém não com a mesma empolgação da semana anterior. Pouco antes do encerramento daquela edição do Coliseu Show, então, um dos organizadores fez um pedido a ele:

– Nelsão, o público adorou aquela dança arretada que você fez na semana passada. Será que você pode repetir aquela apresentação daqui a alguns minutos?

– Oxe... Posso sim, é pra já! – respondeu o mais novo artista de Paulo Afonso, feliz com a boa repercussão que obtivera.

– Mas dessa vez quero dançar outra música naquela mesma linha, pode ser?

Alguns minutos depois retornou ao palco pronto para surpreender a plateia. Na introdução ouvia-se apenas uma potente voz masculina pronunciar algumas coisas em inglês. Nos primeiros segundos ninguém entendeu nada, mas, logo após uma contagem instigadora ("One, two, three, four..."), um ritmo dos mais tronchos, extremamente dançante e contagiante, começou a ecoar pelo teatro: "Sex machine", de James Brown.

No público, nem todos conseguiam ficar parados. Alguns mexiam seus corpos timidamente e, no meio deles, um preto de estatura mediana, com vistosa cabeleira black, não tirava os olhos do calouro enquanto movia a cabeça para cima e para baixo, em sinal de aprovação. Nelsão, por sua vez, superou a ótima atuação apresentada na semana anterior, com movimentos, rodopios e saltos ainda mais enérgicos e impressionantes. Mais uma vez, com muita presença de palco e ginga nos pés, foi um dos destaques do Coliseu Show.

Terminado o evento daquele dia, Nelsão voltou a receber efusivos cumprimentos do público. Então, o preto que o observava muito atentamente se aproximou, indisfarçavelmente entusiasmado:

– Meus parabéns, *brother*. Você fez uns passos muito bonitos. A propósito, meu nome é Tito – apresentou-se, simpático e sorridente. – Sabe, essa música que você dançou aí é o hino dos blacks lá no Rio de Janeiro!

Empolgado, Nelsão se interessou bastante pelo assunto e engatou uma conversa com Tito. Este lhe contou que morava no Rio de Janeiro, mas se mudara recentemente para Paulo Afonso porque seu pai fora transferido para a cidade baiana em função de seu trabalho na Chesf – cuja sede administrativa ficava na Cidade Maravilhosa.

A afinidade entre os dois foi imediata, a ponto de parecer que eram amigos de infância. Tito, que vinha participando dos primeiros bailes de soul e funk que começavam a surgir na Baixada Fluminense, abasteceu o novo amigo de informações sobre aquela nova febre que se alastrava entre os pretos e pobres da porção mais ao sul do país. Contou sobre o radialista Big Boy e o discotecário Ademir

Lemos, que deram início aos chamados Bailes da Pesada, e sobre as equipes que começavam a articular bailes específicos de música negra. E também falou da influência do movimento negro pelos direitos civis que eclodira nos EUA, explicando sobre o papel dos líderes Martin Luther King Jr. e Malcolm X, além do Partido dos Panteras Negras (Black Panther Party).

Aquelas ideias se fixaram para sempre na mente de Nelsão, que se lembrou de, na noite daquele mesmo domingo, ter combinado com Urânio de ambos irem ao baile do Copa. Resolveu, então, convidar Tito:

– Ei, *brother*. Quer curtir uma música boa num lugar legal pra dançar? Essa noite tem baile no Copa, bora lá? – perguntou. Ao ver seu interlocutor reagir com um sorriso, deduziu que ele apreciara a ideia. Nem foi preciso esperar resposta. – Então mais tarde a gente se vê lá!

– Podes crer, amizade! – concordou Tito, sorridente, ao parafrasear uma música de Tony Tornado.

Naquela noite, Nelsão apresentou o novo amigo a Urânio e os três, literalmente, dominaram a pista de dança. Ficaram muito satisfeitos quando perceberam que não eram os únicos a curtir aquele estilo de música e dança e a cultivar um visual incomum por aquelas bandas.

Empolgados, os três combinaram de fazer uma apresentação juntos no Coliseu Show, já no domingo seguinte.

Os Invertebrados

Mesmo com pouco ensaio não demorou para Nelsão, Tito e Urânio se entrosarem na dança. O ritmo troncho dos funks mais pesados era a linguagem comum entre eles, traduzida por seus elásticos corpos sob a forma de coreografias inusitadas e impressionantes. Quanto mais o suor fazia suas roupas colarem ao corpo mais parecia que eles se estimulavam a requebrar de forma incansável, como se estivessem possuídos pela energia dos bumbos, caixas, acordes de guitarra e linhas de baixo e metais que denotavam as tronchas e dançantes canções adotadas como trilha sonora.

O público que estava habituado a assistir ao Coliseu Show já tinha visto de tudo, entre calouros a interpretar músicas regionais, quadros de humor decerto repetitivos e algumas apresentações bizarras. Mas ainda mal conhecia aquele tipo de dança que começava a se popularizar no Rio de Janeiro e, até então, ainda não tinha adeptos que o representassem na porção norte do país.

No domingo escolhido o tempo estava aberto, com sol radiante e poucas nuvens, o que colaborou para que o auditório ficasse lotado. Afinal tratava-se da principal e mais divertida opção de lazer da população local. A trilha sonora escolhida pelo trio foi o hino dos blacks, "Sex machine", um dos sons mais tronchos existentes até então. Nelsão, Tito e Urânio escolheram trajes elegantes e bastante chamativos, que imitavam o visual dos artistas de funk que viam em capas de LPs e também tinham como inspiração as poucas imagens que conheciam de Tony Tornado e James Brown.

No palco, ainda mais empolgados que nos bailes do CPA e do Copa ou nos ensaios, fizeram apresentação impecável. Em alguns momentos, regidos por um mesmo espírito dançante, movimentaram-se em perfeita sincronia, apesar do grau de dificuldade dos passos. Do início ao fim da performance, que durou cerca de cinco minutos, todos os olhares presentes no Teatro Coliseu ficaram pregados naqueles três dançarinos tão irreverentes e cheios de carisma.

Com muita inspiração e mais transpiração ainda, os amigos foram muito aplaudidos pelo público. Mal saíram do palco e, nos bastidores, abraçaram-se muito felizes, em comemoração àquele momento mágico. Alguns dos principais músicos de Paulo Afonso, como Osvaldo Cassapa e Aroldo, que já tinham se tornado grandes amigos e admiradores de Nelsão, também o parabenizaram. Eles ainda veriam aquele magrelo cabeludo dançar muitas outras vezes no Coliseu Show e em outros clubes de Paulo Afonso, a ponto de se tornar uma espécie de celebridade na cidade. A amizade entre os três também se prolongaria por longas décadas.

Assim como fizera nas ocasiões anteriores em que se apresentara no Coliseu Show, Nelsão saiu pelos fundos do teatro, dessa vez junto a Tito e Urânio. O trio contornou o quarteirão a passos apressados e se dirigiu para a portaria a fim de aferir sua popularidade junto aos espectadores do evento. Como já era esperado, foram bastante celebrados por conhecidos e estranhos, que se confessaram maravilhados com aquela apresentação tão diferente do que estavam acostumados a ver.

Em meio à barulhenta multidão que deixava o teatro e rodeava o trio, uma simpática e falante mulher de cerca de cinquenta anos, que fez questão de cumprimentar cada um dos dançarinos, abordou-os:

– Nossa, meninos! Vocês dançam muito bem, esses movimentos são muito arretados. Parece até que vocês não têm ossos! – comentou a mulher, que em seguida lançou uma pergunta inesperada. – Qual é o nome do grupo de vocês?

Em meio a sorrisos e incredulidade, Nelsão, Tito e Urânio entreolharam-se. Eram apenas três amigos que gostavam de dançar e resolveram se apresentar juntos no Coliseu Show, sem qualquer pretensão de constituir um trio artístico. Como ainda não tinham sequer cogitado formar um grupo, obviamente também não tinham pensado em um nome para ele.

Perspicaz, Nelsão fez uma brincadeira, inspirado nas próprias palavras da mulher:

– Pois é, minha senhora... o nome do nosso grupo é Os Invertebrados!

Assim, de forma descontraída e sem que houvesse sido planejado, nascia em outubro de 1972 o primeiro grupo de dança black de que se tem notícia em todo o Nordeste. À época era algo absolutamente inusitado, ainda mais naqueles confins distantes do eixo São Paulo-Rio de Janeiro – região por onde as manifestações culturais estrangeiras costumavam ser introduzidas no país.

Dona de espírito festivo acentuado, a calorosa população local recebeu muito bem o surgimento do Os Invertebrados. Não demorou para que o trio passasse a se apresentar nos mais diversos tipos de evento, em diferentes cidades da Bahia, Pernambuco e Alagoas, já que Paulo Afonso é vizinha ao entroncamento dos três estados.

Com um repertório que, além do soul e do funk, incluía outros tipos de dança e até mesmo artes cênicas, o grupo que alternava invocados trajes sociais com figurinos vistosos e de cores aberrantes conquistou espaços para se apresentar em diferentes festas. Por onde passou surpreendeu uns e intrigou outros, com criativas e enérgicas sequências de passos, rodopios e coreografias ainda considerados incomuns por aquelas bandas. A trupe dançava do sossego do soul romântico ao gingado enfurecido inspirado em James Brown, ícone máximo daquela vertente, mas também passeava por outros tipos de dança e dedicava alguns momentos a performances mais teatrais.

Esse diferencial fazia o grupo Os Invertebrados ter trânsito tanto nos bailes dos clubes quanto em eventos de música regional ou folclórica, dialogando com ritmos diversos: samba, forró, frevo, baião, maracatu, xote, xaxado, embolada, coco e toda a miscelânea vibrante que caracteriza a musicalidade local.

Dessa forma, durante meses os três amigos unidos pela dança excursionaram por muitas cidades daquele perímetro nordestino, em algumas ocasiões acompanhados da banda de Osvaldo Cassapa e Aroldo. Não ganharam dinheiro com as apresentações, mas se divertiram bastante, conheceram muitas cidades e, é claro, tiraram proveito daquele *status* artístico para conquistar garotas.

Também nessa época Nelsão viu pela primeira vez uma transmissão radiofônica clandestina, num momento em que praticamente inexistiam rádios piratas. Mesmo o conceito de rádio comunitária ainda era ideia embrionária praticada em pontos isolados e de forma aleatória, como neste caso de Paulo Afonso – somente em 1983 seria criada a Associação Mundial de Rádios Comunitárias (Amarc) e o Brasil viria a ganhar sua primeira regulamentação referente a este tipo de radiodifusão apenas em fevereiro de 1998.

O transmissor clandestino na cidade baiana tinha sido instalado no topo de uma árvore por alguns amigos de Nelsão, que chegou a dar palpites e participar da programação. Em pouco tempo, a rádio já fazia sucesso e incomodava as emissoras grandes da cidade, que operavam dentro da lei. A fiscalização ainda levaria meses para localizar a rádio pirata.

Quando não subia aos palcos com seus amigos invertebrados, Nelsão ainda encontrava tempo para criar performances diferenciadas e se apresentar no Coliseu Show. O objetivo era um só: surpreender o público, fosse com danças, dublagens, esquetes ou quaisquer outros recursos artísticos.

Numa dessas ocasiões, preparou um número meio circense em que, com uma tocha na mão, em determinado momento deveria ir ao fundo do palco, encher a boca de gasolina e cuspir fogo. Na hora da apresentação, porém, não teve o cuidado de dosar o ímpeto com que virou o copo de gasolina na boca e, sem querer, acabou engolindo uma boa quantidade do combustível. De súbito sentiu o líquido ardente a rasgar sua garganta, ficou zonzo e não conseguiu encerrar o show. O gosto horrível de gasolina ainda permaneceria em sua boca por mais dois ou três dias de muita náusea e indisposição.

Fátima
A primeira grande paixão da vida de Nelsão foi uma linda morena chamada Fátima, que tinha nascido em Serra Talhada,

cidade pernambucana próxima a Triunfo, mas também residia em Paulo Afonso. Ambos começaram a namorar no início de 1973 e, durante meses, a garota preferiu que ele não entrasse em sua casa. Alegava que o pai era muito ciumento e severo. Operário da Chesf, o sempre sisudo Seu Rui não tivera boa impressão daquele magrelo com cabelo e roupas esquisitas e, de início, até tentara demover a filha da ideia de se relacionar com ele.

Como a advertência paterna não surtira efeito, Seu Rui começou a sondar várias pessoas da cidade para ter referências sobre aquele rapaz estranho que andava saindo com sua filha. A cidade não era tão grande e foi fácil localizar diversas pessoas que conheciam o tal magrelo cabeludo, para saber se ele era trabalhador, se era bom sujeito ou se havia o risco de magoar, prejudicar ou "desonrar" sua filha.

Num certo dia, Nelsão estava do lado de fora da casa de Fátima enquanto a aguardava arrumar-se. Distraído, observava a rua quando, de repente, Seu Rui saiu e o convidou a entrar. Ficou receoso porque sabia que o "sogro" não simpatizava com sua figura, mas não o contrariou. Apesar de estar meio ressabiado, não teve como recusar a xícara de café oferecida pelo pai da namorada enquanto ela demorava para se aprontar.

– Nelson, Nelson... Rapaz, devo dizer que quando vi você pela primeira vez não tive uma boa impressão mesmo. Esse seu cabelo esquisito, essas roupas diferentes que você usa, achei que você fosse um vagabundo querendo se aproveitar da minha filha.

– Mas senhor, eu...

– Calma, porque eu ainda não terminei – interrompeu Seu Rui. – Eu juro que eu não lhe dava um vintém. Mas então, com o tempo percebi que minha filha gosta mesmo de você e fui procurar saber mais sobre a sua pessoa. Pra sua sorte, tive boas referências no comércio, lá no Copa, na Chesf e entre alguns operários que conhecem você. O pessoal anda falando muito bem de você pelas ruas de Paulo Afonso, sabe? Foi aí que eu percebi que me enganei e que tava julgando o livro pela capa. A Fátima já teve dois namorados que eram boa pinta, que andavam engomadinhos e de roupinha alinhada, vinham de boas famílias... mas no final enganaram e magoaram ela. E você, que eu achava meio maluco por causa desse cabelo e das roupas diferentes, agora eu vejo que você é sujeito homem, que respeita a minha filha. Tanto que sempre esperou ela do lado de fora da nossa casa.

– Na verdade, Seu Rui, ela me contou que o senhor não tinha simpatizado muito comigo, e por isso eu sempre esperei ela do lado de fora. Mas eu queria mesmo ter essa chance de conversar com o senhor... Pra esclarecer que gosto muito da sua filha e dar a minha palavra de que não vou fazer nenhum mal pra ela.

– Pois é, Nelson. Então, a partir de hoje você não precisa ficar do lado de fora quando vier aqui em casa. Só peço que mantenha essa sua palavra de respeitar a minha filha e não me desaponte nunca, porque senão vai ter que se ver comigo.

– O senhor pode ficar tranquilo, Seu Rui. Prometo que não vou decepcionar o senhor nem a sua filha.

A conversa com o pai de Fátima ficaria marcada na memória de Nelsão como um exemplo de que é possível enfrentar e contornar preconceitos e pré-julgamentos. Ao longo das décadas seguintes, ainda passaria por inúmeras situações semelhantes sem precisar mudar seu jeito de ser ou de se vestir apenas para ser aceito.

Gaiolas abertas

Em seus primeiros meses em Paulo Afonso, Nelsão recebera alguma ajuda financeira dos pais, verba que foi diminuindo até ser cortada conforme começou a trabalhar e ganhar seu próprio salário. Não demorou para que o rapaz passasse a custear cem por cento das suas despesas, inclusive conseguindo bancar seus gastos com os bailes e ainda economizar algum dinheiro, já que continuava contando com a ajuda do amigo-irmão Egildo de Biata.

Numa folga entre as apresentações do Os Invertebrados resolveu visitar sua família em Triunfo. Chegou cansado em uma noite de sexta-feira, dormiu como pedra e, quando acordou, sentiu-se muito feliz com a manhã ensolarada que o recebera no Sítio Caldeirão, berço de sua bem vivida infância. Decidiu ir à feira e, lá, comprou uma tira de borracha com o objetivo de fazer um estilingue – ou peteca.

No caminho de volta para casa, já de canivete em mãos, encontrou uma forquilha perfeita no galho de uma árvore. Minutos depois, com a mesma técnica de poucos anos antes, já amarrava nela a tira de borracha deixada no tamanho adequado. Terminado o serviço, contemplou a arma com orgulho, por constatar que não tinha perdido a prática.

Com a peteca e uma pedra na mão esquerda e a outra mão em forma de concha colada ao ouvido direito, Nelsão seguiu o canto de um pássaro que atraíra sua atenção. Avistou, num galho de cedro do outro lado da cerca, uma bela rolinha, talvez distraída com o encanto de sua própria música gratuita. Sorrateiro, pulou as madeiras do cercado, aprumou-se e, lentamente, armou a peteca. Mirou com precisão e, enquanto observava a pobre e condenada rolinha a cantar, um estalo lhe veio à mente: quando soltasse aquela pedra, silenciaria para sempre a doce melodia daquele pássaro.

Foi a primeira vez que se questionou: por que matar aquela ave inocente? Por que fizera esse tipo de coisa inúmeras vezes antes de se mudar para Paulo Afonso?

O buzinaço da consciência prosseguiu.

— Oxe... Eu saí de casa porque queria ser livre, pra poder cantar e dançar à vontade. Não tenho por que impedir esse passarinho de cantar – disse a si mesmo, ao desarmar a pedra e abaixar a peteca. – Hoje essa rolinha é mais dona desse lugar do que eu, que nem moro mais aqui. Não tenho o direito de matar ela.

Então, com o mesmo canivete que usara para forjar a peteca, Nelsão cortou-a em pedaços e prometeu a si mesmo que nunca mais faria aquilo.

Ainda no sítio, libertou alguns pássaros que eram mantidos em gaiolas e sentiu-se aliviado por compartilhar com eles a liberdade que sempre quisera para si. Nesse dia ele não só parou de prender ou matar passarinhos e preás, como também se tornou ferrenho defensor da liberdade desses ou de quaisquer outros animais. Em vez de plantar armadilhas ou dar tiros de peteca, passaria o resto de sua vida a oferecer frutos aos pássaros. Quase diariamente colocaria pedaços de mamão, banana ou ameixa nos galhos das árvores mais próximas de onde quer que estivesse morando.

Hora de retribuir

O enorme cabelo e o vestuário incomum do filho não eram do agrado de Seu Nelson e Carmelita. Mas eles consideravam que o rapaz já era independente e, como vinha demonstrando ter responsabilidade para lidar com suas obrigações, não parecia merecer qualquer repreensão. Acabaram por tolerar seu gosto extravagante – e, com o passar dos anos, se tornariam seus fãs mais ardorosos.

Seu Nelson até fazia brincadeiras para caçoar do visual multicolorido de Nelsão, que em sinal de respeito à discreta desaprovação dos pais, quando estava perto deles deixava o cabelo preso em um boné ou touca. Aliás, sua considerável cabeleira crespa tinha sido cortada apenas no início de 1973, quando teve de se alistar no Tiro de Guerra e foi dispensado por excesso de contingente. O vasto cabelão permaneceria praticamente intocado por pelo menos quatro décadas, tornando-se sua marca registrada. Na virada de milênio muitos viriam a brincar com Nelsão, referindo-se ao seu cabelo como um "patrimônio cultural tombado".

Para criticar uma roupa que considerava ter estampas exageradamente chamativas, Seu Nelson perguntava:

– Onde você comprou essa camisa de frevo e essa calça de viagem, filho? – com entonação irônica, deixava claro que "frevo" era um trocadilho com "fresco". Com o mesmo duplo sentido, também fazia piada com a citação à calça "de viagem".

– O senhor tem que se atualizar, meu velho! O mundo gira, as coisas mudam... – rebatia o rapaz ao pai, em tom de brincadeira.

– Aqui não tem disso não, meu filho! Macheza é tradição que não se muda! – respondia o conservador Seu Nelson.

No fundo, os pais não se importavam tanto com o estilo espalhafatoso do filho, porque viam nele comportamento exemplar. Ele continuava a obter bom desempenho nos estudos, trabalhava para pagar suas próprias despesas e, segundo notícias que chegavam por meio de alguns conhecidos que residiam em Paulo Afonso, em pouco tempo já tinha se tornado uma pessoa muito querida por lá. Enfim, não havia motivo para reprimi-lo.

A preocupação que Nelsão demonstrava em retribuir o que recebera dos pais também era motivo de orgulho para Seu Nelson e Carmelita. Com quase vinte anos e amadurecido pela experiência de morar sozinho, o rapaz já tinha discernimento para supor que não devia ter sido fácil, para eles, criar sete filhos em pleno sertão pernambucano – Socorro, ele próprio, Frank, Cid, Auci, Josineide e Bartolomeu, em ordem de nascimento.

Entendia, agora, que nunca tivera direito a determinadas regalias ou excessos porque os pais deviam gastar muito só para suprir as necessidades básicas da família. E, como agora estava com dinheiro no bolso, antes de retornar para Paulo Afonso resolveu derrubar uma espécie de complexo que o acompanhava desde a infância – quando não tinha dinheiro para entrar nos bailes do clube Sociedade Triunfense de Cultura e tinha de ficar do lado de fora a ouvir a música abafada, sentir cheiro de churrasco e invejar o semblante satisfeito das pessoas que deixavam o local.

Fundado em primeiro de outubro de 1940, aquele clube sempre fora um reduto da elite triunfense. A "triagem" iniciava pelo alto preço do ingresso e dos alimentos e bebidas, algo pelo qual boa parte dos moradores da cidade não tinha como pagar. Em algumas ocasiões, quem adentrava o local também podia ser destratado em razão das roupas que trajava, dos hábitos simples que tinha ou do *status* de que (não) gozava.

Disposto a superar esse complexo que o incomodava desde garoto, naquela noite de 1973 Nelsão reservou uma mesa e pagou, para seus pais, um jantar de fartura e caprichos. Apreciaram música ao vivo, comeram e beberam tudo o que tiveram vontade e, amparados por um luar convidativo, foram atendidos com o mesmo requinte de que, até então, tinham se privado por longos anos. Foi uma reviravolta moral para Nelsão, que, com condições de retribuir parte da dedicação que reconhecia ter recebido de seus pais, decidiu que não deveria se privar de um momento especial com eles.

Naquela noite Seu Nelson e Carmelita foram dormir com a corujice em alta enquanto conversavam, orgulhosos, sobre o belo gesto do filho. Nelsinho se tornara homem feito e eles mal tinham percebido.

Rumo à capital federal

O grupo Os Invertebrados era formado por Nelsão, Tito e Urânio. Havia um quarto dançarino que não chegou a fazer parte da formação oficial, mas vivia a dividir as pistas com o trio: Zé Divaldo, um preto de bom porte físico que tinha um estilo de dança bastante elegante. E foi graças a ele que, no final de 1974, a vida de Nelsão tomou novo rumo.

Filho de uma triunfense que residia no Distrito Federal, Zé Divaldo se preparava para retornar à casa de sua mãe, depois de passar uma temporada em Paulo Afonso. E fez o convite ao amigo:

– Vamos lá pra Brasília, Nelsão? Você pode ir morar com a gente! – propôs o rapaz.

– Ôxe... Sabe que é uma ideia interessante, *man*? – respondeu.

Foi mais ou menos nessa época que a expressão "man" (homem, em inglês) se incorporou ao seu vocabulário cotidiano e nunca mais foi abolida, tornando-se uma de suas marcas registradas. É assim que Nelsão passaria a se referir ao seu interlocutor durante toda a sua vida: man.

Poucas semanas antes ele tinha recusado uma proposta da Mendes Júnior para ir trabalhar no Iraque. A empreiteira tinha firmado um contrato para executar obras naquele país do Oriente Médio e recrutava alguns de seus melhores funcionários. O salário até era bastante atraente, mas Nelsão não conseguira se imaginar morando nos arredores de Bagdá, onde, segundo se informara, o comportamento era bastante reprimido e a cultura ocidental não era bem recebida.

– Man... Provavelmente não deve ter baile black lá no Iraque – este foi seu principal argumento para não viajar.

O maior desejo de Nelsão era continuar a dançar, dançar e dançar ritmos tronchos, no máximo de eventos que conseguisse. Se possível, cada vez mais próximo das principais festas que cresciam e a cada dia ganhavam mais adeptos por todo o país, sobretudo no eixo São Paulo-Rio de Janeiro.

Já tinha começado a cursar o colegial (equivalente ao atual ensino médio) em Paulo Afonso e até vinha considerando a ideia de se mudar para São Paulo, onde já moravam seus irmãos Socorro e Cid.

Mais preocupado com a dança do que com os estudos, considerou que no Distrito Federal ficaria mais perto do Sudeste. E como Zé Divaldo já conhecia a cena dos bailes black existentes por lá, pensou que seria interessante também conhecer essa cena no coração do país.

Terminou o namoro com Fátima, providenciou a documentação para fazer sua transferência escolar e, sem pestanejar, decidiu acompanhar o amigo rumo ao Centro-Oeste. Lá não estaria tão distante de São Paulo e Rio de Janeiro, onde se concentrava a efervescência dos bailes black.

DO SERTÃO AO HIP-HOP

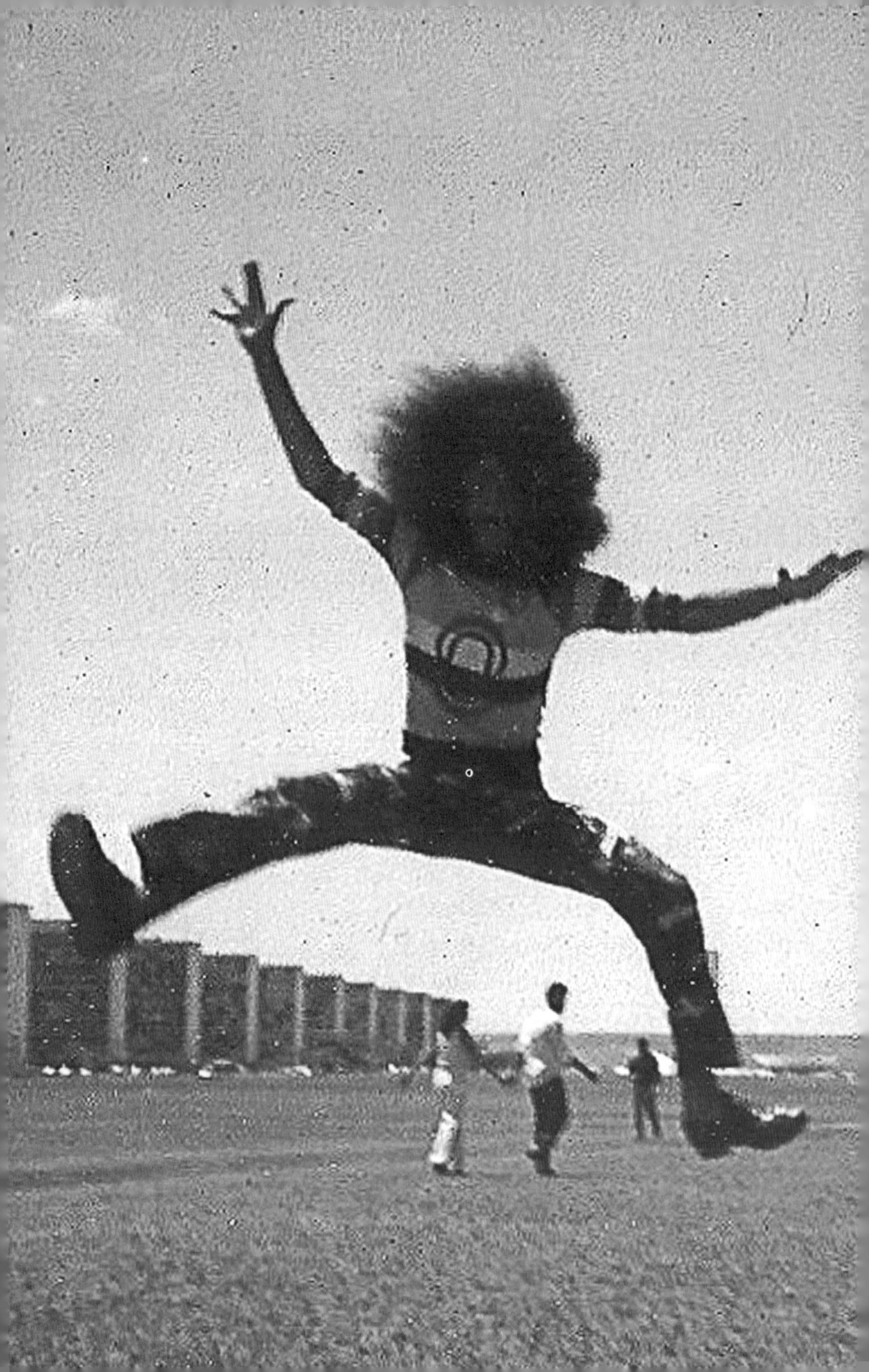

Cap. 3

EM BUSCA DO SONHO

NELSON TRIUNFO

DO SERTÃO AO HIP-HOP

Ceilândia

Iniciada na segunda metade da década de 1950, a construção do Distrito Federal atraiu milhares de trabalhadores para o Planalto Central. Acompanhados de vários familiares na maioria dos casos, eles abandonaram as terras inférteis e a falta de oportunidades de diferentes regiões do país, sobretudo o Norte e o Nordeste, e viram na instalação da nova capital federal, idealizada pelo então presidente Juscelino Kubitschek, uma espécie de novo eldorado.

Passados os quase quatro anos das obras necessárias para que Brasília pudesse ser inaugurada aos vinte e um dias de abril de 1960, a demanda do setor da construção civil ainda era muito grande. Afinal, ainda havia muitos empreendimentos que precisavam sair do papel para dar forma ao novo embrião de metrópole planejada. Com isso, considerável parcela dos trabalhadores que tinham planejado uma estada temporária no centro do país acabou decidindo se fixar por lá.

Sem ter ganhado a devida atenção no projeto de Kubitschek, esse fenômeno social gerou um crescimento urbano rápido e desordenado, que desde seu início foi "canalizado" pelo governo para as regiões conhecidas como cidades-satélites – expressão, por vezes, considerada pejorativa. Situadas nas zonas periféricas do distrito, essas localidades já nasceram com infraestrutura bastante inferior à do Plano Piloto, perímetro concebido com o único intuito de abrigar os funcionários do Estado nos mais variados níveis de poder.

No início da década de 1970, em nome da defesa do direito à propriedade, um eufemismo foi então criado pelo governo de Hélio Prates da Silveira para uma ação que promovia essa política de remoção e exclusão social: Campanha de Erradicação de Invasões (CEI). A sigla acabou por dar nome a um dos principais núcleos periféricos do distrito: a Ceilândia, fundada oficialmente em março de 1974 e situada a cerca de vinte e cinco quilômetros do Plano Piloto. E era em seus arredores, numa modesta casa de três cômodos, que residiam a mãe de Zé Divaldo, Dona Lurdes, além do padrasto dele.

Nelsão chegou à Ceilândia no final de 1974. Desde o início notou que o lugar já se mostrava um fracasso urbanístico da nova capital brasileira. Sem estrutura adequada, agrupava um grande número de famílias oriundas não só dos estados do norte do país como também de Minas Gerais, outras partes de Goiás e estados do Sul e do Sudeste. Por se tratar de um local afastado do perímetro "nobre" por onde circulariam autoridades e turistas, não houve, da parte do poder público, a preocupação de acompanhar ou ordenar seu crescimento. Fruto desse descaso, além de precária, a estrutura de equipamentos públicos básicos, como escolas e postos de saúde, era bastante deficitária diante da demanda existente, que não parava de crescer.

Por ali também não havia saneamento básico, pavimentação nem coleta regular de lixo. A distribuição de água e eletricidade era restrita e cheia de problemas. Guiados por motoristas imprudentes, os ônibus, desgastados e sujos, viviam lotados, atrasavam com frequência e, não raro, enguiçavam pelo caminho. Enfim, a Ceilândia nasceu miserável e rejeitada, em lugar distante e esquecido. Não por acaso, de maneira idêntica a outras milhares de periferias espalhadas pelo Brasil.

O clima tropical sazonal do cerrado faz com que aquela região não veja chuvas durante boa parte do ano. Com isso, o solo árido do Planalto Central resulta em muita poeira vermelha quando os ventos se rebelam. Na Ceilândia de 1974, ainda pouco concretada, pois a maioria das habitações eram barracos de madeira, esse problema era tão crônico que, quando penduravam roupas úmidas no varal, as donas de casa tinham de ficar sempre atentas a qualquer indício de ventania. Bastava que um caminhão ou ônibus passasse pela rua para uma nuvem avermelhada se erguer e passear pelo becos, corredores e quintais das casas.

Nas ocasiões em que estava sem touca e encarava uma dessas ventaneiras, Nelsão ficava com a cabeleira toda avermelhada, o que o deixava muito irritado. Pior ainda era nas raras vezes em que chovia: seu cabelo não ficava "ruivo", mas era quase impossível transitar a pé pela Ceilândia. Nos dias molhados, quando conseguia se esquivar dos incontáveis buracos e poças de lama, inevitavelmente ficava com as meias e as barras das calças imundas e as solas dos calçados ganhavam inconvenientes centímetros de barro vermelho.

A primeira "moeda" do Banco Central

Apelidado de Baiano por algumas pessoas, talvez por ter dito que chegara da Bahia e por arrastar forte e indisfarçável sotaque nordestino, Nelsão não teve dificuldade para arranjar emprego junto à construtora Basevi – e, logo, receberia proposta melhor e passaria a trabalhar para outra grande empresa do setor, a Serveng Civilsan. Afinal, o Distrito Federal ainda era um imenso canteiro de obras e não faltavam oportunidades na construção civil.

Com precisão no manejo dos equipamentos de topografia e a facilidade de sempre para lidar com números, Nelsão tornou a conseguir uma ocupação relacionada a medições em fundações de obras. Levava o trabalho muito a sério e, em pouco tempo, conquistou o respeito dos colegas e superiores.

Hábil no uso do teodolito, instrumento de medição topográfica que exige técnica apurada, era capaz de ajeitá-lo até mesmo em terrenos irregulares, coisa que muitos mestres de obras e engenheiros dificilmente faziam com tamanha precisão. Por conta disso chegou a ser designado pela construtora para ministrar breves aulas, para técnicos e mesmo engenheiros civis recém-formados, sobre o uso dos aparelhos e as técnicas de medição.

Também foi destacado para trabalhar em obras importantes do Distrito Federal, como a construção do prédio da Embaixada da Espanha, de uma das pistas do aeroporto e dos edifícios do Banco do Brasil e do Banco Central do Brasil, entre outras. Chegou até a ser designado para projetos em outras cidades, o que incluiu as obras de fundação de uma extensa região denominada Fazenda Santa Etelvina, em Itaquera, na zona leste de São Paulo – onde, nos anos seguintes, seriam construídos os complexos habitacionais hoje conhecidos como Cidade Tiradentes.

Foi de Nelsão, aliás, a primeira moeda "depositada" na sede do Banco Central do Brasil. Ao final de 1974, antes do edifício ser construído no lote 33 do Setor Bancário Sul (SBS), ele era um dos trabalhadores da fundação da obra. Ao perceber que um colega tinha dificuldades para fazer algumas medições dentro de um buraco, pois havia muita água e lama no local, propôs-se a ajudá-lo. Mas como não queria enlamear suas botas resolveu fazê-lo descalço, prática proibida pelas normas de segurança. Desceu discretamente a escada improvisada para que nenhum superior visse seus pés desnudos e ajudou o companheiro a arrumar as balizas instaladas no buraco.

Terminada a tarefa, decidiu subir a escada rapidamente para não ser flagrado sem calçados. Na pressa, acabou por enroscar o próprio polegar da mão direita na corrente que tinha no pescoço, em que carregava seu talismã – a primeira medalha de prata conquistada nas provas de atletismo de Paulo Afonso. Quando sentiu a corrente se romper, ainda pôde ver a medalha girar e reluzir no ar antes de cair e se perder lá embaixo, no meio do lamaçal. Aborrecido, também jogou na poça marrom a corrente arrebentada, que tinha ficado pendurada entre seus dedos e perdera seu propósito.

É bem possível que, ainda hoje, a medalha de Nelsão esteja enterrada sob o imponente edifício de seis subsolos e vinte e um andares localizado no poderoso coração financeiro de Brasília. A primeira "moeda" depositada no Banco Central do Brasil, se assim podemos classificá-la, é quadrada e possui as inscrições *"Atletismo - 2º lugar - Paulo Afonso/BA - 1972"*.

Corrente de Força e Jessé

Baiano era um apelido generalizador muito comum naquele lugar, destino de muitos retirantes nordestinos. Mas não demoraria para que Nelsão começasse a se tornar conhecido por seu próprio nome. O motivo só podia ser um: a dança. Se os bailes de soul e funk já eclodiam em São Paulo, Rio de Janeiro e até na Bahia, era de se esperar que também existissem na capital federal.

Ele rapidamente descobriu onde eram realizados os melhores eventos black da região, que eram poucos, mas fervorosos. Um deles arrastava considerável público para o salão do Clube dos 200, na cidade-satélite Taguatinga, vizinha de Ceilândia. Os eventos feitos pela Equipe do Treze no Brasília Motonáutica Clube, situado entre a Asa Norte e o Lago do Paranoá, também foram memoráveis, bem como o Mix Mania promovido por DJ Celsão na região do Samambaia. Outros bailes de destaque eram realizados no Clube Vizinhança, também na Asa Norte.

Mas a equipe com a qual Nelsão mais criou afinidade foi a Super Som 2000, em que a atração eram músicos dissidentes de outra banda, chamada Os Quadradões. O conjunto, que logo adotaria o nome Corrente de Força, se mudaria para São Paulo anos depois e mudaria seu nome outra vez, para Placa Luminosa. A banda tocava com maestria covers de vários sucessos de soul, funk e rock da época. Seu vocalista era o cantor Jessé[1], que anos mais tarde ficaria famoso em todo o Brasil.

---

1   Dono de voz potente, que variava de tons extremamente graves aos agudos sem perder a afinação, o niteroiense Jessé Florentino dos Santos tinha atuado como *crooner* em boates e chegara a gravar discos em inglês na década de 1970, incluindo algumas trilhas para novelas, sob o pseudônimo Tony Stevens. Posteriormente, além dos trabalhos com o Placa Luminosa, chegaria a ganhar notoriedade nacional e gravar doze discos solo entre 1980 e março de 1993, quando, prestes a completar 41 anos, morreu em um acidente automobilístico sofrido no interior paulista – na ocasião, Jessé rumava para a cidade de Terra Rica, no Paraná, onde faria um show.

Foi no Clube dos 200, em Taguatinga, que Nelsão viu pela primeira vez os músicos do Super Som 2000 em ação. Discretamente deslocado em um dos cantos do salão, ele ensaiava alguns passos de dança quando foi avistado por Jessé. O cantor prontamente simpatizou com a figura esguia de enorme cabeleira e, ao microfone, tratou de convidá-la para que se aproximasse do palco:

– Vem dançar aqui, magrão!

– Tô indo, man! Com prazer!

Nelsão se dirigiu para perto do conjunto e começou a requebrar o corpo de forma frenética, ao som cover de "Listen to the music", dos Doobie Brothers, que selou a amizade entre eles. Músicos e dançarino não se desgrudaram mais e compartilhariam momentos juntos em muitos bailes e shows a partir daquela noite.

Cortesia da casa

Em outra ocasião, Nelsão foi conferir um baile black no clube Motonáutica, onde fez amizade com Estevão, Kichute e Luiz, três pretos que dançavam soul com muito estilo. O caminho para o salão exigia que, após atravessar um trecho de asfalto, o público seguisse por um corredor repleto de árvores, à lateral do clube, de onde já se podiam ouvir em alto e bom som as potentes caixas acústicas estralando em graves pesadíssimos.

Já no *hall* de entrada os vidros e paredes chegavam a vibrar, tamanha era a potência das enormes caixas, enquanto as luzes piscantes do salão convidavam Nelsão a conferir o que havia lá dentro. Foi a primeira vez que ele viu tanta aparelhagem de som reunida em um mesmo espaço e pôde sentir os graves da música, literalmente, fazerem seu corpo tremer.

Ao adentrar o salão, o magrelo cabeludo ficou "possuído" pela trilha sonora recheada de sucessos de soul e funk – "Kung fu fighting", de Carl Douglas, "Woman", da banda espanhola Barrabas, e outros vários *hits* da época. Tomado por uma irresistível vontade de dançar, começou a destilar seu repertório.

Entre passos e rodopios mais que performáticos pôs-se a gingar, deslizar e fazer a "ponte" em que dobrava o corpo para trás e simulava cair de costas, mas logo se recompunha em posição ereta e continuava a dançar. Sempre, é claro, a agitar sua vasta e chamativa cabeleira black.

Em poucos minutos uma enorme roda já havia se formado ao seu redor, no meio do salão, a ponto de fazer com que parte do público subisse em cadeiras e mesas só para vê-lo dançar.

Numa breve pausa para retomar o fôlego Nelsão ouvia Estevão, Kichute e Luiz contarem sobre a histórica apresentação da banda Jackson 5 no Ginásio de Esportes de Brasília, realizada no dia 22 de setembro daquele ano, como parte da turnê da banda pelo Brasil – que ainda incluiu São Paulo, Rio de Janeiro, Belo Horizonte e Porto Alegre. Em dado momento um funcionário o abordou com um aviso: o gerente do clube mandara chamá-lo para uma conversa no escritório.

– Devo ter feito alguma besteira – pensou Nelsão, enquanto se dirigia para a parte administrativa do Motonáutica e imaginava que seria apontado como responsável pela algazarra em que se transformara a pista de dança, com o público pisoteando mesas e cadeiras.

– Então você que é o tal do Baiano? – indagou o gerente, em tom sério, já no escritório.

– Olhe, man... Na verdade eu sou pernambucano de Triunfo, só que o pessoal me chama de Baiano porque eu já morei na Bahia. Mas eu me chamo Nelson...

– Êta, mas então você é meu xará, porque eu também sou Nelson. Diante de um Nelsão ainda receoso por não saber o que fizera de errado, o gerente da casa continuou a conversar amenidades, como se o estivesse "rodeando", antes de revelar por que pedira para que o chamassem até sua sala:

– É o seguinte, Nelson. Gostei muito de te ver dançando e tenho grande consideração por esses dois cabras que trouxeram você aqui, eles também dançam muito bem. Por isso quero te fazer uma proposta. Sempre que vier aqui pro nosso baile, pode pedir pro pessoal da portaria me avisar.

A partir de hoje você não paga mais pra entrar na casa e também pode comer um lanche e tomar um refrigerante como cortesia nossa. Tá bom pra você?
– Ôxe... Tá ótimo, man! Mas olhe que agorinha mesmo, vindo pra cá sem saber por que, eu até tava pensando que tinha feito alguma besteira e fosse levar uma bronca, sei lá... – contou, entre risadas. – Mas se é isso, então eu já fico mais aliviado. E agradeço mesmo por essa gentileza.
– Foi muita satisfação falar contigo, xará. Mas agora volta lá pra pista e continua com essa sua dança arretada! E já pode pegar um lanche e um refrigerante pelo show que você já tá dando hoje! Vai lá, man! – finalizou o gentil gerente, imitando-o e sorrindo.

Cabelo de nêgo
Durante quase um ano a mãe de Nelsão insistira para que ele fosse visitar sua tia Esmerita, que residia na região da Granja do Torto, próxima ao Parque Nacional de Brasília e ao Lago do Paranoá. Dona Carmelita tinha sido criada por aquela mulher, irmã de sua mãe, e queria muito que o filho a visitasse. Aquele gesto, para ela, era uma espécie de obrigação afetiva a ser perpetuada, uma maneira de demonstrar gratidão à tia.
Numa certa tarde Nelsão decidiu visitar tia Esmerita. Chegou à casa com o cabelo preso, mas o volume logo chamou a atenção da mulher. Ela insistiu para que ele retirasse a touca e, quando viu a enorme cabeleira black solta, ficou espantada.
– Nelsinho, o que é isso? Que coisa horrorosa esse cabelo de nêgo! Por que não corta isso?
– É que eu gosto de deixar o cabelo desse jeito, minha tia. É o meu estilo, é coisa da juventude – tentou explicar à tia, que fazia caretas quando falava de seu cabelo.
– E afinal de contas eu também tenho sangue negro...

EM BUSCA DO SONHO

– Ah, você não é nêgo não, menino... é só meio moreninho. E tem que usar o cabelo cortado e bem lisinho, que é mais bonito! Esse negócio aí tá muito feio!

Constrangido, Nelsão desconversou. Mas ficou triste ao ouvir aquela manifestação preconceituosa, principalmente porque a própria tia Esmerita tinha antepassados negros e seu tom de pele era mais "moreninho" do que ela mesma poderia supor ou admitir. Sentiu-se ofendido, mas por pura diplomacia familiar suportou mais algum tempo na casa da tia antes de se retirar, decepcionado.

Daquele dia em diante, durante todo o período em que continuaria a residir no Distrito Federal com seu cada vez mais volumoso cabelo de nêgo, ele não tornaria mais a visitar tia Esmerita.

Sobradinho

Em outra visita a um familiar, no início de 1975 Nelsão foi a Sobradinho, cidade-satélite situada ao extremo nordeste do Distrito Federal, a pouco mais de cinquenta quilômetros da Ceilândia, para visitar seu primo Jeová. Como não gostava de se acomodar por muito tempo em um mesmo lugar e sentia que já era hora de parar de dar trabalho na casa de Zé Divaldo, conversou com o primo sobre o interesse de se mudar. A partir de então seguiu alimentando essa ideia enquanto poupava economias do trabalho em que, cada vez mais, ganhava moral e via suas responsabilidades aumentarem.

O plano de se mudar para Sobradinho continuou amadurecendo até que, no segundo semestre de 1975, Nelsão fez sua transferência para o segundo ano noturno do curso colegial técnico em contabilidade no Colégio Sobradinho. Inicialmente ficou na casa do primo Jeová, mas logo conseguiu alugar um quartinho nas redondezas e se mudou novamente.

A rotina era cansativa, mas conseguia suportar o fardo. Inclusive, assim como fizera em Paulo Afonso, continuava com pique para acordar mais cedo e seguir correndo para o trabalho, como parte de seu treinamento de atletismo. De lá seguia direto para a escola com o estômago a chiar de fome, mas sem tempo a perder. Nesse itinerário o ônibus passava muito perto de sua casa, que ficava a cerca de dois quilômetros do colégio, mas o horário apertado não o permitia parar para trocar de roupa ou tentar engolir nem mesmo uma simples fatia de pão.

A essa altura Nelsão já estava bastante familiarizado com a nova vida que vinha levando no Distrito Federal. Já conhecia e era conhecido nos principais eventos black realizados no Plano Piloto e entorno, onde circulava à vontade. Reforçara os laços de amizade com os melhores dançarinos, os organizadores de bailes, os principais músicos e o cantor Jessé. Mantinha bom desempenho escolar e estava com a reputação em alta no trabalho, o que o dava condição financeira para ser presença constante nos bailes, sobretudo no clube Sociedade Desportiva Sobradinhense (Sodeso).

Nesse período de situação financeira estável, Nelsão chegou até a organizar algumas viagens para o Rio de Janeiro, ao lado de amigos, para curtir os bailes black mais famosos do país e comprar roupas e pisantes – como chamavam os sapatos mais descolados, feitos artesanalmente por frequentadores de bailes. Nessas ocasiões também percebeu que os passos praticados por lá eram um pouco diferentes e promoveu uma espécie de intercâmbio com os dançarinos fluminenses: ensinou a eles alguns movimentos comuns nos bailes do Distrito Federal e, com eles, aprendeu novas técnicas que ainda não conhecia, e que logo apresentaria aos amigos da capital federal. Na Cidade Maravilhosa também começou a descobrir as raras lojas de discos que tinham títulos de soul e funk em suas prateleiras.

Atentado ao pudor

Nelsão tinha um pijama que considerava muito especial. Vermelho com pequenas listras brancas, era feito de um tecido fino levemente aveludado e com corte diferenciado na blusa, em estilo semelhante ao de uma bata africana. Ele o achava estiloso demais e considerava um desperdício de elegância usá-lo apenas para dormir.

Em certa manhã de 1976, quando cursava o terceiro ano do colegial, acordou decidido a ir à aula com o tal pijama. Era mais uma prova de que não nascera para seguir qualquer tipo de padrão de comportamento, sobretudo com relação ao modo de se vestir.

De cabelo black solto e com seu pijama favorito bem alinhado, Nelsão mal percebeu que tinha chamado a atenção de um grupo de policiais que acompanhava o movimento de entrada de alunos à porta da escola.

– Opa, opa... onde cê pensa que vai assim desse jeito? – interpelou-o um dos agentes.

– Bom dia, senhor... eu estudo aqui... – respondeu Nelsão, enquanto exibia os cadernos e livros que tinha nas mãos.

– Mas vestido desse jeito? Você tá maluco, cabeludo? Por que com esse pijama?

– É que eu achei ele bonito, senhor...

– Bonito? Cê tá de brincadeira? Isso aí é atentado ao pudor!

– Mas que pudor? De que pudor que o senhor tá falando? Pudor de quem? – disfarçou Nelsão, ao tentar se fazer de desentendido. No fundo, sabia que aquele tecido era meio transparente.

– Ah, você é rebelde, é?

– Não sou rebelde, não senhor... Se fosse, eu num trabalhava. Eu estudo, vivo do meu trabalho e compro as roupas que eu gosto, só isso... – prosseguiu, sem tentar disfarçar seu carregado sotaque pernambucano. A resposta irritou o homem fardado, que parecia não gostar de nordestinos.

Nelsão tivera o cuidado de não usar nenhuma palavra ofensiva contra o policial, mas em seu íntimo estava enfurecido com o que julgava um abuso de poder. Xingava-o de diversos nomes em pensamento, mas se continha para não transparecer o que realmente pensava sobre aquela abordagem. Mesmo assim, o tom desafiador com que se dirigira ao agente e a ousadia de retrucar tudo o que ele lhe dizia não fora uma boa ideia.

Em poucos segundos já estava algemado e recolhido ao porta-malas da viatura, abarrotando completamente seu belo e problemático pijama. Como não portava documentos, foi levado a um distrito policial, onde permaneceria detido como "suspeito" durante três dias, para "averiguação".

Por sorte, dois dos líderes da tumultuada cela em que foi colocado eram da Ceilândia, tinham sido frequentadores de bailes black e o reconheceram. Assim, não teve problemas com outros presos e até acabou interagindo com alguns.

Um deles, um rapaz que mal devia ter completado seus vinte anos, sujo e muito magro, fez algo que o impressionou: tapou o nariz com uma das mãos e, quando tentou expelir o ar que guardava nos pulmões, o fez sair pelos ouvidos. Quase surdo, contou que aquilo era resultado de vários safanões que tinha levado dos policiais que o prenderam. Desconfiava estar com os tímpanos estourados. A imagem daquele rapaz a soltar vento pelos ouvidos nunca sairia da cabeça de Nelsão.

A estreia na TV
Apresentador de televisão cativante e emergente, criador de um programa de sucesso de audiência que levava seu nome, Silvio Santos obteve em 22 de outubro de 1975, do então presidente Ernesto Geisel, a concessão de seu primeiro canal de televisão, a TV Studios (TVS), canal 11 do Rio de Janeiro. Para ser diretor superintendente da emissora, convidou o amigo Manuel Soares de Nóbrega, ator e humorista, com quem já dividia diversos outros projetos havia anos.

Produzido por ambos, em meados de 1976 o *Programa Silvio Santos* deixou de alugar horário na grade da Rede Globo e passou a ser exibido em duas emissoras: a TV Tupi e a recém-inaugurada TVS – que Silvio Santos só ampliaria e rebatizaria Sistema Brasileiro de Televisão (SBT) em agosto de 1981.

Alguns meses depois Nelsão passava férias em São Paulo, na casa dos irmãos Socorro e Cid – que, na época, moravam na avenida Brigadeiro Luiz Antônio, no Bixiga, na região da Bela Vista. Em suas andanças pelos ambientes artísticos da metrópole que o encantava, ele soube que o *Programa Silvio Santos* recrutava candidatos a artista que quisessem se apresentar no palco. Eram os primórdios do formato de programa de auditório que logo se popularizaria como *Show de Calouros*. Dono de boa memória, o amante de dança decidiu que tentaria participar e guardou de cabeça o endereço do estúdio da TV Tupi, na região do Sumaré, na zona oeste da cidade. Para lá partiu no dia e horário do recrutamento promovido pela produção do programa e, sem muitas dificuldades, foi aprovado na peneira.

Em sua primeira aparição na televisão, então, em final de 1976, Nelsão apresentou uma performance de dança ao som de "Getaway", um soul que a banda Earth, Wind & Fire tinha acabado de lançar em *Spirit*, seu sétimo álbum.

Foi nessa ocasião que transformou em outra de suas marcas registradas um gesto que já era aguardado por todos que o conheciam dos bailes, e que se tornaria clássico em todas as suas apresentações futuras: o momento em que tira a touca da cabeça e chacoalha a gigante cabeleira black.

Se foi capaz de impressionar Silvio Santos, aquele gesto certamente tinha algo de especial. Nelsão confirmaria isso em muitas outras aparições na televisão, nos anos seguintes. Inclusive, em algumas delas, encheria a cabeleira de talco antes de prendê-la à touca, para fazer um efeito de "nuvem" no momento em que solta e chacoalha sua moita crespa.

A escolha
Ao término do colegial, no final de 1976, Nelsão foi chamado para uma conversa pelo professor João, que também ocupava importante cargo no setor de contabilidade da Companhia Urbanizadora da Nova Capital do Brasil (Novacap). Dos quarenta e quatro alunos da turma que se formava, ele fora escolhido a dedo pelo docente. O convite era para uma ocupação muito especial.

– Nelson, você foi um ótimo aluno e agora que está se formando eu quero lhe fazer um convite. Temos uma vaga na Novacap e acho que você tem o perfil ideal pra trabalhar lá. É uma chance muito boa de fazer carreira em uma empresa que muita gente cobiça, e você deve saber disso – propôs o professor João, enquanto fitava o aluno nos olhos. De fato, a Novacap tinha reputação de boa empregadora, com fama de oferecer bons salários, estabilidade e perspectivas promissoras a seus funcionários. – Só que, pra isso, é necessário que você corte esse cabelo, porque o ambiente administrativo exige um visual mais sóbrio, mais comportado...

Nelsão sabia que estava diante de uma proposta que qualquer um de seus colegas invejaria. Na época era comentário recorrente que trabalhar na Novacap era sinônimo de estabilidade e boa remuneração, com a oportunidade de galgar degraus promissores ao longo de uma carreira corporativa. Criada em setembro de 1956 pelo presidente Juscelino Kubitschek para a construção da nova capital, ainda hoje a empresa estatal responde pela execução de serviços de urbanização e construção civil no distrito.

– Ôxe, doutor João. Isso é uma surpresa, eu não esperava mesmo. Mas por que foi que o senhor decidiu fazer esse convite pra mim? Por que justo eu?

– Nelson, Nelson... Pra falar a verdade, no começo eu não esperava muito de você... talvez por causa do seu modo de se vestir e desse seu cabelão. Mas eu tava errado. Hoje você é um aluno que aprendi a respeitar. Eu o escolhi pra essa vaga porque você sempre se mostrou um aluno aplicado, responsável, e acredito que tenha qualidades pra seguir uma boa carreira na Novacap.

– Poxa, eu agradeço muito esse voto de confiança, muito mesmo. Mas é que eu já tava decidido a me mudar pra São Paulo. Aqui em Brasília eu tô sozinho... e lá vou ficar com meus irmãos – disse Nelsão.

Ele já estava certo sobre o que queria para sua vida e, mesmo consciente de que tinha diante de si uma proposta financeiramente promissora, decidiu recusá-la. – Na verdade eu tenho um sonho que é seguir um caminho artístico, viver da dança... é o que eu mais gosto e sei fazer, man. É por isso que eu uso essas roupas e esse cabelão, professor. Então resolvi que agora vou seguir pra São Paulo em busca do meu sonho...

– Se é essa a sua decisão, desejo muita sorte a você lá em São Paulo. Espero que consiga alcançar seus objetivos, Nelson. E saiba que, se mudar de ideia ou precisar de mim, pode me procurar lá na Novacap – disse o professor, num amigável tom de despedida. Por fim, sorridente, brincou: – Mas se for lá mesmo é bom cortar esse cabelão antes, man!

DO SERTÃO AO HIP-HOP

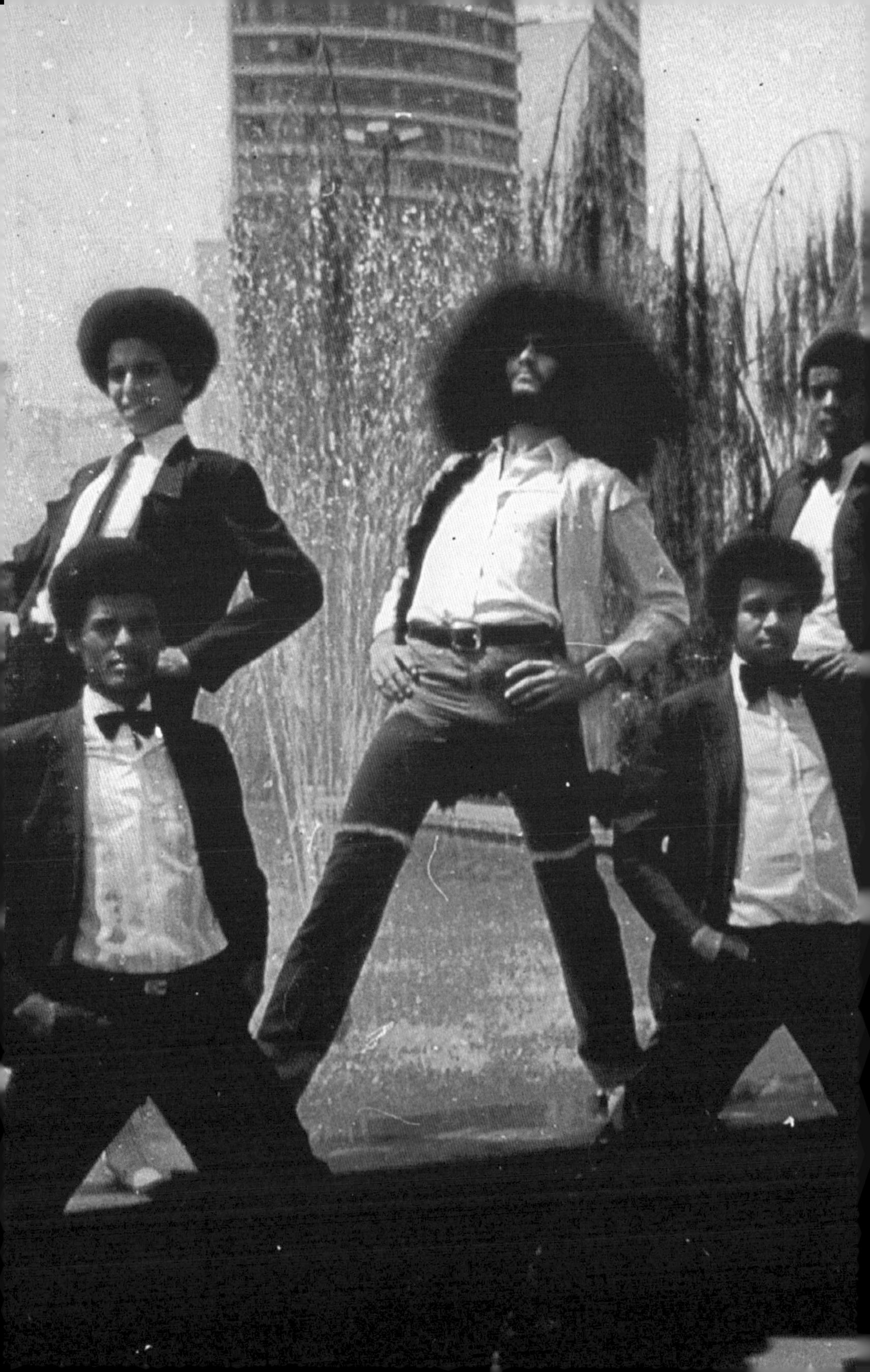

Cap. 4

NA TERRA DA GAROA

Bixiga

Enquanto ainda vivia no Distrito Federal, Nelson Triunfo já nutria o desejo de residir em São Paulo ou no Rio de Janeiro, cidades em que os bailes de música negra fervilhavam e moviam multidões, e para onde já havia viajado em algumas ocasiões para dançar ou comprar roupas, pisantes e discos. Em meados de 1976 passara férias em São Paulo, na casa dos irmãos Socorro e Cid, ocasião em que fizera sua primeira aparição na televisão.

Depois de recusar a oportunidade de trabalho oferecida pelo professor João na Novacap, Nelsão passou as férias do início de 1977 em Salvador, na casa do amigo DJ Tatinha, mas já decidido a ir morar em São Paulo. Da capital baiana retornou a Sobradinho apenas para recolher suas coisas. E, já determinado a fixar residência na capital paulista, desembarcou no antigo Terminal Rodoviário da Luz – que seria desativado em 1982, com a construção do terminal do Tietê – na fria e nublada manhã de dezessete de abril, cansado e com dores nas pernas e nas costas, depois de ter enfrentado longa jornada com seu corpanzil espremido na mirrada poltrona do ônibus. Foi recebido por geladas e incômodas gotículas que seriam frequentes dali em diante. No terceiro dia consecutivo sem conseguir ver o sol, Nelsão já entenderia por que a gigantesca cidade era bastante propagandeada, na época, como "terra da garoa".

Instalou-se no novo endereço dos irmãos Socorro e Cid, o quitinete de número 95 no nono andar de um prédio de doze pavimentos situado ao número 104 da rua Conselheiro Ramalho, próxima ao encontro com a rua São Domingos, ainda no Bixiga. O imóvel era apertado para o trio, mas qualquer possível desconforto decorrente da falta de espaço era superado pelo sentimento de união familiar. Os três irmãos voltavam a viver juntos depois de seis anos separados, desde que Nelsão partira para Paulo Afonso. Em Triunfo, a mais de 2.500 quilômetros dali, Seu Nelson e Carmelita comemoraram quando souberam que os filhos estavam juntos na metrópole paulista.

Socorro trabalhava como vendedora na loja de departamentos Jumbo Eletro. Cid trabalhava em uma farmácia e estava em situação financeira estável, a ponto de conseguir ajudar a bancar o irmão se fosse necessário. Ao menos até que ele conseguisse se adaptar e arranjar alguma fonte de renda.

Na época o Bixiga era o principal reduto noturno de São Paulo, com muitos bares e as famosas pizzarias e cantinas de famílias italianas, imigrantes que fundaram o bairro. Seu perímetro privilegiado também tinha notável tradição dramatúrgica, o que incluía desde o extinto Teatro Brasileiro de Comédia aos teatros Galpão (Ruth Escobar), Cultura Artística, Oficina, Abril, Bibi Ferreira e Brigadeiro (antigo Cine-Teatro Paramount), entre outros núcleos culturais. Em razão desse ambiente, por lá era frequente a circulação de intelectuais, músicos, agentes culturais e artistas em geral. Nelsão não demorou a fazer amizade com muitas dessas pessoas, dentre elas o ator Adilson Barros, que compartilhava o apreço por música suingada e nos anos seguintes se acostumaria a convidá-lo para assistir às suas peças. O novo morador do bairro também cruzaria diversas vezes com o ator Sergio Mamberti pelas ruas do Bixiga. Ambos trocavam acenos quando se viam, mas só viriam a atar alguma conversa e construir amizade dali a quase vinte anos, quando descobririam nutrir admiração recíproca.

Ainda naquele bairro Nelsão também não demorou a se tornar frequentador assíduo dos ensaios da escola de samba Vai-Vai, pela qual desfilaria por diversas vezes nas duas décadas seguintes.

Apesar de ter de dividir as despesas com os irmãos, arranjar um emprego convencional não passou pela cabeça de Nelsão desde sua chegada a São Paulo. Ainda tinha uma reserva do dinheiro economizado no Distrito Federal e sua única preocupação era conseguir frequentar o maior número possível de eventos em que pudesse dançar à vontade. Estava decidido a enfrentar todo tipo de dificuldade para se dedicar à sua maior paixão.

Seu principal objetivo era conseguir viver da dança, encontrar alguma forma de se sustentar com aquilo que mais gostava de fazer, escancarar para o mundo que poderia vencer na vida sem ter de abdicar do que mais o fazia feliz. Era avesso ao conceito tradicionalmente instituído de trabalho, sempre embutido de obrigações, horários regrados, padrões de vestimenta e cartão de ponto. Outro importante fator a ser considerado: não queria ter de cortar o cabelo em nenhuma hipótese. Comparava todas essas condições e tabus a uma espécie de escravidão disfarçada. Isso renderia muitas discussões entre Nelsão e sua irmã Socorro, que passaria longos meses insistindo para que ele aparasse a cabeleira, se vestisse de maneira "mais apropriada" e procurasse um emprego "como uma pessoa normal".

O julgamento às aparências tanto irritava Nelsão que certa vez, ao ler um anúncio de emprego em que se exigia "boa aparência", decidiu pregar uma peça. Essas duas palavras juntas o irritavam porque sempre vinham carregadas de um padrão preconceituoso, assim como a referência ao seu penteado black como "cabelo ruim". Nem estava interessado no trabalho, mas ficou grilado com esse requisito, boa aparência. Foi até o endereço indicado com roupa de baile multicolorida e a cabeleira solta e armada. Tocou a campainha do escritório, que ficava no nono andar de um edifício comercial nos arredores da Praça da Sé.

O funcionário que abriu a porta não conseguiu disfarçar o susto com aquela estranha figura que assim se apresentava:

– Bom dia, meu nome é Nelson e eu vim aqui interessado neste anúncio de emprego – foi logo mostrando o recorte de jornal na mão.

Atônito, o funcionário ainda não conseguia esboçar reação.

– Man... Olhe só, vi aqui nesse anúncio que vocês procuram alguém de "boa aparência" – prosseguiu o magrelo de cabelo black power, dando ênfase nessas palavras. – Caprichei no meu penteado e no visual. E aí, o senhor gostou da minha aparência? Porque eu adoro!

Depois de debater com seu interlocutor e ouvi-lo se desculpar por um anúncio que dava margem a interpretação preconceituosa, Nelsão se retirou satisfeito.

Quando descia, mirou-se no espelho do elevador, ajeitou a cabeleira com um garfo black que trazia no bolso e falou sozinho:

– Até que não tá nada mal, man!

Bailes

Logo nos primeiros dias como morador da cidade mais populosa da América Latina, Nelsão caprichou no visual extravagante e foi ao seu primeiro baile, na Associação Atlética São Paulo, clube próximo ao encontro da avenida Tiradentes com a Marginal Tietê. Quando ouviu os principais sucessos de soul e funk da época a ecoar pelo ambiente, com centenas de pessoas, em sua maioria pretas, dançando juntas, sentiu-se em casa. Subitamente pôs-se a gingar o corpo sem parar no centro do salão e, quando percebeu, uma roda havia se formado ao seu redor, enquanto diversas pessoas tentavam seguir seus enérgicos passos de dança.

Com um metro e noventa de altura, que facilmente ultrapassava os dois metros com a cabeleira black solta e armada, e mais os figurinos sempre coloridos e totalmente distintos dos comportados padrões convencionais, mesmo quando estava parado era fácil Nelsão se destacar em uma multidão.

Quando colocava seu corpo em movimento, então, era impossível não ser notado. E foi assim que, em pouco tempo, ganhou notoriedade nos mais diversos bailes organizados em todos os pontos de São Paulo por diferentes equipes de som, entre as quais destacavam-se nomes como Zimbabwe, Black Mad, Soul Machine, Harlem Brothers, Princesa Negra, The Brothers of Soul, Galotte, Coqueluche, Tranza Negra, Musicália e Os Carlos, entre outros. Além, é claro, da Chic Show, que se sobressaía dentre as demais e já começava a mudar a história da difusão da música negra em São Paulo, organizando megaeventos que arrastavam verdadeiras multidões para diferentes clubes paulistanos.

Extrovertido e comunicativo, Nelsão sempre teve facilidade para fazer amizades e se relacionar com todo tipo de pessoa, nos mais diferentes ambientes que frequentava, principalmente porque era um gozador nato. Também tinha um magnetismo especial junto a artistas e agitadores culturais e era "entrão", cara-de-pau ao extremo. Em sua trajetória essa característica já lhe rendera, por exemplo, o *debut* artístico no Coliseu Show de Paulo Afonso, a criação do Os Invertebrados, a condição de destaque nos principais bailes do Distrito Federal, a amizade com o cantor Jessé e os músicos da Corrente de Força, a estreia na televisão dançando Earth, Wind & Fire e chacoalhando a cabeleira para Silvio Santos aplaudir...

Em São Paulo não foi diferente: depois de poucas semanas na cidade já havia se tornado uma referência entre as principais equipes de bailes black, cultivando amizades com seus responsáveis, discotecários e músicos, além de ganhar passe livre na maioria dos eventos, assim como acontecera em Paulo Afonso e no Distrito Federal. Afinal, sempre fora um showman nato, uma atração à parte nas pistas de dança, do tipo que contagia e conduz o público com naturalidade, e que todo organizador de bailes quer ter em sua casa.

Homem-Árvore

Funcionários e artistas ligados às vizinhas Rádio Difusora e TV Tupi, na região do Sumaré, em São Paulo, tinham em comum o mesmo ponto de encontro: a Padaria Real, localizada na esquina das avenidas Doutor Arnaldo e Professor Alfonso Bovero. Era nesse estabelecimento, a que se referiam simplesmente como "Padoca", que, nos intervalos entre sessões de gravação ou após o expediente, os profissionais e visitantes daqueles representativos veículos de comunicação da cidade confraternizavam e riam de seu dia a dia, entre lanches, salgados, xícaras de café ou copos de cerveja e cigarros.

Comandado por Darcio Arruda na Rádio Difusora, o *Jet Music* era um dos principais programas de rádio da época e fazia concorrência direta, na frequência AM, com o *Máquina do Som*, de Antônio Celso, então na Rádio Excelsior. Um dos locutores do *Jet Music* era o promissor radialista Moisés da Rocha, um preto bastante tranquilo e comunicativo, dono de vozeirão aveludado, sempre antenado a variados ritmos de música negra, e que também trabalhava na rádio Jovem Pan.

Num certo dia Moisés da Rocha dividia o balcão da Padoca com os amigos Eraldo Zani, DJ e programador da emissora, e Sérgio Lopes, diretor de divulgação da CBS. Estavam em clima descontraído, conversando sobre música e amenidades relacionadas ao trabalho. De repente, Sérgio Lopes disparou, apontando para um indivíduo alto, magro e de enorme cabeleira black, que adentrara o estabelecimento:

– Caramba! Olha só esse cara, parece uma árvore!

O sujeito cabeludo era Nelsão, é claro. Ao perceber que era pauta de uma conversa amigável, ele acenou para o trio e sorriu, bem ao seu estilo, abrindo brecha para uma aproximação. Colou ao balcão sem fazer cerimônia e tratou de explicar que seu cabelo era um símbolo cultural que representava a afirmação do orgulho afrobrasileiro. Contou que era apaixonado pela música soul e que gostava de acompanhar a programação da Difusora. Ainda com a cabeleira solta, fez uma breve demonstração de seu estilo de dança e, em pouco tempo, cativou três novos amigos, com quem ficou conversando animadamente recostado ao balcão.

A partir daquela manhã Nelsão manteria contato com Moisés da Rocha, Sérgio Lopes e Eraldo Zani, que tinham uma equipe chamada Black Soul e organizavam bailes no clube Associação Atlética São Paulo, onde ele já tinha ido. Foi levado para conhecer o estúdio da Difusora e retornou muitas vezes à Padoca para papear com os novos amigos. Por meio de Moisés da Rocha, ainda em 1977, na rádio, o então apelidado Homem-Árvore foi apresentado pessoalmente a Tony Tornado. Quando viu aquele cabeludo com pinta de artista e roupas extravagantes, o cantor e ator pensou tratar-se de um estrangeiro e abordou-o com o inglês que tinha aprendido nos cinco anos que passara morando em Nova York na década anterior:

– *Hello, my brother! How are you?* ("Olá, meu irmão! Como vai você?") – apresentou-se o sorridente Tony Tornado, em inglês.

Desde as folheadas que dava nas revistas *Cruzeiro*, *Manchete* e *Fatos e Fotos* anos antes, em Triunfo, Nelsão conhecia muito bem aquela imponente figura. Era o cantor que em 1970 vencera a quinta edição do Festival Internacional da Canção, com o soul "BR-3". Nos últimos tempos aquele preto enorme e cheio de atitude vinha brilhando também na televisão, como ator.

– Oxe... Mas eu sou brasileiro, *man*! – respondeu, levemente constrangido.

Com sorriso amarelo, Tony Tornado não conseguiu esconder sua frustração por descobrir que não estava diante de um estrangeiro, mas sim de um brasileiro com forte sotaque nordestino. Mesmo assim, não deixou de ser cortês com aquele personagem que, a partir de então, tornaria a ver dançar incontáveis vezes nos principais bailes e shows de música negra de São Paulo e Rio de Janeiro.

Black Soul Brothers

Moisés da Rocha também apresentou Nelsão ao músico Miguel de Deus, que vinha gravando um disco com produção do DJ e músico argentino Santiago Malnati, mais conhecido como Mister Sam. Este acabara de se mudar para o país e viria a se tornar figura marcante no *showbizz* brasileiro. Trabalhava com os mais diversos gêneros musicais e nos anos seguintes, com incursões também na televisão, seria responsável por lançar nomes popularescos que alcançariam relativo sucesso, como os cantores Nahim e Gretchen – esta, ao explorar seus bem torneados dotes físicos em danças e canções sensuais, logo ganharia o rótulo de "Rainha do Bumbum". Além disso, ao longo de sua carreira Mister Sam também chegaria a assinar trabalhos junto a outros artistas, de segmentos distintos, incluindo desde Wilson Simonal e Ângela Maria a Bebeto, Sidney Magal, Dominó e até Lady Lu.

Deixemos Mister Sam de lado para voltar a Miguel de Deus. No disco que preparava junto com sua banda Ovelha Negra, o músico começava a fazer algumas experimentações com o soul e o funk. Nascido em Ilhéus, na Bahia, sempre tivera um estilo diferenciado e inusitado de fazer música, fugia do convencional e não tinha medo de ousar. Em 1969 lançara a banda Os Brazões, com um disco homônimo que se despia de padrões ao misturar influências do tropicalismo a uma estética psicodélica que incluía um incomum visual tribal. Cinco anos depois, mais ligado ao que se pode definir como rock progressivo, Miguel de Deus lançara outra banda, chamada Assim Assado, uma escancarada referência a Secos & Molhados. A capa do álbum *Assim Assado*, inclusive, faz uma alusão satírica ao clássico trabalho de estreia da banda liderada por Ney Matogrosso – mas, em vez de dispostas em uma bandeja luxuosa com pães e vinhos, as cabeças dos integrantes da banda, também com os rostos pintados, surgem boiando em uma gororoba cinzenta, dentro de um tosco caldeirão de ferro envolto em fumaça.

Quando conheceu Nelsão, Miguel de Deus prontamente se encantou com o estilo ímpar daquele magrelo cabeludo e cheio de carisma. Vinha namorando a sonoridade do soul e do funk e, para promover o disco que estava preparando, queria incluir alguns dançarinos que bem representassem aquele estilo cheio de ginga e atitude. A ideia era mais ampla: além de discotecar nas festas, a equipe Black Soul, que tinha em Miguel de Deus seu representante na música, incorporou Nelsão como a alma dançante do grupo e o incumbiu de selecionar outros dançarinos para o acompanharem nos eventos. Ele, então, formou a equipe de dança Black Soul Brothers.

Nessa época o prestígio de Nelsão no circuito de bailes continuava a crescer e rapidamente novos apelidos lhe foram conferidos. Alguns o chamavam de Aranha, porque achavam que seu cabelo lembrava o aspecto de uma tarântula. Outros se referiam a ele como Black Bahia, devido ao forte sotaque nordestino e ao seu relato de já ter vivido em Paulo Afonso. Uma variante dessa alcunha era Black Brasília, já que ele tinha residido no Distrito Federal no período anterior à mudança para São Paulo. E, com a "ajuda" dos colegas do Black Soul Brothers – e de Tony Tornado –, o apelido Homem-Árvore também começou a se popularizar e até a aparecer em propagandas de eventos que teriam sua presença como atração, sobretudo no Rio de Janeiro.

A confusão de nomes fez Nelsão ser cobrado por amigos de sua cidade natal.

– Ôxe, Nelsinho! Tem gente chamando você de Black Bahia, mas você não é baiano! Fala pra eles que você é pernambucano de Triunfo, hómi! – cobrou um velho amigo.

– Man... Eu falo que sou de Triunfo, mas o pessoal inventou esse apelido só porque ficou sabendo que eu morei na Bahia! – defendeu-se Nelsão, levemente constrangido.

Depois dessa reprimenda do conterrâneo, decidiu estabelecer um nome artístico definitivo e incorporou a ele o nome de sua cidade. Foi quando cravou a maneira como passaria a ser identificado a partir daquele momento: Nelson Triunfo.

Ainda em 1977 Miguel de Deus lançou seu álbum de funk e soul, com o óbvio nome *Black Soul Brothers*, e dividiu com o recém-batizado Nelson Triunfo a autoria da faixa "Mister Funk". Gravado em condições precárias, o disco traz uma atmosfera descontraída, festiva e psicodélica, com Miguel de Deus soltando muitos gritos, grunhidos e frases espontâneas entre as partes cantadas. Harmoniosas *backing vocals* suavizam e equalizam essa irreverência do músico, dando certo equilíbrio ao disco. Com repertório e arranjos tronchos consonantes com a sonoridade do soul e do funk de raiz que explodiam naquela época nos EUA, estranha aos padrões então vigentes no limitado mercado fonográfico brasileiro, no Brasil o disco foi pouco compreendido e teve discretíssima repercussão[1].

A essa altura, Nelsão já havia recrutado outros dançarinos para a equipe Black Soul Brothers, passando a acompanhar Miguel de Deus em apresentações por diversas cidades. A amizade com o músico se tornou bastante intensa.

Ao final daquele mesmo ano, percebendo que poderia galgar novos degraus no meio artístico, decidiu dar continuidade ao trabalho que tinha seu embrião no grupo Os Invertebrados, criado em Paulo Afonso, e fora retomado com os Black Soul Brothers. Resolveu criar um novo grupo, voltado exclusivamente para a dança black, e lançou o nome que o acompanharia por longas décadas: Nelson Triunfo e Funk & Cia.

Nelson Triunfo e Funk & Cia

Frequentador assíduo e figura bastante popular nos bailes de todos os cantos de São Paulo e de cidades vizinhas, Nelsão conhecia os principais dançarinos do circuito. Selecionou a dedo os que considerava melhores para formar o Funk & Cia. Todos já costumavam se destacar nas rodas de dança dos principais even-

---

[1] Três décadas depois a obra viria a se tornar *cult*, raridade cotada em centenas de dólares por colecionadores de discos de todo o mundo.

tos de soul e funk. Como a maioria trabalhava e alguns já eram pais de família, era natural que a composição do grupo sofresse algumas variações de uma apresentação para outra, "como a escalação de um time de futebol ao longo de uma temporada", nas palavras do próprio líder. Mas, em suma, podem ser considerados membros dessa formação inicial do Funk & Cia os dançarinos Mister Lila, Serginho, Preto Lino, Isac, Fred, Star, Pierre, Robert, Ricardinho e Dom Beto.

Mesmo com parcos recursos, Nelson Triunfo e Funk & Cia providenciavam criativos e espalhafatosos figurinos para suas apresentações, geralmente inspirados no visual dos artistas cujas músicas mais gostavam de dançar. Isso se traduzia em uma infinidade de cores e estilos, o que incluía de um vestuário social elegante como o de James Brown a roupas metálicas que lembravam trajes espaciais e inusitadas referências psicodélicas de George Clinton e sua trupe Parliament/Funkadelic. Para tanto, com recursos limitadíssimos, o grupo recorria a todo tipo de improviso, desde garimpar em brechós e bazares da pechincha a costurar ou customizar as próprias peças, algumas delas quase esquecidas no fundo de algum guarda-roupas, da forma que a criatividade permitisse.

Esse mesmo empenho para oferecer algo novo e diferente para o público se refletia nos passos de dança ensaiados pelo Funk & Cia. Com sequências minuciosamente ensaiadas, por vezes com certo aspecto teatral, as performances logo impressionaram o público dos mais diversos bailes black e deram notoriedade ao grupo.

Atração anunciada em circulares e cartazes lambe-lambe, o grupo esteve presente nos palcos dos mais marcantes eventos black da época, inclusive em shows dos principais ícones da música negra brasileira, como Tim Maia, Banda Black Rio, Jorge Ben, Wilson Simonal, Gilberto Gil, Tony Tornado, Lady Zu, Carlos Dafé, Hyldon, Cassiano e Tony Bizarro, entre outros, além de alguns artistas internacionais.

Bombas-ninja

Não havia limites para a criatividade de Nelson Triunfo e Funk & Cia na hora de bolar suas apresentações artísticas. A tônica era a dança, principalmente sob o ritmo do soul e do funk, mas o grupo também adicionava outros ritmos às suas performances, além de elementos das mais diversas e inusitadas manifestações artísticas que conseguissem, fossem de teatro, mímica, equilibrismo, contorcionismo ou mesmo artes circenses. A essa versatilidade, que sempre surpreendia o público com atrações inesperadas, credita-se a condição de destaque que eles tinham, na época, em relação a outras equipes de dança.

Uma das artimanhas criadas por Nelsão ainda no final da década de 1970 foi a "bomba-ninja", como ele mesmo nomeou os pequenos artefatos que teve a ideia de montar artesanalmente. Depois de alguns experimentos bem-sucedidos realizados na quadra de esportes em que costumava ensaiar com o Funk & Cia, que ficava atrás da Câmara Municipal, resolveu incorporar as bombas-ninja a alguns shows.

Pequenas quantidades de pólvora e papel laminado picado eram cuidadosamente embrulhados em trouxinhas, mantendo-se pavios sobressalentes em cada uma delas. Segundos depois de ser acesa, uma bomba-ninja dessas explodia e lançava ao ar uma nuvem de fumaça, enquanto o papel picado dava efeito de "chuva", recurso que dava requinte à dança do Funk & Cia e Nelsão anunciava ao público como "nossos efeitos especiais". Quando alguma bomba falhava, ele emendava uma piada até óbvia para esse tipo de ocasião, referindo-se ao fiasco como uma demonstração de "nossos defeitos especiais". Um trocadilho clichê, mas ainda assim eficaz para arrancar risos e aplausos dos espectadores.

Durante determinada apresentação, Mr. Lila usava um blazer novo em folha que Nelsão tinha comprado havia poucas semanas e emprestado a ele, porque os bolsos internos comportavam várias bombas-ninja. Antes de adentrar o centro do palco, o dançarino deixou um dos artefatos com Fred e pediu-o que acendesse e atirasse ao solo durante sua performance. Mas foi enfático nas instruções:

– Eu vou me jogar no chão e depois levantar. Aí, você atira a bomba quando eu estiver me levantando – especificou Mr. Lila. – Mas presta atenção: só jogue essa bomba quando eu estiver me levantando!

O ágil dançarino entrou em cena com outras quatro bombas escondidas nos bolsos internos do blazer. Em dado momento da apresentação, Fred pressentiu que ele faria um movimento de queda e, confuso, acendeu e atirou precipitadamente a bomba-ninja quando o companheiro ainda se atirava ao solo, ou seja, antes do momento combinado. O objeto explodiu exatamente sob o corpo de Mr. Lila, entre ele e o chão, e em seguida se ouviram outros estalos. Ele não parou de dançar e rodopiou em meio a considerável quantidade de fumaça antes de se erguer, ainda com o corpo fumegante. Sem saber que aquela cena não fora planejada daquela maneira, o público foi ao delírio. Nelson Triunfo e Funk & Cia deixaram o palco ovacionados.

No camarim, pouco depois, Mr. Lila e Fred facilmente se entenderam, quando este garantiu que se equivocara com o momento em que deveria ter jogado a bomba, se na hora em que o companheiro caía ou quando ele se levantava. Desculpou-se e, como o incidente não resultara em ninguém ferido e, pelo contrário, acabara até criando um efeito de fumaça que encantou o público, ambos logo apaziguaram qualquer possível atrito.

Mas quem levou a pior foi Nelsão, o mais inocente da história. Os estalos que se ouviram logo depois que a primeira bomba-ninja explodiu correspondiam aos outros artefatos, que estavam nos bolsos internos do blazer que ele emprestara a Mr. Lila. A peça de roupa, que comprara havia menos de um mês e ainda cheirava a nova até então, agora não passava de um farrapo defumado, com quatro grandes buracos chamuscados feitos por bombas-ninja.

Outro episódio ainda mais "explosivo" por pouco não fez Nelsão ser expulso do prédio em que morava. Ocorreu que Star e Betão, também integrantes do Funk & Cia, tiveram a "brilhante" ideia de montar uma "super bomba-ninja": um deles acrescentou, além do papel laminado picado, uma quantidade de pólvora ainda maior a um invólucro. Empolgado com o tamanho do mesmo, levou o protótipo para Nelsão ver. Desde o início, porém, ele se mostrou receoso:

– Êta, man... Mas não vai ficar muito forte esse estouro, não? Vê direito, hein... Sempre tem público na beirada do palco, mulheres...

– Relaxa, Nelsão! – respondeu Betão. – Só o que vai aumentar é a quantidade de fumaça. Assim o show vai ficar mais impressionante ainda pro público, cê vai ver só...

Por prudência, o líder do grupo quis fazer um experimento antes de incluir aquela tal super bomba-ninja no repertório das apresentações em público, para se certificar de que não havia perigo:

– Vê lá, man... mas então, primeiro vâmo estourar essa bomba lá no terraço do prédio, pra ver como ela funciona. Lá não tem perigo de fazer alguma besteira e a gente vê o efeito desse tantão de pólvora que você colocou.

O trio se dirigiu para o topo do edifício de doze andares. De isqueiro na mão, Betão acendeu a bomba experimental e atirou-a a uns dez metros de distância de onde estavam. Ele, Star e Nelsão esperavam apenas um pequeno estalo, provavelmente pouco maior que o das bombinhas habituais, mas mesmo assim taparam os ouvidos com as pontas dos dedos indicadores.

O artefato explodiu em enorme estrondo, com potência similar à de um trovão, dando a impressão de que até o prédio chegara a tremer. Assustados, os três desembestaram em disparada escada abaixo, atropelando os degraus. Em seguida, silenciosamente e olhando para os lados, trancaram-se no apartamento alguns andares abaixo.

– Pô, Betão! Caramba! – esbravejou Nelsão, ao colar o ouvido direito à porta e apoiar-se nela com as duas mãos, na tentativa de averiguar a repercussão do estrondo. – Cê enfiou uma tonelada de pólvora nesse troço, man? Se alguém da vizinhança descobrir, tá todo mundo lascado! A gente vai ser expulso do prédio, eu, a Socorro, o Cid...
– Calma lá porque não foi por querer, pô! É só a gente ficar em silêncio aqui que não vai dar nada...

Passos apressados e burburinhos que ecoavam pelos corredores do edifício denunciavam significativa movimentação de outros moradores. Nelsão supôs que, se ali permanecesse trancafiado e em silêncio, poderia despertar a desconfiança de alguém. Abriu a porta, percebeu que o congestionamento de vozes vinha dos andares de baixo e decidiu descer ao térreo, onde encontrou vários vizinhos ainda atônitos com a explosão.

– Que foi isso? Uma bomba?
– Acho que foi ladrão. Alguém já chamou a polícia?
– Eu é que não fico mais dentro desse prédio enquanto os bombeiros não garantirem que não tem mais nenhuma bomba!

Mais que dissimulados, Nelsão, Betão e Star fingiram estar assustados e fizeram o teatro necessário para que nenhuma suspeita recaísse sobre os moradores e frequentadores do apartamento de número 95.

– Ôxe, deu pra ouvir lá de cima! O que é que foi isso, man? – perguntou Nelsão para Ático, o zelador do prédio.
– Caraca, eu tava dormindo e acordei assustado... – mentiu Star, simulando um bocejo e fazendo cara de sono em interpretação digna de Oscar.
– Ah, mas se não machucou ninguém é menos mal. O importante é a vida humana – tentou minimizar Betão, o maior culpado por toda aquela confusão, ainda com o coração a mil e gotas de suor gelado a descer pelas têmporas.

Por sorte ninguém se feriu naquele incidente e os autores da explosão não foram descobertos - ao menos, até a presente revelação, feita depois de quase quatro décadas.

A cena carioca

São Paulo tinha muitas equipes de música negra à frente da organização de bailes e o principal expoente desse fenômeno era a Chic Show, que chegava a reunir mais de dez mil pessoas em seus principais shows no ginásio do clube Sociedade Esportiva Palmeiras. Mas não havia como comparar a cena paulista com o fenômeno que se passava no Rio de Janeiro, onde os eventos eram mais numerosos e, segundo se estimava, movimentavam em torno de um milhão de pessoas por final de semana.

A cena black no Rio tivera início com os discotecários Big Boy e Ademir Lemos. Garimpeiro inveterado de música e colecionador de discos de vinil, o primeiro comandava um programa diário na Rádio Mundial AM em que costumava apresentar muitas novidades que descobria em suas pesquisas e viagens aos EUA. Seu repertório eclético incluía rock, pop e, cada vez mais, soul e funk, representados por nomes como James Brown, Wilson Pickett, Otis Redding, Sly & The Family Stone, The Meters e Kool and The Gang, entre outros.

No início da década de 1970 a dupla de DJs começou a organizar um evento dominical chamado Baile da Pesada, na casa de shows Canecão, localizada entre o Botafogo e o Morro da Urca, na zona sul do Rio de Janeiro. Cada edição do baile chegava a reunir uma média de cinco mil pessoas, o que proporcionava retorno financeiro satisfatório para a casa. Mas em pouco tempo a direção do Canecão se mostrou incomodada com a fama popularesca que vinha ganhando e viu na realização de um show de Roberto Carlos a oportunidade de guinar para outra direção, com o plano de se focar em um público mais "elitizado". Ademir Lemos e Big Boy, então, viram-se impelidos a levar o Baile da Pesada para outros clubes menores, sobretudo nos subúrbios. O projeto continuou a crescer em popularidade e, quando menos se percebeu, já constituía um novo fenômeno na cena cultural local. Enquanto isso, o programa na Rádio Mundial também ganhava mais audiência, o que fomentava ainda mais os próprios bailes, cada vez mais movimentados.

Com formato itinerante, o Baile da Pesada chegou a ser levado para outras cidades ainda na primeira metade daquela década – por exemplo, o evento chegou a ser realizado em Brasília, em 1974, mas Nelson Triunfo, que por lá residia, não se lembra ao certo por que não compareceu. Nessa época alguns seguidores dos bailes de Ademir Lemos e Big Boy começaram a organizar suas próprias festas, já que o crescente e fervoroso público sinalizava que havia espaço para o surgimento de mais equipes de som. Assim, rapidamente a Baixada Fluminense ganhou mais bailes específicos de música soul e funk, ritmos que se destacavam como os mais propícios para dançar, organizados por equipes como Soul Grand Prix, Black Power, Atabaque e Uma Mente Numa Boa, entre outras.

Merecedora de destaque à parte, a Soul Grand Prix surgiu com uma postura diferenciada, de assumido engajamento racial. A equipe se notabilizou por realizar eventos que, além de entreter, tinham a preocupação de transmitir informações para o público. Essa história teve início no Renascença Clube, localizado no Andaraí, na zona norte da cidade. Fundado em fevereiro de 1951 por um grupo de negros que não suportavam mais ser discriminados e até barrados em outros clubes cariocas, o clube já tinha se caracterizado como um espaço social voltado para a preservação e promoção da cultura negra.

Um dos inquietos frequentadores e agitadores culturais do Rena, nome carinhoso com o qual o clube se popularizou, era o advogado Asfilófio de Oliveira Filho, mais conhecido como Dom Filó. Em busca de um projeto que pudesse despertar os jovens negros para a cultura, ele ajudou a diretoria do clube a criar um grupo teatral que, em 1973, montou a peça *Orfeu Negro*, inspirada no filme homônimo, de 1959, que tinha sido adaptado do *Orfeu da Conceição* de Vinicius de Moraes.

Apesar da boa repercussão obtida pela peça, que contava com nomes de expressão na dramaturgia como Zezé Motta, Zózimo Bulbul e Antônio Pompeo, Dom Filó não ficou satisfeito com a quase nula participação dos jovens negros, que eram o seu verdadeiro público-alvo. Foi quando parou para refletir sobre outra forma de atraí-los e imaginou que a música poderia ser um instrumento mais eficaz do que o teatro.

Criou, então, a equipe Soul Grand Prix, com a qual começou a promover no Rena a chamada Noite do Shaft, uma festa de música soul que tinha seu nome inspirado no filme *Shaft*, de 1971 – com trilha sonora assinada pelo músico Isaac Hayes, *Shaft* viria a se tornar um dos ícones máximos da corrente cinematográfica norte-americana que era produzida e protagonizada por negros, e ficou conhecida como *blaxploitation*.

Antenado a outros fenômenos que envolviam a África e sua diáspora, Dom Filó teve a ideia de instalar um telão nas Noites do Shaft. Durante a execução das músicas eram projetados *slides* com imagens de personalidades negras, como artistas, esportistas, ativistas e líderes políticos. Os mais celebrados eram James Brown, Bob Marley, Muhammad Ali, Marcus Garvey, Nelson Mandela, Malcolm X e Martin Luther King Jr. Também eram exibidas cenas de filmes da *blaxploitation*, como o próprio *Shaft* que batizou a festa, ou *Wattstax* – interessante documentário de 1973 sobre um festival de música negra realizado um ano antes na comunidade negra de Watt, em Los Angeles.

Dessa forma, além de entreter os eventos da Soul Grand Prix denotavam certo caráter "didático", ao transmitir informações que, de alguma forma, visavam estimular a reflexão de seu público dançante e elevar sua autoestima. Com esse propósito também eram projetadas nos telões algumas frases impactantes de incentivo aos estudos, ao trabalho, à prática de boas ações, à elevação do orgulho próprio entre os pretos e à conscientização social e racial. Outra ideia de Dom Filó.

Entre 1974 e 1976, ainda ignorados pela grande mídia, os bailes black se multiplicaram e arrebanharam centenas de milhares de seguidores em toda a Baixada Fluminense. Equipes grandes, como a própria Soul Grand Prix, chegavam a realizar bailes em todos os dias da semana, em diferentes localidades, sempre com casa lotada. Alguns dançarinos mais assíduos seguiam sua equipe de baile favorita de canto a canto da região metropolitana do Rio de Janeiro, onde quer que ela fosse tocar.

Àquela altura o fenômeno já se caracterizava como um movimento cultural peculiar, com seus próprios signos, ritos, gírias, vestuário e cumprimentos. Inspirados nas extravagantes capas de discos estrangeiros de soul e funk, os frequentadores ostentavam diferentes tipos de penteado afro, dentre os quais destacava-se o black power iconizado em Nelson Triunfo, além de roupas multicoloridas e cheias de estilo, pisantes de solas altas e adornos diversos, como chapéus, cachecóis, turbantes, óculos escuros, correntes, anéis, capas e até bengalas.

Naquela época o acesso a novidades musicais ainda era bastante difícil e cada DJ dependia muito de sua rede de contatos pessoais para se manter atualizado com relação aos lançamentos internacionais. Poucas lojas do Rio importavam discos de soul e funk, com destaque para a Billboard, situada na rua Barata Ribeiro, em Copacabana, além das lojas Symphony e King Karol. Mesmo assim a diversidade de títulos era pequena e os discos chegavam com atraso de semanas ou meses em relação ao lançamento em seu país de origem. Assim, muitos DJs dependiam da boa vontade de amigos pilotos de avião ou comissários de bordo, que viajavam com frequência para os EUA ou para a Europa e traziam na mala os principais lançamentos musicais.

Quando uma equipe adquiria uma música nova que era bem aceita pelo público, escondia essa informação tal qual um segredo industrial. Era comum, inclusive, um DJ arrancar o rótulo de um disco novo para que nenhum "espião" de outra equipe pudesse ver o nome da música por ele descoberta.

Às vezes, de forma diplomática, algumas equipes trocavam informações entre si. O acordo funcionava assim: uma equipe compartilhava com outra o nome de uma música que fazia sucesso nos bailes e, em troca, lhe era revelado o nome de outra canção "secreta" igualmente arrebatadora. Havia também a transação de discos. Curiosamente, em muitas ocasiões essa negociação era feita sem nenhum aparelho de som por perto. Um DJ oferecia um disco a outro e, sem ter como executá-lo, reproduzia com a boca a batida e os arranjos, por meio de onomatopeias, para explicar como era a canção:

– Se liga nessa paulada, é assim: pá-ra-tá-tum-tum...

Em contrapartida, seu interlocutor oferecia outro disco e propagandeava sua música da mesma forma:

– Pois esse som é mais ou menos assim, escuta só: pá-rá-pá-pá tum tum pá...

Assim, havia DJs que cambiavam seus discos com outros unicamente na base da confiança, pois essa era uma das poucas maneiras que tinham de ampliar seu repertório sem depender somente dos amigos que trabalhavam em companhias aéreas. Mais tarde, alguns deles até começariam a viajar para o exterior em busca de discos.

Movimento Black Rio

Após longo período sendo despercebidos pela mídia, foi inevitável que em dado momento os numerosos e fervorosos bailes black do Rio de Janeiro chamassem a atenção de algum jornalista. E foi com quatro páginas no *Caderno B* do *Jornal do Brasil* publicadas em 17 de julho de 1976, um sábado, que o fenômeno foi escancarado para o público em geral. Assinada por Lena Frias, a matéria "Black Rio - O orgulho (importado) de ser negro no Brasil" fez um apanhado geral do movimento cultural que, a partir de então, passou a ser conhecido como "Black Rio". Esse rótulo, inclusive, influenciou na definição do nome da Banda Black Rio, criada naquele mesmo ano pelo músico Oberdan Magalhães.[2]

---

2   Desfeita em 1985 após a morte de Oberdan Magalhães, a Banda Black Rio foi reativada por seu filho, o também músico William Magalhães, na década de 1990, já com nova formação. A partir do ano 2000, a banda se aproximaria de alguns rappers e assinaria parcerias musicais com eles, sobretudo os Racionais MCs.

A reportagem desagradou os donos de algumas equipes de som, incluindo alguns que tinham grande representatividade naquela cena cultural e não foram entrevistados. Para eles, a repercussão daquela matéria teria dado início, na época, a algumas implicações por parte da polícia política. De fato, pautados pelo *Jornal do Brasil*, que chegou até a criar uma coluna chamada *Black Rio* em seu caderno de cultura, outros diversos veículos de comunicação passaram a reportar o fenômeno dos bailes black. Essa superexposição chamou a atenção dos militares, que viam nas reuniões a ameaça de um possível levante popular.

Afinal, cidadãos pretos com cabeleira black power eram o estereótipo dos "subversivos" que vinham liderando e conduzindo o movimento pelos direitos civis dos negros nos EUA. E já se completavam mais de vinte anos de distúrbios raciais eclodindo naquele país, desde o boicote aos ônibus em Montgomery, no Alabama, liderado em primeiro de dezembro de 1955 por Martin Luther King Jr. – ativista assassinado aos quatro dias de abril de 1968. Outras manifestações recentes vinham impulsionando, no país, uma série de reivindicações populares ligadas aos afroamericanos.

O movimento Black Power surgira com a ideia de exaltar o orgulho e a união entre eles, além de gerar instituições sociais e políticas que pudessem lhes dar autonomia como um coletivo organizado e coeso. Tal expressão também fora bastante usada pelo militante radical Stokely Carmichael, preso diversas vezes, que defendia que os pretos deviam se armar – literalmente – contra os ataques frequentemente sofridos, no sul dos EUA, por parte da organização racista Ku Klux Klan. Com finalidade semelhante, em 1966 fora criado o Partido dos Panteras Negras (Black Panther Party), que visava fiscalizar a truculência policial nos guetos norte-americanos e também contava com braços armados que, por vezes, cometiam os mesmos excessos que criticavam. E outra referência de desobediência civil fora o ativista muçulmano Malcolm X, assassinado em 21 de fevereiro de 1965 depois de ter sido responsável pelo veloz crescimento da Nação do Islã nos EUA e liderado uma série de levantes populares.

A ditadura militar instaurada no Brasil não queria se arriscar a permitir que fenômeno semelhante se formasse e, receosa, começou a monitorar os bailes black. Havia a desconfiança de que grupos clandestinos de esquerda patrocinassem as equipes de som com o interesse de insuflar algum tipo de movimento popular.

Policiais, então, começaram a vigiar os principais organizadores de bailes. Alguns, como Paulão, da Black Power, ou Dom Filó e seu primo Nirto Promoções, da Soul Grand Prix, chegaram a ser presos e interrogados por agentes do Departamento de Ordem Política e Social (Dops). A polícia política não conseguia se convencer de que tantas pessoas negras se juntavam apenas para dançar, sem quaisquer outras pretensões, e supunha que aquilo fosse pretexto para ocultar algum tipo de articulação política contrária ao governo do general Ernesto Geisel – que seria sucedido, em março de 1979, pelo também general João Figueiredo.

Contudo, como não conseguiam provas, por longos meses os militares se limitaram a perseguir e intimidar DJs e organizadores de bailes. Às vezes desligavam os equipamentos e encerravam um evento de forma truculenta, mas nunca conseguiram comprovar algum vínculo dos eventos com facções de esquerda, com o comunismo ou com possíveis atos de subversão.

Junto à popularização do rótulo "Black Rio" para aquele movimento cultural também surgiram debates em torno da autenticidade do fenômeno, por se tratar de uma cultura tachada por alguns críticos de "importada" – como a própria reportagem do *Jornal do Brasil* tinha sugerido já em seu título. Assim, contrária aos princípios de orgulho racial e engajamento político defendidos por algumas equipes de som, surgia uma corrente que criticava os bailes como uma forma supostamente alienada de "colonialismo cultural". As duas frentes lançaram seus argumentos em uma complexa e subjetiva discussão que, pode-se supor, terminou sem vencedores. Os principais envolvidos estavam ocupados com a dança e com a atmosfera cultural que pairava naquelas numerosas reuniões de gente predominantemente preta.

Mas naturalmente, em tais ambientes, o entretenimento dividia espaço com o intercâmbio de informações, com a transmissão de valores sociais e raciais e com a reflexão sobre as formas de organização das pessoas que os frequentavam. Ainda que não existisse de forma explícita o propósito político desconfiado pelos militares, não se pode negar que aquele fenômeno cultural estava, gradativa e discretamente, a modificar o pensamento e o comportamento de muitas pessoas que frequentavam seus bailes.

Também com público crescente, movimentações semelhantes vinham sendo detectadas em outros grandes centros urbanos do país. Além de São Paulo, bailes de soul e funk também fervilhavam nos arredores de Brasília, Porto Alegre, Curitiba e Belo Horizonte, por exemplo. Na capital mineira, inclusive, a utilização das ruas como ponto de encontro dos dançarinos motivou o surgimento do chamado Quarteirão do Soul – projeto que ficaria adormecido por longos anos e seria ressuscitado em 2004.

A influência do soul e de suas mensagens político-raciais também se fazia presente na Bahia. Inclusive, há quem aponte os bailes black de Salvador como o território onde o afoxé se revitalizou, o que culminou com o nascimento, em 1º de novembro de 1974, do primeiro bloco afro do Carnaval baiano, o Ilê Aiyê.[3]

E em 1977 Nelsão esteve na capital baiana para fazer uma apresentação com o Funk & Cia, o que para ele teve um significado bastante especial. Afinal, era o retorno ao lugar onde sua paixão por aquele estilo de dança tinha aflorado e, poucos anos antes, ele criara seu primeiro grupo, Os Invertebrados – o primeiro de dança black de que se tem notícia em todo o Nordeste.

Discos

Com a estimativa de que só na Baixada Fluminense o número de frequentadores de bailes black girasse em torno de um milhão de pessoas, não demorou para que o fenômeno desse um estalo na indústria fonográfica, principalmente depois da grande repercussão midiática.

---

3 No livro *Carnaval Ijexá*, Antônio Risério atesta e detalha como se deu a influência do soul em território baiano.

De início surgiram as parcerias com equipes de som para lançar coletâneas com as músicas que mais faziam sucesso nos bailes. O primeiro registro do tipo foi o LP *Soul Grand Prix*, lançado em 1976 em parceria com a Top Tape. Com ótima vendagem, o disco chamou a atenção da gravadora multinacional Warner/Elektra/Atlantic (WEA), que firmou contrato com a própria Soul Grand Prix e lançou outra coletânea em seguida.

Seguiram-se, então, discos das equipes Dynamic Soul, Black Power e Furacão 2000, entre outras. Em alguns casos, inclusive, as tiragens de discos de vinil eram pequenas e os fonogramas eram lançados de maneira clandestina, isto é, sem que o uso das mesmas fosse devidamente licenciado junto às gravadoras detentoras de seus direitos – geralmente, dos EUA. Afinal, com os morosos recursos de comunicação da época, era muito difícil que elas descobrissem a pirataria praticada a milhares de quilômetros de distância por equipes de bailes brasileiras.

Também foi a partir de 1976 que o lançamento de músicos brasileiros de soul e funk tomou impulso maior. Tim Maia largava sua fase Racional deixando dois álbuns que renegaria – mas que, ao longo dos anos, se tornariam raridades cultuadíssimas por amantes da música negra – e passaria a imprimir ainda mais influências de funk em suas canções. O músico Hyldon, que estreara no ano anterior com *Na Rua, na Chuva, na Fazenda*, surgia com seu segundo álbum: *Deus, a Natureza e a Música*. Ex-integrante da banda Os Diagonais, Cassiano chegava a seu terceiro trabalho solo, *Cuban Soul*, que incluía o sucesso "A lua e eu", trilha da novela global *O Grito*[4].

A identificação dos brasileiros com uma linha de funk mais "troncha" e de mensagens com cunho racial se tornou mais explícita em 1977. Gerson King Combo, que em 1969 lançara um

---

4   Em carreira solo, o músico já tinha lançado os álbuns *Imagem e Som* (1971) e *Apresentamos Nosso Cassiano* (1973).

álbum de soul chamado *Brazilian Soul*, surgia com um disco de funk que levava seu nome, de sonoridade nitidamente inspirada em James Brown e George Clinton. Praticamente todas as músicas abordavam a negritude, sobretudo as faixas "Mandamentos Black", "Esse é o nosso Black brother" e "God save the king". Quase ao mesmo tempo a Banda Black Rio lançava seu primeiro álbum, *Maria Fumaça*. Outra banda que estreara no mercado fonográfico nessa época foi a União Black, com disco homônimo em que também era muito forte o discurso de exaltação ao orgulho negro. Com influências da *disco music*, que vinha crescendo nos EUA e ainda engatinhava no Brasil, a cantora Lady Zu lançava um compacto com a canção "A noite vai chegar", que, no ano seguinte, daria nome ao seu álbum de estreia.

E em São Paulo, vale lembrar, foi também em 1977 que Miguel de Deus lançou o álbum de funk *Black Soul Brothers*, em que contou com a parceria de Nelson Triunfo na canção "Mister Funk".

O "furacão" Nelsão

Desde que residia no Distrito Federal, Nelsão já tinha viajado algumas vezes para o Rio de Janeiro, onde conhecera os grandes eventos organizados pelas equipes Soul Grand Prix, Black Power, Furacão 2000, Cash Box, J.B. Soul, A Cova, Uma Mente Numa Boa, Love Power, Tropical, Dynamic Soul, Jet Black e Space Som, entre outras. Mais como Homem-Árvore do que como Nelson Triunfo, nos últimos tempos seu nome continuava ganhando popularidade no circuito black da Baixada Fluminense.

No início de 1978 o produtor cultural Rômulo Costa, que tinha assumido o comando da equipe Furacão 2000 criada por seu ex-parceiro Guarany, convidou Nelson Triunfo e Funk & Cia para fazer uma série de apresentações nos eventos de sua equipe, que tocava em vários clubes do Rio de Janeiro. Como o compromisso exigia que ficasse por lá dias ou semanas, na maioria das vezes Nelsão permanecia na própria residência do contratante, na rua Conde de Agrolongo, também conhecida como "rua da feira", na zona norte da cidade. A casa ficava a cerca de um quilômetro da Igreja de Nossa Senhora da Penha de França, vistosa construção erguida no alto de um penhasco por volta de 1870. Inclusive, apesar de não ser adepto de nenhuma religião específica, Nelsão encarava com certa frequência os 382 degraus da escadaria que conduz à igreja, mas somente para contemplar a privilegiada visão panorâmica, a mais de 150 metros de altitude, da mundialmente famosa paisagem carioca.

Durante quase todo o ano Nelson Triunfo não teve residência fixa e passou longos períodos no Rio de Janeiro, retornando a São Paulo em algumas ocasiões. Sempre, é claro, em função dos inúmeros bailes e shows em que figurava como atração nos palcos e pistas. Às vezes, dispensava a hospedagem oferecida por Rômulo para passar uns dias na casa dos primos Petrônio e Silvio, em Olaria, também na porção norte da cidade, ou na casa do tio Pompeu, o mesmo que o acolhera com os pais em sua infância, e que agora residia em Laranjeiras.

Dos diversos lugares por onde passou nesse período de muitos eventos por toda a Baixada Fluminense, um ficou especialmente marcado na memória de Nelson Triunfo: o ginásio do Olaria Atlético Clube. Em uma noite memorável, um baile lá realizado reuniu diferentes equipes de som – Furacão 2000, JBS, Cova e Soul Grand Prix, entre outras. Também estava presente o discotecário e produtor musical Oseas dos Santos, mais conhecido como Mister Funk Santos, que também se tornaria figura emblemática do pioneirismo do movimento.[5] Cada equipe comparecera com dezenas de potentes caixas de som de diferentes cores, fazendo com que do lado de dentro do ginásio praticamente todas as paredes ficassem escondidas por detrás do imenso mosaico de equipamentos. Os DJs e

---

5   Falecido em primeiro de julho de 2012, aos 61 anos, Mr. Funk Santos é uma das principais referências da cena black carioca. Começou sua carreira tocando em bailes no Astória Futebol Clube, no Catumbi, no início da década de 1970. Posteriormente, comandou bailes memoráveis no próprio Renascença Clube. Um dos pioneiros da discotecagem black em rádios, teve programas nas emissoras Imprensa e Roquete Pinto, e lançou diversas coletâneas de soul e funk.

O verdadeiro funk brasileiro

Por conta de um rótulo erroneamente difundido pela mídia a partir dos anos 1990, a palavra "funk" passou a ser associada, no Brasil, a um gênero musical eletrônico que, na verdade, assemelha-se mais ao miami bass - com letras, em muitos casos, pornográficas. Apesar de não ter vingado comercialmente, o funk original tocado com banda, que viveu seu auge na década de 1970, também teve representantes no Brasil.

O mais conhecido foi Tim Maia (que também passeava pelo soul, samba e outros ritmos), principalmente em sua fase "Racional" (1975 e 1976). Outros músicos, como Wilson Simonal, Eduardo Araújo, Jorge Ben, Erasmo Carlos e até Roberto Carlos eram influenciados pela sonoridade do soul e do funk, mas misturavam-no a outros gêneros.

Tony Tornado, que na década de 1960 residira nos EUA por cinco anos, foi o primeiro brasileiro a escancarar o orgulho negro em suas músicas, inspirado em "Say it loud: I'm black and I'm proud" (1968), de James Brown. Sob a bandeira do funk puro, lançou em 1971 e 1972 dois discos que carregam seu nome. Linha musical semelhante foi seguida por Gerson King Combo, que, em 1977 e 1978, lançou dois álbuns homônimos. O baiano Miguel de Deus, que residia em São Paulo, lançou em 1977 o LP *Black Soul Brothers*, que teve a participação de Nelson Triunfo na faixa "Mister Funk". No mesmo ano, outra rara banda de funk, a União Black, lançou um LP também homônimo.

Outro ícone do gênero é a Banda Black Rio, pioneira em misturar o funk ao suingue brasileiro, criando uma fórmula que colaborou para a consolidação do chamado "samba-rock". Lançou três álbuns: *Maria-Fumaça* (1977), *Gafieira Universal* (1978) e *Saci Pererê* (1980).

Curiosidade: até mesmo Gilberto Gil já flertou com o ritmo funk, na canção "Funk-se quem puder", no álbum *Extra* (1983) - na época, foi gravado um vídeo com a participação de Nelson Triunfo e Funk & Cia.

aparelhagens rodeavam a quadra, que estava abarrotada de gente, e as equipes se revezavam na estrondosa discotecagem, cada uma com sessões que duravam entre trinta e quarenta minutos. Nelsão ficou realmente impressionado com toda aquela potência sonora, seguramente a maior que já presenciara em um baile, e que parecia tocar dentro de sua própria cabeça. Extasiado, invadiu a madrugada a dançar, dançar e dançar mais um pouco, e nunca mais se esqueceria daquele evento.

Depois de alguns meses de muito vaivém entre São Paulo e Rio de Janeiro, período em que realizou diversas apresentações em solo fluminense, no segundo semestre de 1978 Nelson Triunfo voltou a se fixar na capital paulista. A experiência nos bailes do estado vizinho, para onde retornaria em esporádicas ocasiões, fora bastante compensadora, mas os eventos realizados em São Paulo também estavam em polvorosa. Nesse contexto Nelsão, juntamente com seus companheiros de Funk & Cia, gozava de grande prestígio. Sua presença costumava ser destaque até mesmo em shows de astros internacionais, como na segunda vinda de James Brown ao Brasil, ao final de 1978. Aliás, esses foram dias que marcaram sua vida em razão de um episódio ao mesmo tempo feliz e decepcionante.

A capa de James Brown

Chovia muito forte em São Paulo na noite de 11 de novembro de 1978, um sábado. Mesmo assim o ginásio do Palmeiras estava literalmente entupido de gente. Afinal, a atração principal do palco era ele, James Brown, ícone máximo daquela vertente musical que vinha eclodindo como um fenômeno, de forma simultânea, em outras grandes cidades brasileiras. Do palco, o mestre da música negra via um horizonte de mais de dez mil cabeças, em sua maioria negras, ostentando cabeleiras black power, tranças e outros penteados que simbolizam o orgulho racial. Havia gente a subir pelas paredes daquele ginásio – literalmente!

A certa altura da noite, no meio de toda a alvoroçada multidão, uma figura se sobressaía dentre as demais, a ponto de deixar James Brown maravilhado: Nelson Triunfo, o Homem-Árvore.

O "Papa do soul" reconheceu naquele jovem magrelo e cabeludo o mesmo indivíduo que, dias antes, em sua chegada ao Brasil, o recepcionara no aeroporto de Congonhas, e a quem apelidara Sheriff em razão de uma camiseta que tinha essa inscrição e o desenho de uma estrela. Desse encontro, um único registro fotográfico seria preservado anos depois, com Sheriff/Nelsão e seu amigo Paulo Inglês ao lado do ídolo.

Naquela noite Nelsão também teve acesso aos camarins, onde James Brown resolveu presenteá-lo. Como um rei a conceder um título de nobreza a seu bravo cavaleiro, então, o carismático músico deu a ele a bela e imponente capa que trajava – algumas semanas antes, outro agraciado com uma capa do próprio mestre fora o cantor Michael Jackson.

Aquela noite tinha tudo para ser um dos momentos mais memoráveis da carreira de Nelson Triunfo. De volta ao meio do público, ele voltou a liderar uma roda de soul e, de súbito, outros dançarinos e amigos resolveram erguê-lo para que sua figura fosse oferecida como uma espécie de "troféu" para o grande ídolo da massa. Era uma maneira simbólica que os dançarinos encontraram para expressar o quão importante era a presença de James Brown naquele imenso culto à música e à massa negra.

Com os braços abertos a segurar a indefectível capa, então, Nelsão pairou, com pose imponente, sobre aquele mar de cabeças encarapinhadas. A cena histórica foi eternizada na que, talvez, seja a imagem mais significativa da carreira de Nelson Triunfo, capturada pelo renomado fotógrafo Penna Prearo – que, entre outros trabalhos, já havia clicado os músicos Tim Maia e Elis Regina, para as capas dos discos *Tim Maia* (1972) e *Elis* (1977).

Ainda anestesiado pela emoção de ser condecorado por James Brown, Nelsão decidiu guardar aquela capa tão sagrada em um armário do camarim, a fim de evitar que ela se sujasse ou sofresse danos. Afinal, aquilo não era só um mero pedaço de tecido. Era uma capa mais que especial, ganhada das mãos de um de seus maiores ídolos. Era um prêmio valiosíssimo recebido do rei, uma coroa cravejada de significado para um amante inveterado do soul.

CBC SHOW

Horas mais tarde, após o encerramento do show, Nelson Triunfo viveu uma das mais amargas frustrações de sua vida. Dirigiu-se ao camarim onde havia guardado o presente que James Brown ofertara *"to my man Sheriff"* ("ao meu amigo Sheriff"). Quando passeou a mão pelo armário, nada encontrou além de um punhado de poeira. Sem acreditar naquilo, mais uma vez tateou calmamente cada centímetro daquele vazio e, enfim, a ficha lhe caiu: alguém tinha furtado a capa.

O baque doeu como uma facada nas costas, que por décadas Nelsão custaria a acreditar. Para seu profundo desgosto, o inestimável presente ganhado de James Brown nunca mais seria encontrado. Apenas a memorável fotografia imortalizada por Penna Prearo lhe restaria como lembrança daquele momento mágico e daquela capa sagrada.

A prisão de Djavan

Perto de completar trinta anos, o músico Djavan Caetano Viana ainda era tido como uma promessa da música brasileira, depois de ter ficado com a segunda colocação no Festival Abertura, realizado pela Rede Globo em 1975, e ter lançado seu primeiro álbum no ano seguinte, o elogiado *A Voz - O Violão - A Música de Djavan*.

O músico, que residia no Rio de Janeiro, viajara a São Paulo, no final de 1978, para divulgar *Djavan*, seu recém-lançado segundo disco. Em sua companhia estava o funcionário da gravadora EMI-Odeon (atual EMI Music) Tadeu Fernandes, também negro. Quando ambos passavam por uma loja de instrumentos musicais localizada na rua Direita, no centro da capital paulista, o cantor decidiu ver o preço de um piano Fender Rhodes que estava interessado em comprar. Nem ele nem Tadeu perceberam de onde surgiram dois rudes policiais, que os interpelaram de maneira pouco amistosa e pediram para ver suas carteiras de trabalho.

Sem nada dever, Djavan explicou que estava na loja para consultar o preço de um piano e mostrou sua credencial da Ordem dos Músicos do Brasil (OMB). Mas os agentes não a aceitaram como identificação e, intolerantes, decidiram fazer uma averiguação mais minuciosa. De forma autoritária, então, submeteram o cantor e o funcionário da gravadora à vexatória situação de ter seus bolsos e carteiras revirados em pleno centro de São Paulo, enquanto permaneciam recostados à parede, cabisbaixos, tratados como bandidos. Durante o imbróglio uma roda de curiosos se formou e entre eles estava Nelson Triunfo, que logo reconheceu um dos "suspeitos" e resolveu intervir junto às autoridades:

– Com licença, senhor. Ele tá dizendo a verdade, ele é o músico Djavan, sim – afirmou.

– Ô cabeludo, você é advogado dele por acaso? – questionou um dos policiais, em tom pouco cordial.

– Não, senhor. Mas...

– Então cala a boca e não se intrometa, a não ser que você também queira ir junto pra delegacia. Se esse cara é o Djavan, eu sou o Roberto Carlos!

A pedido de seus amigos radialistas e organizadores de bailes, Nelsão tinha o costume de buscar discos promocionais em algumas gravadoras. Por isso, possuía contatos no meio artístico e sabia que Djavan era contratado pela EMI-Odeon. Ao ser informado pelos policiais que o cantor seria conduzido para a delegacia localizada no Parque Dom Pedro II, perto dali, resolveu se antecipar e correu para lá.

Antes mesmo que Djavan chegasse ao distrito policial, Nelsão explicou o mal entendido para o delegado de plantão, que decidiu checar a história e fazer contato com a gravadora. Assim, graças a essa intervenção a EMI-Odeon soube da confusão e pôde enviar um advogado para a delegacia. Só depois de muita canseira é que Djavan foi liberado, sem sequer receber um pedido de desculpas pelo equívoco, pelo transtorno e pelo truculento tratamento recebido.

Vovó Mafalda

Não é mentira afirmar que Vovó Mafalda foi responsável por ajudar a popularizar a figura de Nelsão no mundo televisivo, depois de ele ter estreado na telinha em 1976, dançando Earth, Wind & Fire no *Programa Silvio Santos*. Desde que chegara a São Paulo também já tinha mostrado sua dança nos programas *Discoteca do Chacrinha*, na TV Bandeirantes, e *Clube dos Artistas*, na TV Tupi. Na maioria das vezes, diretores e produtores dos programas pediam para que ele apenas dançasse e não falasse nada quando estivesse no ar. Só anos mais tarde ele interpretou que esse pedido talvez fosse motivado pelo preconceito contra seu forte sotaque nordestino.

Mas vamos entender melhor essa relação inusitada dele com a tal vovó...

Fantasiado de velhinha, com maquiagem e nariz de palhaço, touca rendada e uma calcinha que mais parecia uma enorme fralda (com um hilário coração desenhado no traseiro), o ator Valentino Guzzo ficava irreconhecível e se transformava na irreverente personagem do programa televisivo infantil *Bozo*, exibido pela emissora TVS (que ainda não se tornara SBT). Nos bastidores, o simpático intérprete da Vovó Mafalda era outra figura do meio artístico que conhecia Nelsão e por ele nutria grande afeto.

E foi por iniciativa de Guzzo que surgiram muitos convites para que ele apresentasse sua dança na telinha. Sempre que havia uma brecha na programação, o ator, que também era produtor televisivo, contatava o amigo, que assim passaria a frequentar os programas da casa ao longo dos anos seguintes. As aparições mais marcantes ocorreram entre 1979 e 1980, no *Show de Calouros* apresentado por Silvio Santos. O dono da emissora tinha um quadro em que mostrava trechos de um programa da televisão norte-americana, que podiam variar de apresentações musicais, de dança ou de mágica a provas de força, equilibrismo e outras façanhas. Silvio Santos desafiava que brasileiros pudessem imitar ou superar as performances feitas pelos calouros estrangeiros.

Em uma dessas ocasiões, Nelson Triunfo e Funk & Cia toparam o desafio, por indicação do amigo Guzzo. No palco, remontaram uma apresentação inspirada no grupo The Lockers, cujo vídeo tinha sido mostrado semanas antes no quadro do desafio. Em outras oportunidades, sempre "convocados" por Guzzo, Nelsão e sua trupe chegariam a dançar em outros programas, em ocasiões diversas, incluindo aparições até mesmo no próprio programa do palhaço Bozo e da Vovó Mafalda.

Guzzo viria a falecer no dia oito de dezembro de 1998, aos 62 anos de idade, vítima de ataque cardíaco fulminante.

Heloisa

Nascida em Olimpia, município situado na porção norte do interior de São Paulo, Heloisa Aparecida Batista tinha sido criada em um colégio de freiras, onde se apegou bastante a uma bondosa cozinheira de nome Alda. Como sua mãe tinha dificuldades para criá-la, quando a garota estava prestes a deixar o colégio Dona Alda se ofereceu para cuidar dela, pois já se habituara a tratá-la como se fosse uma filha.

Ainda na pré-adolescência, então, Heloisa seguiu para a casa de Dona Alda, em Itaquera, na zona leste da capital. Sempre zelosa e carinhosa, a mulher se tornaria uma verdadeira mãe para ela, inclusive com muito rigor na educação: mal a deixava sair de casa, já que, em razão de sua religiosidade, era bastante conservadora e temerosa com relação aos "perigos mundanos".

Aos treze anos de idade, em 1980, Heloisa começou a frequentar alguns bailes de música negra em companhia de amigas mais velhas. Como Dona Alda tinha o hábito de dormir cedo, a garota pulava o muro e saía de casa discretamente, a pisar em ovos, para seguir com as amigas para os mais diversos bailes realizados nos quatro cantos da cidade.

Apesar de ainda ser menor de idade, quase sempre ela dava um jeito de adentrar os salões. Geralmente contava com a ajuda das acompanhantes mais velhas e, em raras ocasiões, teve de ficar do lado de fora de alguns eventos. Não demoraria, porém, para que fizesse amizade com DJs, seguranças e outros funcionários das casas, o que tornaria muito mais fácil seu ingresso nos bailes.

Ao frequentar as festas de música negra Heloisa fatalmente esbarraria na figura de Nelson Triunfo. O Funk & Cia estava em ótimo momento, inclusive tendo realizado uma excursão pelo Brasil, com apresentações em diversas cidades do interior de São Paulo, além de Rio Grande do Sul, Rio de Janeiro, Minas Gerais, Bahia e Pernambuco. Inclusive, foi nessa época que, em ocasião de um show realizado em Triunfo, os pais de Nelsão viram-no dançar no palco pela primeira vez. Com isso, passariam a entender um pouco melhor aquele diferente e difícil estilo de vida pelo qual o filho optara, com seu cabelo gigante e roupas sempre espalhafatosas.

Foi num evento realizado pela Chic Show no ginásio do Palmeiras que, pela primeira vez, Heloisa viu o mais célebre dançarino de soul da cidade. Assim que avistou em ação aquele magrelo de imensa cabeleira black e cheio de ginga nos pés, líder do grupo Funk & Cia, ficou vidrada e sentiu o coração palpitar de forma diferente. Depois daquele dia passou a ficar mais atenta aos circulares e cartazes lambe-lambe que anunciavam os bailes e shows. Quando ficava sabendo da presença de Nelsão em algum evento, arranjava um jeito de ir só para vê-lo, mesmo que fosse em algum canto extremo da cidade.

E assim a adolescente apaixonada passou pouco mais de dois anos a perseguir aquele artista que, a cada dia, se tornava mais célebre nas principais festas de música negra de São Paulo e do Rio de Janeiro.

Barry White, o cupido

Depois de percorrer incontáveis bailes e shows por todos os cantos da região metropolitana de São Paulo só para admirar

Nelson Triunfo, foi no início de 1983, perto de completar dezesseis anos, que Heloisa teve a chance de se aproximar dele. Um baile era realizado na casa Asa Branca, na região de Pinheiros, na zona oeste da cidade. A amiga Rosilene, um pouco mais velha que Heloisa, já conhecia Nelsão e facilitou a aproximação. Ela sabia que a garota estava gamada no líder do Funk & Cia e decidiu conversar com ele para, enfim, apresentá-los formalmente.

– Nelsão, tem uma amiga minha que é doida por você, sua fã número um. Olha ela ali! – disse Rosilene, e apontou para Heloisa, que estava apreensiva a alguns metros deles, fingindo que não sabia de nada e quase roendo as unhas.

Sujeito namorador, Nelson Triunfo também se interessou por aquela bonita garota, que ainda possuía um jeito meio tímido, mas preenchia um requisito fundamental: sabia e gostava de dançar soul. Obviamente, concordou em conhecê-la. Minutos depois, já devidamente apresentados, ele e Heloisa trocavam as primeiras palavras.

Mais comunicativo e desinibido, com seu jeito brincalhão, Nelsão começou a flertar com a garota e falar de amenidades, enquanto ela tentava esconder o nervosismo pelo fato de, finalmente, conseguir se aproximar do homem que admirava à distância havia mais de dois anos.

Em dado momento as caixas de som começaram a tocar "Just the way you are", uma das muitas canções de amor de Barry White. Foi a deixa para que ele convidasse sua pretendente para dançar. Heloisa, é claro, aceitou. E ambos seguiram para o meio do salão escuro, onde, sob discretos fios de luzes coloridas, a suave trilha sonora já embalava outros casais.

Com mãos unidas, rostos se roçando, corpos quase colados e o vozeirão de Barry White a deixar o clima ainda mais propício para o romance, não demorou para que Nelson Triunfo tomasse a iniciativa de beijar Heloisa. Para ela aquele momento era uma realização desejada havia longos meses. Para ele ainda era apenas mais uma conquista – na época, namorador inveterado, estava informalmente envolvido com quatro garotas ao mesmo tempo. Rosilene, com ares de cupido satisfeito, só observava seus dois amigos a se entender e torcia para que, se aquele beijo não evoluísse para um relacionamento, ao menos ninguém terminasse sob mágoas.

Ao final da noite Nelsão convidou Heloisa para, dali a alguns dias, ir conhecer o apartamento em que morava, no Bixiga. Como nenhum deles tinha telefone, já deixaram combinado o dia, horário e local, na semana seguinte. Um último beijo de despedida selou o encontro, ainda de forma despretensiosa.

"Obrigado, Barry White", pensaram ambos, naquela noite.

Namoro não-declarado

Devido ao *status* de que Nelson Triunfo gozava no circuito de música negra, com fotos sempre estampadas nos circulares de grandes eventos, o nome em destaque nos cartazes lambe-lambe espalhados pela cidade e os holofotes constantemente virados para ele no centro das pistas de dança, Heloisa imaginava que sua condição financeira fosse abastada, digna de um artista. Quando chegou ao minúsculo e bagunçado apartamento no Bixiga, percebeu que se enganara. Mas nem por isso seu interesse por aquele homem diminuiu. Apesar da fama de conquistador, ele fora muito atencioso e carinhoso. E o convite para conhecer sua casa sinalizava que aquilo poderia se tornar algo mais sério. Um relacionamento, talvez – o que era o maior desejo da moça.

Caseira e acostumada a lidar com afazeres domésticos, predicados que adquirira com Dona Alda, já nessa primeira vez em que foi ao apartamento onde Nelsão vivia com Cid e Socorro, de maneira quase instintiva, Heloisa começou a colocar ordem na casa. Recolheu e dobrou roupas que estavam no chão e penduradas nos móveis, lavou a louça que estava acumulada na pia e, depois, enxugou e guardou cada peça. Antes de partir ainda preparou café e lanches para ambos. Revelou ter mãos mágicas na cozinha, certamente uma herança de sua mãe de criação, que era cozinheira por ofício.

Aquele comportamento de Heloisa impressionou Nelson Triunfo e começou a cativá-lo. Ele logo percebeu que ela era diferente das outras garotas que conhecera até então, pois aquelas eram mais individualistas e menos zelosas. Em novo encontro já no domingo seguinte ela se mostrou ainda mais carinhosa e preocupada em cuidar de Nelsão. Com o tempo, conforme o relacionamento foi se tornando mais intenso, ele automaticamente acabou deixando de lado as outras mulheres com quem ainda tinha certo envolvimento – uma delas, Idália, ainda lhe faria uma esquisita "surpresa" antes de desaparecer completamente de sua vida.

Quando menos percebeu, sem que tivesse planejado ou parado para pensar a respeito, ele sentiu que nutria um sentimento muito especial por Heloisa. E, passadas algumas semanas, ambos já se tratavam como namorados, mesmo que formalmente não tivessem conversado a respeito. Por isso o início do relacionamento entre ambos não foi marcado por uma data específica. Apenas "aconteceu".

A partir de então a presença de Heloisa no Bixiga passou a ser constante, e assim a vida de Nelson Triunfo começou a ficar mais organizada. Por iniciativa própria ela passou a cuidar das roupas de show do namorado – e, por vezes, dos outros integrantes do Funk & Cia também. Além de lavar e passar, em muitas ocasiões era ela quem decidia quais trajes seriam usados em determinada apresentação.

No apartamento a mão de Heloisa também fez grande diferença, para felicidade de Cid e Socorro, que tinham uma rotina estafante de trabalho e mal conseguiam manter o ambiente em ordem.

Além das rodas de dança nas ruas, bailes e shows, a nova companheira de Nelsão também passou a estar sempre ao seu lado nos ensaios da escola de samba Vai-Vai e nos redutos noturnos do bairro, outros locais que ele frequentava com regularidade. O amor entre ambos continuava a crescer a cada dia.

Fernando
Antes de conhecer Heloisa, Nelson Triunfo era um namorador convicto que ainda não pensara em manter nenhum tipo de compromisso com alguma garota em especial. Numa época em que a cultura do "ficar" ainda não era tão comum entre os jovens, ele chegara a se envolver informalmente com quatro moças ao mesmo tempo, mas sem declarar namoro ou prometer fidelidade a nenhuma. Até que começou a olhar Heloisa de maneira diferente e, quando a situação com ela ficou mais séria e profunda, decidiu acabar com qualquer possível resquício de relacionamento amoroso que ainda tivesse com outras garotas.

Uma delas era Idália, que pareceu ter aceitado bem o rompimento. Por meses ela não incomodou Nelsão, que a essa altura já tinha convidado Heloisa para se mudar para o apartamento do Bixiga – e convencido a zelosa Dona Alda a autorizar que a garota se fosse morar com ele.

Tempos depois, já no início de 1984, Idália reapareceu no local com um bebê nos braços, que disse se chamar Fernando. Com frieza e sem demonstrar nenhum tipo de ressentimento, apenas comunicou a Nelsão que ele era o pai da criança, mas não fez nenhum tipo de cobrança ou exigência, o que até seria compreensível.

Por algum motivo que nunca ficaria muito claro para ele, a mãe de Idália, que pegara imensa afeição pelo netinho, decidira ajudar a filha a criá-lo, mas não queria que o pai participasse. Sem mais nem menos, talvez por receio de que ele pudesse querer tomar a guarda da criança, a avó resolveu podá-lo do convívio com o garoto.

Nelsão achou aquilo tudo muito estranho, mas de início decidiu acatar a ideia para evitar problemas. Deixou claro que não queria negligenciar nenhuma ajuda na criação do filho e tinha a ideia de ao menos continuar a vê-lo, acompanhar seu crescimento e tentar conquistar, aos poucos, a confiança da ex-sogra.

Meses depois de ser apresentado ao menino, Nelsão resolveu procurar Idália para ver como ele estava e saber se ambos precisavam de alguma ajuda. Só então descobriu que a família tinha se mudado de casa. Ainda chegou a pesquisar pela vizinhança e conseguiu dois possíveis endereços em que Idália poderia estar com o garoto, um deles em São Paulo e outro em Guarulhos. Mas as tentativas foram em vão. Por anos ainda ouviu boatos de que ela teria se mudado para um ou outro lugar, até mesmo para alguma cidade do interior, mas acabou por perder contato com a ex-namorada – consequentemente, também com o filho. Nelsão passaria ao menos mais três décadas e chegaria à casa dos sessenta anos de idade sem tornar a ver Fernando ou ter notícias dele.

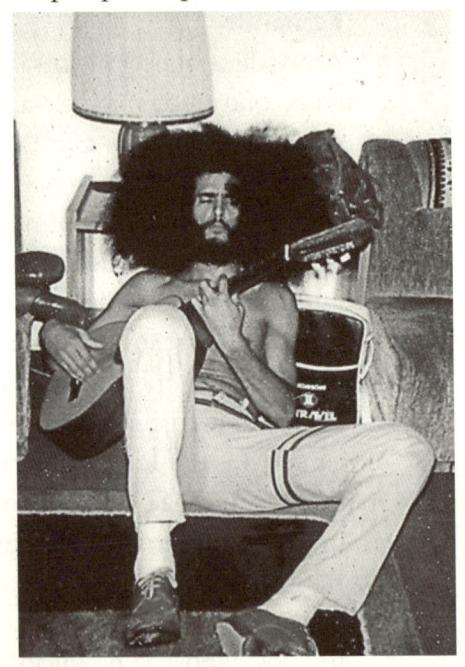

Mudanças

Quando Heloisa decidiu se mudar para dividir o mesmo teto com o namorado, ainda no final de 1983, o pequeno apartamento já tinha mais um morador: Fred, integrante do Funk & Cia. Para se acomodarem cinco moradores em ambiente tão reduzido a sala fora dividida ao meio por uma cortina de tecido grosso, o que dividiu os espaços, mas obviamente não amenizou muito o problema da falta de privacidade. Além disso, invariavelmente outros dançarinos ou amigos do casal também pernoitavam por lá.

Nessa época Fred foi vítima de uma peraltice marcante entre as tantas que o gozador Nelsão nunca deixaria de fazer com seus amigos. Em certo final de tarde, o líder do Funk & Cia observava a rua pela janela, do alto do nono andar, quando viu que Fred estava chegando. Entre os moradores do 95 havia um "dispositivo" de segurança: quando o apartamento ficava vazio, o último a sair enfiava o braço por uma janelinha que ficava ao lado da porta e fechava o trinco interno que a prende a uma pequena corrente. Assim, quem chegasse tinha de repetir o processo, passando o braço pela janela para descerrar a trava antes de abrir a porta.

Com traquinagem em mente, Nelsão apagou todas as luzes para fingir que não havia ninguém em casa, abriu a geladeira e colou a palma da mão direita a uma das paredes do congelador. Quase dois minutos depois sua mão era puro gelo e os passos de Fred começaram a ecoar no corredor. Silenciosamente, Nelsão postou-se ao lado da janelinha e deixou sua mão direita no exato lugar em que corria o trinco da porta. Quando Fred enfiou o braço apartamento adentro, o amigo agarrou-o com sua mão gelada e deu um berro aterrorizante. O susto foi tão grande que Fred desmaiou no ato.

– Posso até perder a amizade, mas não perco a piada, man – disse Nelsão para o amigo, depois que este se recuperou, em meio a gargalhadas que se ouviam por todo o prédio.

– Essa vai ter troco! Vai ter troco, Nelsão! – respondeu Fred, também rindo por ter caído em mais uma das muitas pegadinhas do companheiro criança.

Poucos meses depois Socorro se casou e foi morar com o marido no bairro da Liberdade. Fred debandou em seguida, algumas semanas mais tarde. Cid também estava prestes a se casar e, como ficaria muito difícil pagar o aluguel sozinho, Nelsão decidiu procurar outro lugar para morar.

Já era início de 1984 quando recebeu de Pierre, seu companheiro de Funk & Cia, um convite para ir a casa deste, em Guarulhos, até que conseguisse providenciar outra moradia. Heloisa resolveu ir junto, mas não se entendeu com a mãe de Pierre e em pouco tempo se retirou de lá, retornando para a casa de Dona Alda, sua mãe de criação, em Itaquera.

Mais alguns meses se passaram e Nelsão se mudou novamente: por meio de uma indicação de Star, foi morar em um pequeno e precário quartinho alugado na região do Tiquatira, na Penha, zona leste de São Paulo. Sua situação financeira continuava difícil, já que não havia regularidade de shows e nem sempre o cachê era compensador – não raras vezes se apresentava sem nada receber, pelo puro prazer de estar no palco e poder dançar sob aplausos. Nessa fase contou com grande ajuda do irmão Frank, que também estava bem estabelecido em São Paulo, e a solidariedade de amigos que lhe doaram alguns móveis e eletrodomésticos usados.

Foi nessa época, também, que Nelsão passou a fabricar medalhões artesanais para complementar a renda. Usava retalhos de tecidos, couro, jeans, vários tipos de sucata e tinta para, com muita criatividade, criar peças inspiradas nos adornos usados pelos músicos estrangeiros nas capas de discos. Começou fazendo medalhões arredondados e, com o tempo, bolou modelos com outras formas diversas, incluindo as de mapas do Brasil e da África – alguns desses medalhões chegariam a figurar na capa do LP que seria lançado por Nelson Triunfo e Funk & Cia no início de 1990, dali a alguns anos.

Nesse período turbulento para Nelsão, em que passou por várias mudanças em sua vida – mas sem nunca parar de dançar –, a cultura que abraçara também estava começando a passar por uma transformação histórica.

O soul e o funk permaneciam fortes nos bailes, mas enquanto Nelsão deixava a vida de solteiro convicto e se mudava do Bixiga para Guarulhos, e posteriormente de lá para o Tiquatira, uma nova manifestação da juventude negra eclodia nos EUA. Como uma febre, o fenômeno começava a se alastrar para outras partes do mundo, sobretudo nos cenários urbanos das metrópoles. Tratava-se de um novo ritmo, um novo estilo de dança, uma nova linguagem estética urbana.

São Paulo foi um dos destinos dessa nova expressão cultural mundial que muitos diziam se chamar hip-hop.

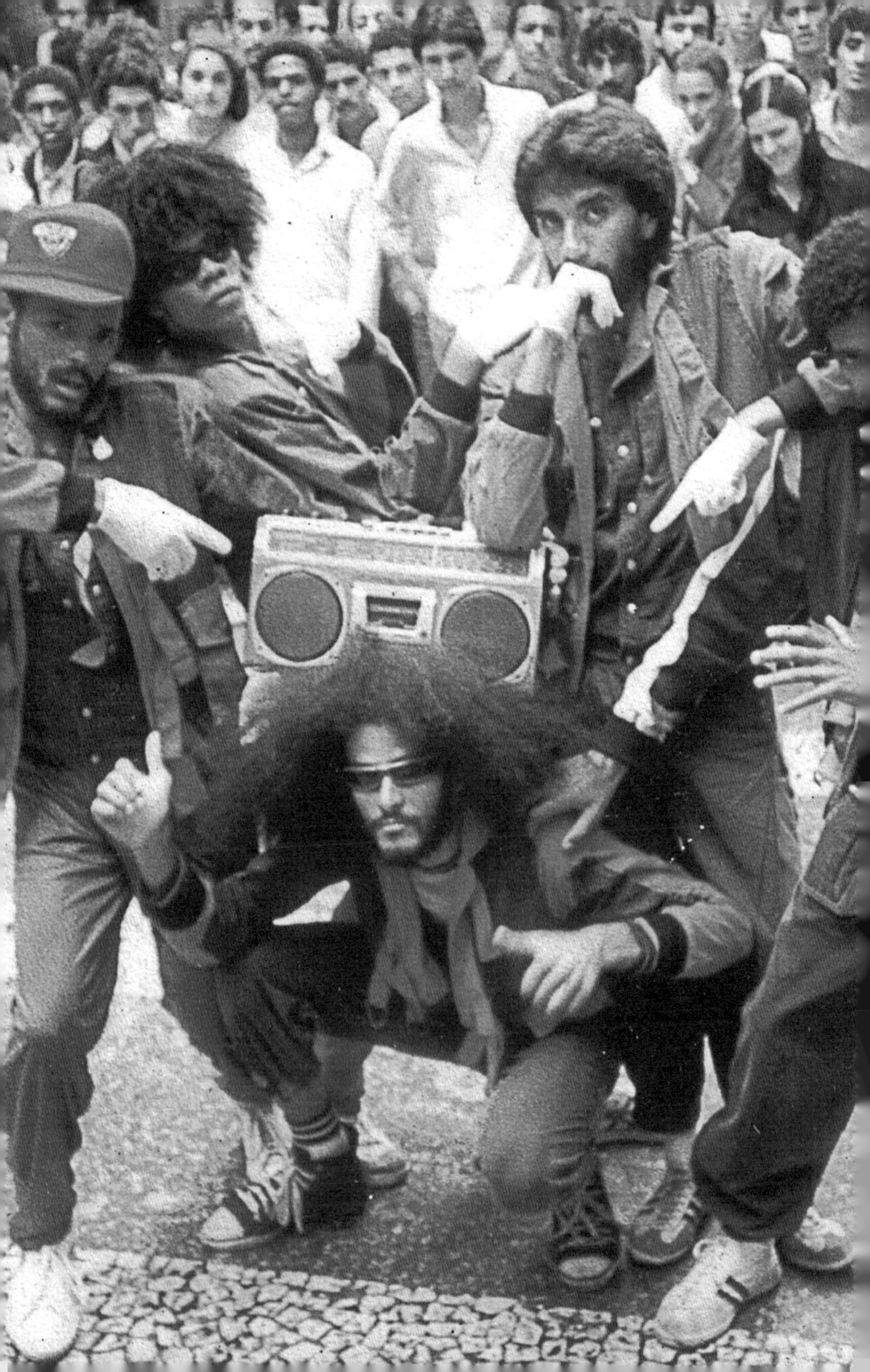

Cap. 5

DOS BAILES PARA AS RUAS

A chegada do breaking

Depois de ter nascido junto a uma cultura alternativa conhecida como hip-hop, originada em meados da década de 1970 no Bronx, em Nova York, um novo estilo de dança conquistava cada vez mais adeptos e se expandia para muito além da metrópole norte-americana. O alastramento dessa manifestação cultural era algo inimaginável para os jovens que começaram a praticá-la sem maiores pretensões, com o único intuito de ter uma opção local de lazer e cultura. Sequer podiam imaginar que o hip-hop pudesse chegar a outros bairros nova-iorquinos, mas ele rapidamente se propagou não só para mais cidades e estados dos EUA, como também para outros países.

Em território brasileiro, já no início da década seguinte, as informações sobre essas novas ramificações culturais ainda eram escassas ou chegavam distorcidas – prova disso foi a adoção dos rótulos "breakdance" e "break" para se referir à dança acrobática cujo verdadeiro nome os pioneiros e puristas definem como breaking.

O nome da nova dança fazia menção às batidas quebradas ("breakbeats") que eram manipuladas pelos primeiros DJs da emergente cultura hip-hop nos EUA. Eles tinham começado a fazer intervenções manuais sobre os toca-discos como se os mesmos fossem instrumentos musicais.

Um dos pioneiros era Clive Campbell, jamaicano que se mudou para Nova York em novembro de 1967 e ficou conhecido como DJ Kool Herc. Em meados da década de 1970 ele deu o apelido de Herculords a seus potentes *sound systems* – que eram muito comuns nas produções de dub e dancehall em seu país – e passou a organizar, de improviso, eventos denominados *block parties* (algo como "festas arrasa-quarteirão") em estacionamentos, praças e outros espaços abertos do Bronx, o berço da cultura hip-hop.

Com intervenções feitas com as mãos sobre discos de vinil em rotação, DJ Kool Herc lançou o embrião das técnicas de discotecagem que seriam aperfeiçoadas por outros nomes da vizinhança. Um deles foi o precoce Theodore Livingston, ou Grand Wizzard Theodore, que com apenas treze anos teria criado o *scratch* – recurso que consiste em movimentar o disco para a frente e para trás, durante sua audição, criando um som de "arranhadura" que, geralmente, acompanha uma trilha instrumental executada simultaneamente em outro toca-discos.

Já Joseph Saddler, o Grandmaster Flash, é apontado como o criador do *back to back*, técnica em que o DJ utiliza dois discos iguais para repetir, seguidamente, determinado trecho cíclico *(loop)* de uma mesma música – em uma espécie de "eco" construído de forma artesanal.

Outros nomes que ajudaram a arquitetar e desenvolver as primeiras técnicas de discotecagem do hip-hop, também nos guetos do Bronx, foram Kevin Donovan e Keith Williams – Afrika Bambaataa e DJ Breakout, respectivamente.

Os movimentos corporais da dança breaking se adaptaram às características dessa nova trilha sonora à medida que a linearidade rítmica convencional começou a dar lugar a construções musicais baseadas na repetição de fraseados e em arranjos instrumentais mais ousados – "quebrados". Com movimentos acrobáticos e pantomímicos, saltos mortais, rodopios rente ao chão e até de ponta-cabeça, o breaking incorpora influências diversas, incluindo desde movimentos de antigos estilos de dança afro-americanos, como o *cakewalk*, o *lindy hop* e o *jitterbug*, a artes marciais exibidas em séries de televisão (principalmente o kung fu) e, com certo parentesco involuntário, até mesmo a capoeira, sua "prima" brasileira.

Parte dos passos é atribuída à influência direta do soul e do funk, bem exemplificada nas performances do mais célebre expoente desses gêneros musicais, James Brown – principalmente quando o mesmo dançava "Get on the good foot", canção lançada em 1972.

Nascido de forma espontânea e sem o propósito inicial de que se tornasse um novo gênero de dança, o breaking contou com esparsas colaborações de diversos dançarinos, muitos deles de origem latino-americana, principalmente porto-riquenha. A falta de registros fidedignos sobre a história da dança legou a parte deles um anonimato que, passados tantos anos, dificilmente deverá ser revertido. Mas alguns dançarinos (ou b-boys, de "break boys") são hoje reconhecidos como personagens muito importantes na criação, aperfeiçoamento e difusão dos movimentos do breaking.

Porto-riquenho radicado no Bronx, Richard Colón, mais conhecido como Crazy Legs, foi um dos fundadores da Rock Steady Crew e se tornou uma das principais referências da dança, principalmente por ter criado alguns movimentos que fazem uso das pernas – não por acaso, seu nome artístico se traduz como "pernas malucas". Outro dançarino, Don Campbell é considerado um dos criadores do estilo locking e do roboting que, como o próprio nome diz, consiste em movimentos "quadrados", semelhantes aos de um robô. 'Boogaloo' Sam Solomon, Mr. Wiggles, Fabel Pabon, Poppin' Taco e Poppin' Pete são referências quando se trata do popping. Entre outros pioneiros da modalidade constam ainda nomes como Shabba Doo, Nate Johnson, Robot Joe, Jimmy D e Jo Jo Torres.[1]

---

1   Até esse período, não só nos EUA como também em outros países – incluindo o Brasil –, todos os movimentos do breaking eram generalizados sob a nomenclatura break, ou "breakdance", como erroneamente rotulou a maior parte da mídia. Mesmo entre seus praticantes, só alguns anos depois se tornaria mais clara a distinção entre *b-boying, popping, locking, uprock* e *electric boogaloo*, subgêneros do breaking, bem como a assimilação dos nomes de cada movimento específico, que aqui não nos cabe detalhar.

É importante frisar que no início dos anos 1990, no Brasil, surgiriam teorias errôneas acerca do breaking, atribuindo à dança significados que não condizem com sua real origem. Uma delas sustenta que o nome breaking seria uma referência crítica à Guerra do Vietnã, encerrada oficialmente no dia 30 de abril de 1975.

Segundo essa versão, alguns movimentos da dança representariam um protesto em nome do grande contingente de soldados – de origem negra ou latino-americana, em sua maioria – que retornavam do combate debilitados ("quebrados") e não recebiam a devida assistência do governo. Por isso, sustenta tal hipótese, alguns movimentos fazem parecer que os dançarinos estão com as articulações quebradas e outros representariam objetos presentes na guerra. O giro de cabeça, por exemplo, em que o dançarino mantém a cabeça apoiada no chão e utiliza as pernas para rodopiar, simbolizaria as hélices dos helicópteros em ação no conflito militar. Já os passos mais "robóticos" seriam uma manifestação contra a substituição, nas indústrias, dos operários por máquinas. Ainda que sejam teorias meigas e românticas, essas explicações sobre o significado do breaking são refutadas pelos principais b-boys que testemunharam e participaram de seu surgimento – entre eles o próprio Crazy Legs, considerado um dos principais nomes da dança.

Tais versões, reproduzidas em diversas reportagens e trabalhos acadêmicos no Brasil, teriam sido criadas por algum pesquisador anos depois do surgimento do breaking para dar um toque mais "fantasioso" à sua história[2]. Mesmo assim não se pode ignorar que essa versão romântica do surgimento do breaking pode ter sido responsável por "seduzir" muitos novos adeptos e dar novo rumo ao seu desenvolvimento, num possível exemplo da desinformação que, repetida à exaustão, passaria a ser adotada como "verdade", de forma a doutrinar novas gerações de dançarinos.

---

[2] Admito ter sido um dos que reproduziram essa versão, em meu trabalho de conclusão de curso *Resistência, Arte e Política - registro histórico do rap no Brasil* (Bauru, FAAC/Unesp, 2001). Ainda que tardiamente, registra-se aqui a devida correção.

Mas uma característica que marcou o breaking foi seu caráter pacificador, sobretudo num contexto em que brigas de gangues eram frequentes e invariavelmente terminavam com mortes nos guetos nova-iorquinos. Preocupado com esses conflitos, Afrika Bambaataa, ele mesmo um influente ex-integrante da gangue Black Spades, percebeu na sadia prática da dança um forte potencial sociabilizador e sugeriu que as diferenças fossem resolvidas "no chão", sem violência. Na disputa por ele sugerida, o dançarino que mais empolgasse o público com sua sequência de dança dentro de determinado período de tempo seria considerado o vencedor. Assim surgiu a batalha entre b-boys, também conhecida como "racha", que pode ser individual ou entre grupos. Na época a dança de rua se mostrou um instrumento bastante eficaz no sentido de reduzir os preocupantes índices de violência entre os jovens negros e de origem latino-americana. Muitos membros de gangues violentas acabaram se desligando da vida criminosa e passaram a fazer parte de "gangues" de breaking[3].

Em 1983 dois lançamentos cinematográficos foram cruciais para popularizar o novo estilo de dança: os longametragens *Flashdance* e *Wild Style*.

O primeiro era um musical romântico que ainda trazia algumas influências da música disco e, entre outros tipos de dança, abriu um curto espaço para o breaking – mas suficiente para deixar muitos jovens fascinados. Além de ter se tornado sucesso de bilheteria, com arrecadação superior a cem milhões de dólares, Flashdance eternizou sua trilha sonora, que vendeu mais de seis milhões de cópias só nos EUA (sendo 700 mil nas primeiras duas semanas após seu lançamento) e fez duas canções ficarem marcadas, por muitos anos, como hits de academias de dança: "Flashdance... What a feeling", de Irene Clara, e "Maniac", de Michael Sembello.

---

3   É importante esclarecer que, no hip-hop, a expressão "gangue" é usada para definir um coletivo de dançarinos de breaking, mas sem o sentido pejorativo ou associado à violência a que tal palavra costuma remeter. No Brasil, alguns grupos preferem utilizar as expressões mais comuns em inglês, "gang" ou "crew".

Já o segundo filme, *Wild Style*, focado especificamente no universo hip-hop, contou com participações de importantes nomes pioneiros da emergente cultura de rua nos EUA, como Grandmaster Flash, Fab 5 Freddy e a própria Rock Steady Crew, entre outros. À exceção de algumas cenas com b-boys em raros videoclipes da época – como "Planet rock", de Afrika Bambaataa; "All night long", de Lionel Richie; e "I feel for you", de Chaka Khan – e peças publicitárias que mostravam breves segundos de passos de breaking na televisão, como a propaganda de um refrigerante, foi por meio desses dois filmes que muitos brasileiros começaram a ter um contato mais aprofundado com a curiosa e impressionante dança que vinha seduzindo jovens de todo o mundo.

O acesso a informações culturais vindas do estrangeiro era bastante difícil, sobretudo para uma manifestação nascida nos guetos. Porém, para quem apreciava soul e funk e vinha acompanhando os lançamentos musicais desses gêneros, já era possível perceber que, associado àquela nova dança, no seio da música negra também surgia um ritmo diferente e inovador.

Até então a palavra "rap" ainda era pouco difundida. No Brasil o novo gênero musical vinha sendo chamado de "funk falado" ou "tagarela". Alguns ainda o chamariam de "peso" ou "balanço" até que o nome rap se popularizasse em definitivo.

Os primeiros raps

A tônica das festas arrasa-quarteirão era o improviso. O objetivo inicial era criar, no Bronx, os espaços de lazer e diversão de que seus moradores tanto sentiam falta e que lhe eram negligenciados pelo poder público. Caixas de som eram afixadas em postes, muros ou portões. Palanques e palcos eram arranjados com caixotes, paletes, lonas, barris, placas metálicas e qualquer outro objeto que, com a criatividade brotada da necessidade, pudesse incrementar a estrutura dos eventos inventados em ruas, praças ou estacionamentos.

O nascimento da cultura hip-hop

Nascida no Bronx, nos guetos de Nova York, em meados da década de 1970, a cultura hip-hop é compreendida por quatro manifestações artísticas: o DJing (discotecagem) e o MCing (arte de rimar) que, juntos, formam a música rap; a expressão corporal do breaking; e o graffiti, invadindo o universo das artes plásticas.

O hip-hop nasceu como uma alternativa para suprir a carência de lazer e cultura dos moradores locais, em sua maioria negros e hispano-americanos. Na época, eram organizadas festas "arrasa-quarteirão" (as chamadas "*block parties*"), com potentes caixas de som instaladas nas ruas. Os primeiros DJs que se destacaram no Bronx foram o jamaicano DJ Kool Herc, Afrika Bambaataa, Grandmaster Flash e DJ Breakout.

De início, os MCs (mestres de cerimônia) só entretinham e animavam o público, mas logo surgiram as primeiras rimas ao ritmo das trilhas colocadas pelos DJs, dando origem ao rap - que, em pouco tempo, iria se tornar o mais rentável gênero da indústria fonográfica norte-americana.

Ao mesmo tempo, o graffiti se alastrava como uma maneira bastante popular que aqueles mesmos jovens de periferia encontravam para se expressar, sobretudo utilizando os vagões de trem e metrô como "painéis" ambulantes. Ainda nos guetos, a dança breaking também via o número de adeptos se multiplicar.

Identificadas as afinidades entre rap, breaking e graffiti, formou-se a cultura hip-hop - expressão que havia sido criada por Bambaataa em 12 de novembro de 1974, exatamente um ano após a fundação da Universal Zulu Nation, organização mundial da cultura de rua. Como a violência tinha índices elevados no Bronx, ele teve a ideia se substituí-la pelas práticas artísticas, sugerindo que as diferenças fossem resolvidas através de batalhas de breaking ou rimas.

Com o tempo, a cultura hip-hop se espalhou por outras cidades dos EUA e, em seguida, por todo o mundo, tornando-se um dos principais fenômenos culturais das últimas décadas.

Em outra gambiarra, em algumas vezes a energia elétrica era puxada da fiação da rua, irregularidade conhecida no Brasil como "gato". E as próprias técnicas de discotecagem, com as já mencionadas intervenções manuais sobre os discos de vinil, também denotavam improviso puro, pois eram o recurso que restara aos jovens que queriam se manifestar por meio da música, mas não tinham acesso a instrumentos caros ou a uma educação musical formal. Assim, fizeram dos toca-discos seus instrumentos musicais e desenvolveram complexas e impressionantes técnicas de como "tocá-los".

A ideia de rimar sobre as trilhas instrumentais criadas nessas festas começou em meados dos anos 1970, com DJ Kool Herc, inspirado em referências anteriores, como o *toasting* jamaicano,[4] a irreverência radiofônica de DJ Hollywood,[5] o grupo The Last Poets e o músico e escritor Gil Scott-Heron.[6]

De início o objetivo era basicamente animar e interagir com a multidão de forma descontraída, lançando frases de estímulo à dança e à diversão. Essa função de entreter o público logo

---

4   *Toasting* é o nome dado à técnica, criada na Jamaica, de rimar sobre instrumentais de reggae, ska, dub ou dancehall, com versos improvisados ou elaborados previamente, com o objetivo de interagir com o público, estimulá-lo e, assim, conduzir o ritmo da festa.

5   DJ Hollywood também é considerado um dos primeiros a fazer rap dentro do contexto do hip-hop nos EUA. Em meados dos anos 1970, ele animava o público rimando ao microfone de forma bastante descontraída, enquanto fazia performances de discotecagem no lendário Teatro Apollo – apresentações que influenciaram nomes como Kurtis Blow, um dos primeiros MCs da história, e a banda Fatback Band. A reputação de DJ Hollywood foi construída basicamente com apresentações ao vivo, já que seu único registro fonográfico foi o single *Shock Shock the House*, de 1980. Sempre com mensagens positivas e festivas, ele criou bordões que seriam repetidos à exaustão por várias gerações de rappers, como o clássico *"Throw your hands in the air and wave'em like you just don't care"* ("Coloque suas mãos para o alto e balance-as como se não se importasse").

6   The Last Poets foi um grupo de músicos e poetas surgido no Harlem, em Nova York, no final da década de 1960, e que por muitos estudiosos é considerada uma das grandes influências que culminaram com a criação do rap, tanto por seu engajamento sociopolítico quanto pela maneira como declamavam seus versos. Contemporâneo e parceiro deles, o músico e escritor Gil Scott-Heron, falecido em maio de 2011, também é frequentemente lembrado no hip-hop. Uma de suas músicas, de 1974, tornou-se uma espécie de lema muito repetido por diversos rappers: "The revolution will not be televised" ("A revolução não será televisionada").

ganhou mais importância e, em alguns casos, deixou de ser exercida pelo próprio DJ. Surgiu então a figura do MC, o mestre-de-cerimônias *(master of ceremonies)*.

Entre os primeiros MCs que se destacaram na cena do Bronx figuram os nomes de Cowboy e Melle Mel, que empunharam os microfones a pedido do DJ Grandmaster Flash e em pouco tempo se tornaram sensações dos eventos. Com muita habilidade para fazer rimas instantâneas, Melle Mel se tornou um dos primeiros expoentes da técnica que ficou conhecida como *freestyle* ("estilo livre"), com rimas feitas na hora, arte que deu origem aos duelos de rimas bastante semelhantes às existentes na embolada e no repente brasileiros.

Logo novos MCs surgiriam e, mais do que simplesmente fazer rimas de improviso, passariam também a elaborar letras que eram decoradas e ensaiadas antes de ganhar os palcos. Mas o primeiro disco de rap da história ainda levaria alguns anos para ser gravado.

Historicamente a primeira gravação de rap dentro desse contexto foi "King Tim III (Personality jock)", lançada em outubro de 1979 pela banda Fatback. Porém, talvez pelo fato de incluir a expressão "hip-hop" logo em seus primeiros versos, coube à canção "Rapper's delight", lançada uma semana depois pela banda Sugarhill Gang, a fama mundial de 'primeiro rap da história'. De cunho originalmente comercial – foi idealizada pela empresária Sylvia Robinson, então proprietária da gravadora Sugar Hill Records –, a música que sampleava a dançante "Good times", da banda Chic, até ganhou uma paródia brasileira intitulada "Melô do tagarela", gravada em 1980 pelo ator, produtor e apresentador de televisão Luiz Carlos Miéle, em um compacto lançado pela RCA.

Apesar de ter sido concebida com propósito satírico e sem qualquer intenção de difundir a cultura hip-hop, a brincadeira de Miéle foi a primeira gravação oficial de rap em território brasileiro. E, num período em que o mote da maioria das letras era a diversão, a versão de Miéle, escrita pelo músico e ator Arnaud Rodrigues, já continha críticas políticas carregadas de ironia:

> É, sim, de morrer de rir
> Quando a gente leva a sério o que se passa por aqui
> (...) No supermercado, a oferta da semana
> Tudo a preço de banana, o anúncio é um colosso
> Vou comprar alguma coisa, tô vidrado no almoço
> Meu cruzeiro, espero a carne. Pago um quilo, levo um osso
> Levo um carro de dinheiro e trago as compras no meu bolso

Vertente direta do soul e do funk, a *"disco music"* vivera uma febre mundial na segunda metade da década de 1970, projetando nomes como KC and the Sunshine Band, Bee Gees, Village People, Abba, Donna Summer e Earth, Wind & Fire, entre outros. No Brasil, além da influência estrangeira, que incluía o sucesso do filme *Embalos de Sábado à Noite (Saturday Night Fever)*, de 1977, a onda disco fora bastante impulsionada pela novela *Dancin' Days*, exibida pela Rede Globo entre julho de 1978 e janeiro de 1979, além de nomes, na música, como As Frenéticas, Rita Lee e até Tim Maia – que acabara de dedicar seu nono álbum, *Tim Maia Disco Club*, inteiramente ao gênero.

Sócio de uma discoteca chamada Aquarius, em São Paulo, Nahim Jorge Elias Júnior gostava de cantar desde a adolescência. Por aqueles tempos começava a interpretar alguns sucessos de música disco. O produtor musical Mister Sam – o mesmo que havia produzido o *Black Soul Brothers* do músico Miguel de Deus, do qual Nelson Triunfo participara – viu potencial no rapaz com boa voz e pinta de galã e propôs a ele a gravação de um disco em estúdio. Então, aos vinte e oito anos, mas ainda sob o pseudônimo Baby Face, Nahim lançou em 1980 o compacto *Don't Push, Dance, Dance, Dance*, um rap cantado em inglês sobre um instrumental na linha dançante da *disco music*, e que chegou a ser rotulado como "Melô do Tagarela 2". No mesmo ano, já distante do rap, ele lançaria outro compacto em inglês, antes de adotar Nahim como nome artístico e passar a cantar em português – o que o levaria a fazer relativo sucesso no meio pop com canções como "Coração de melão",

"Dá coração" e "Taka taka". Músicas catapultadas com a ajuda de constantes aparições na televisão, sobretudo em programas da TVS/SBT.

Outro rap inusitado que consta entre os pioneiros do Brasil foi gravado em 1982 pelo humorista Sérgio Mallandro, no lado B do compacto *Vem Fazer Glu Glu*. "Mas que ideia" era uma versão de "Ma quale idea", canção gravada em 1980 pelo italiano Pino D'Angiò, que chegou a superar dois milhões de cópias vendidas na Europa e era nitidamente inspirada no funk "Ain't no stopping us now", de 1979, da dupla norte-americana McFadden & Whitehead.[7]

Torna-se válido registrar ainda que, em 1981, o cantor Gerson King Combo, um dos ícones brasileiros do funk original inspirado em James Brown, lançou um compacto em que também cantava rap. "Melô do Mão Branca" fala sobre um suposto justiceiro que, no ano anterior, recebera da imprensa o apelido que deu nome à canção. A Mão Branca eram atribuídas as mortes de supostos bandidos no Rio de Janeiro. Esse foi, portanto, o primeiro rap brasileiro a falar sobre fatos obscuros ou duvidosos em torno do submundo da criminalidade. Nunca foi totalmente esclarecido se o tal Mão Branca existiu de fato ou se foi uma maneira de a imprensa "explicar" assassinatos misteriosos, nunca elucidados, que vinham ocorrendo nas favelas cariocas, e que na grande maioria dos casos vitimava pessoas de pele escura.

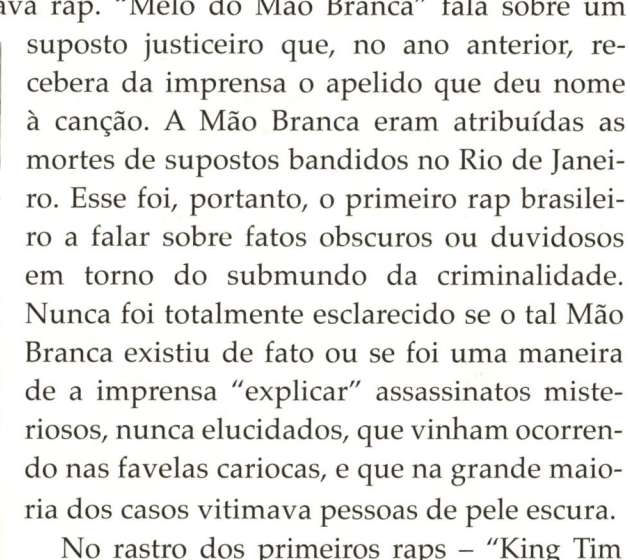

No rastro dos primeiros raps – "King Tim III" e "Rapper's delight" – começaram a surgir nos EUA outros registros fonográficos semelhantes, como "Christmas rappin'" (1979) e "The breaks" (1980), de Kurtis Blow; "Spoonin'

---

[7] Dezesseis anos depois, em 1998, a música de Sérgio Mallandro teria seu refrão parafraseado pela dupla de rappers Piveti e Branco, na canção "Boa ideia", incluída no álbum *Elos da Vida* (Paradoxx Music).

rap" e "Love rap" (1979), de Spoonie Gee; "Funk you up" (1979), do trio feminino The Sequence; "Feel the heartbeat" (1980), de The Treacherous Three; "Rapture" (1981), da banda Blondie;[8] e "The message" (1982), de Grandmaster Flash & The Furious Five, entre outros. Algumas dessas canções passaram a ser executadas nos principais bailes de música negra de São Paulo e, rapidamente, ganharam mais espaços.

Assim como a trilha sonora do hip-hop conquistava novos admiradores, sua dança também passava a despertar a curiosidade das equipes que faziam performances de soul e funk – entre elas, liderada pelo sempre inovador Nelson Triunfo, estava a Funk & Cia.

Por invenção da mídia outro importante "garoto-propaganda" do breaking naquele período foi o astro pop Michael Jackson, que fazia muito sucesso com seu sexto álbum solo, *Thriller*, lançado no dia 30 de novembro de 1982. Este disco viria a se tornar o recordista absoluto de vendas de todos os tempos, tendo cravado a marca de dezenas de milhões de cópias em três décadas – em fontes distintas, o número oscila de 40 milhões a até mais de 110 milhões de unidades vendidas em todo o mundo.

Michael Jackson adotara alguns movimentos do breaking ao seu estilo peculiar de dança. Na festa de vinte e cinco anos da gravadora Motown, no dia 25 de março de 1983, ele surpreendeu o mundo com um passo "mágico" em que, de costas, deslizava para trás enquanto movimentava suas pernas como se caminhasse para a frente. O movimento já era praticado no anonimato das ruas de Nova York e pelo b-boy Boogaloo Shrimp – que também se tornou ator –, mas ainda não havia ganhado projeção midiática. Originalmente batizado como *"backslide"*, por causa de Michael Jackson ele acabou por se popularizar em todo o mundo como *"moonwalk"*.

---

8   Tudo indica que Deborah Harry e Chris Stein, do Blondie, foram os primeiros brancos a gravar um rap. Stein também participaria, em 1983, da trilha sonora do filme *Wild Style*. Nela fez três parcerias, com DJ Grand Wizzard Theodore ("Subway theme"), Grandmaster Caz ("South Bronx Subway Rap") e Fab 5 Freddy ("Down by law").

Alguns registros antigos atribuem a autoria do passo ao dançarino Bill Bailey. No filme *Cabin' in the Sky*, de 1943, ele já aparecia a deslizar para trás, de maneira muito parecida, durante uma apresentação de sapateado *(tap dance)* ao som de jazz.

Apesar de nunca ter sido b-boy e de ter usado apenas alguns movimentos comuns ao breaking, Michael Jackson foi adotado pela mídia como "ícone" da nova dança. Inclusive, quando foi convidado por uma editora para fazer fotos de um passo-a-passo sobre "Como dançar o break", Nelson Triunfo ficou profundamente irritado com um recurso marqueteiro criado pelos editores da revista que as publicou, onde se podia ler: "Aprenda a dançar break como Michael Jackson".

Uma das primeiras canções que se tornaram clássicas entre os b-boys foi "Rockit", do músico de jazz Herbie Hancock, lançada em junho de 1983 como single de seu trigésimo-quinto álbum, *Future Shock* – em sua fase de experimentos sonoros com o ritmo então denominado *electro funk*. Hancock dividiu a autoria da música com os experientes músicos Bill Laswell e Michael Beinhorn. Além do instrumental "quebrado" (breakbeat) e cheio de sintetizadores, "Rockit" apresentava ainda uma performance inovadora de discotecagem feita por DJ Grandmixer D.ST – que alguns anos depois mudaria seu nome artístico para Grand Mixer DXT –, incluindo muitos scratches com o lado B do álbum *Change the Beat*, lançado no ano anterior por Fab 5 Freddy.

"Rockit" atingiu rapidamente o topo das paradas musicais nos EUA e no Reino Unido, arrebatando, em fevereiro do ano seguinte, o prêmio Grammy de melhor música instrumental no gênero R&B, e dando importante contribuição para a disseminação do hip-hop. Futurista e repleto de efeitos especiais, com robôs e manequins dançantes, o videoclipe da canção também ganharia, ainda em 1984, cinco premiações no Video Music Awards (VMA) da MTV dos EUA.

A rua é pública!

Depois de retornar dos EUA, onde residira por algum tempo, no início de 1983 um amigo de Nelson Triunfo chamado Luís o contou, empolgado, sobre a efervescência do breaking naquele país. Descreveu com detalhes a maneira como os dançarinos se contorciam, faziam acrobacias que desafiavam as leis da física e rolavam ou giravam de cabeça no chão. Mostrou revistas com fotografias que confirmavam tais relatos e até indicou nomes de filmes e videoclipes de referência. Para um amante de todo tipo de dança, aquela descrição soou como se um novo planeta tivesse sido descoberto.

Havia um curioso horizonte a ser desbravado, pensou Nelsão, que prontamente se pôs a pesquisar a respeito do breaking junto aos músicos, dançarinos, discotecários e outros agentes culturais que conhecia, além de amigos que pudessem trazer quaisquer informações dos EUA. Semanas depois, mesmo sem saber ao certo como eram os passos, já começava a praticá-los ao seu modo, com muita intuição e improviso. Embora não fosse digna de comparação com a dos autênticos b-boys norte-americanos, logo criou uma coreografia peculiar que misturava seu estilo irreverente, mais apegado ao soul e ao funk, ao pouco que sabia sobre aquela nova dança.

Aos poucos, junto aos companheiros de Funk & Cia, continuou a aprimorar os movimentos. Desenvolveu sequências performáticas que começaram a maravilhar o público nos bailes, sobretudo na casa noturna Fantasy. Mas sentia que, apesar do prazer que proporcionava, dançar nos salões era algo limitador para uma manifestação que nascera nas ruas.

Então, inspirado no episódio em que livrara os pássaros das gaiolas uma década antes, quando percebera o valor de ser livre, ainda no início de 1983 Nelsão decidiu levar a dança para os espaços públicos da região central de São Paulo. Segundo havia pesquisado, fenômeno semelhante vinha ocorrendo não só na matriz norte-americana, como também em outros países por onde o breaking se disseminara. Não lhe parecia lógico que uma dança nascida nas ruas se confinasse dentro de salões que limitavam sua visibilidade.

Cerca de cinco anos antes Nelsão, seus companheiros de Funk & Cia e outros amigos já tinham arriscado alguns tímidos passos de dança soul e funk nos arredores do Viaduto do Chá, que desde a década de 1960 se firmara como tradicional ponto de encontro da juventude negra em São Paulo. Todas as sextas-feiras o local se transformava em uma espécie de central de informações culturais e sociais dos pretos, que ali se inteiravam das novas músicas, gírias, modas, cortes de cabelo e muitos outros assuntos. O principal mote, é claro, era a divulgação de eventos, que se dava por meio dos "circulares", como eram chamados os panfletos da época. Para atrair a atenção dos transeuntes, muitos tinham estampa e formato semelhantes às de uma cédula de dinheiro.[9] Enfim, a reunião informal naquela região da cidade era a única maneira de um morador da zona sul saber a respeito de uma festa que seria realizada na zona norte, por exemplo, ou de uma equipe de som da zona oeste tomar conhecimento de algum baile agendado na zona leste. Ali os habitantes dos extremos da cidade faziam o intercâmbio de suas peculiaridades, costumes, diferenças e semelhanças.

Mas avancemos novamente ao início de 1983. Foi perto daquele mesmo ponto o primeiro espaço ocupado por Nelsão e seus companheiros exclusivamente para a prática da dança, que já adotava aqueles movimentos meio "quebrados" e um pouco diferentes do estilo soul: a escadaria do Teatro Municipal, na praça Ramos de Azevedo. Dias depois migraram para o espaçoso calçadão localizado no outro lado da rua, defronte à antiga loja de departamentos Mappin.

Com a ajuda de Heloisa o grupo se produzia com roupas extravagantes e coloridas, que invariavelmente incluíam calças folgadas, agasalhos esportivos, chapéu (ou boné), tênis (geral-

---

9   Os anúncios também traziam boa dose de auto-estima e bom humor, como nos nomes dos bailes – Noite da Elegância e Baile Negro é Lindo, por exemplo. Já os textos dos circulares que anunciavam os bailes da Musicália no Club Homs brincavam com a exigência de trajes específicos que os clubes "dos brancos" faziam, mas definia-os como "lindo – lindo", "bem-vindo (lindo) amizade" e "inverno – lindo", entre outros figurinos.

mente, das marcas All Star ou Adidas), jeans McCoy's, luvas e outros adereços inventados ou adaptados. Como sempre fizeram, algumas peças eram customizadas de forma caseira, na base do improviso, com costuras extras, tinta de tecido, guache, bordados, arrebites e o que mais a criatividade permitisse.

A rotina era a mesma: com seus trajes aberrantes os dançarinos levavam seus imensos *boomboxes* (como denominam os enormes aparelhos de som portáteis) para o ponto escolhido, apertavam o *play* e, sem qualquer cerimônia, formavam uma roda. Em poucos minutos uma multidão de curiosos os cercava, de forma a colorir e descontrair a mecânica rotina da área central da cidade. Isso, numa época em que a poluição visual e a presença de ambulantes e outros informais eram inferiores ao que se vê na atualidade.

No horário de almoço a aglomeração ganhava, por alguns minutos, a adesão dos sempre apressados trabalhadores do comércio local e office-boys – que, em muitos casos, admiravam aquele estilo de dança ou até chegavam a participar da roda, mesmo com o receio de serem flagrados a burlar o horário de serviço. Anos mais tarde alguns deles se tornariam nomes conhecidos na cena hip-hop.

Alguns funcionários do Mappin apreciavam a roda de dança e até colaboravam com a equipe de Nelson Triunfo. Como o piso do calçadão era irregular, eles costumavam separar e guardar caixas de eletrodomésticos de grande porte, como geladeiras e fogões, para que os b-boys as improvisassem como tablado. Macio e escorregadio, o papelão amortecia o impacto dos movimentos mais radicais e permitia que os dançarinos fizessem a festa até mesmo na mais áspera das calçadas.

Mas o grupo não se restringiu àquele limitado perímetro e, ainda itinerante, chegou a levar sua dança para outras áreas da cidade, como a Praça da República, a Praça da Sé, o Parque do Ibirapuera e até mesmo a avenida Paulista. Nelson Triunfo e seus companheiros aproveitavam o fato de se tornarem atrações instantâneas, nas calçadas improvisadas como palcos, e usavam o chapéu para pedir contribuições, o que também servia para medir a aceitação de sua dança junto aos transeuntes. Assim, podiam custear alguns lanches e as passagens de ônibus ou trem que alguns deles desembolsavam para chegar ao centro. E, principalmente, reservar dinheiro para comprar pilhas para a próxima sessão, já que os enormes aparelhos de som usavam seis ou oito unidades grandes, que pesavam no bolso e eram consumidas muito rapidamente.

Essa apropriação dos espaços públicos sob o ritmo do funk inspirou Gilberto Gil a compor a música "Funk-se quem puder", incluída em seu álbum *Extra*, lançado naquele mesmo ano. Numa época em que o conceito de videoclipe ainda era vago, sobretudo no Brasil, a canção ganhou uma produção audiovisual que fundiu cenas de Nova York com imagens gravadas nas ruas do centro de São Paulo, com a participação de Nelson Triunfo, alguns integrantes do Funk & Cia e outros convidados. Até mesmo Heloisa aparece no vídeo, exibido na Rede Globo. Versos de "Funk-se quem puder" diziam

> Funk-se quem puder
> É imperativo dançar, sentir o ímpeto
> Jogar as nádegas na degustação do ritmo
> Funk-se quem puder
> É imperativo tocar fogo nas vértebras
> Fogo nos músculos
> Música em todos os átomos

Vale lembrar que alguns anos antes, depois de retornar de uma viagem à África, Gilberto Gil já havia mencionado o fenômeno soul na música "Refavela", faixa-título de seu décimo-primeiro disco, lançado em 1975.

> A refavela revela o passo
> Com que caminha a geração
> Do black jovem, do Black Rio,
> Da nova dança de salão

Caju e Castanha

Outros artistas de rua também faziam do centro da cidade seu palco e ganha-pão. Eram sanfoneiros, grupos de música indígena, palhaços, mágicos, malabaristas... e emboladores, como os irmãos José Albertino da Silva e José Roberto da Silva, que se identificavam, respectivamente, como Caju e Castanha.

Pernambucanos de Jaboatão dos Guararapes, onde já eram respeitados pela facilidade de fazer rimas de improviso, já tinham gravado em 1978 o disco *Nordeste, Cordel, Repente e Canção*, com participações de Zé Ramalho e Elba Ramalho. Mas a "fama" efêmera ainda não os tirara da pobreza fadada à maioria dos moradores daquela região.

No início da década de 1980 ambos decidiram migrar para São Paulo em busca de oportunidades artísticas mais promissoras. Na maior metrópole brasileira eles se apresentavam dentro de ônibus e trens, mas era nas ruas que conseguiam angariar mais trocados ao "passar o chapéu" em troca de rimas instantâneas, perspicazes e recheadas de bom humor e da hilária malícia nordestina.

Numa certa tarde Caju e Castanha começaram a fazer rimas perto da Praça da República e, como de costume, uma roda de curiosos se formou. Quando se aproximava o momento de fazer uma pausa para passar o chapéu, de repente o público começou a se dispersar e debandar para outra aglomeração, formada a uns cinquenta metros dali. Eram Nelson Triunfo e seus companheiros que, com seus trajes chamativos e cheios de estilo, tinham acabado de ligar o *boombox* e armar uma roda de breaking. Quando os dançarinos pararam para descansar um pouco e passar o chapéu, um furioso Castanha se dirigiu a Nelsão:

– Oxe, cabra! Como é que tu me faz uma coisa dessas? A gente tava sossegado ali, batendo o nosso pandeirinho, e bem na hora de passar o chapéu você me arma uma roda de dança bem do lado e rouba o nosso público todinho? Pense num cabra irritado...

– Oxe, mas me desculpa... Sou pernambucano também e gosto muito de embolada, man. Eu não quis atrapalhar vocês, não... Mas a gente pode fazer o seguinte: fica aqui do lado por perto e daqui a pouco eu vou anunciar Caju e Castanha pro povo aí na roda. Aí vocês entram pra embolar um pouquinho e ganhar o seu dinheirinho também. Que tal, man?

Diante dessa cortesia Caju e Castanha esfriaram a cabeça, fizeram amizade com Nelsão e, a partir de então, até passaram a combinar um rodízio com ele: quando a roda de dança se instalava em determinada esquina os repentistas seguiam para outro local, a certa distância dali. Depois trocavam de lugar, de modo a garantir um compartilhamento justo dos pontos mais movimentados.

Com o passar dos anos Caju e Castanha teriam seu talento reconhecido pela grande mídia e se consolidariam entre os principais expoentes do repente e da embolada, com a gravação de mais de vinte discos nos trinta anos seguintes. Caju viria a falecer em 2001, vítima de câncer no cérebro. Castanha prosseguiria a carreira artística ao lado de seu sobrinho Ricardo Alves da Silva, mantendo o nome da dupla que criara com o irmão.

Perseguição policial
Nelsão e seus companheiros de Funk & Cia pararam de vagar pelo centro da capital em novembro de 1983, quando descobriram o ponto ideal para praticar sua dança, não muito longe do tradicional Viaduto do Chá. O local escolhido era uma calçada formada por placas de uma pedra escorregadia, bastante apropriada para deslizar os pés e girar no chão: a esquina das sempre movimentadas ruas 24 de Maio e Dom José de Barros, próxima à Praça da República. As mochilas eram dispostas num canteiro em que havia um pequeno monumento. A estrutura parecia ter sido feita para eles, pois dispunha de espaço e segurança suficientes para que aqueles apaixonados pela dança pudessem exibir sua arte diante do babilônico público da metrópole mais apressada e cinzenta do país. Companheira inseparável de Nelsão, Heloisa sempre acompanhava as apresentações e auxiliava os dançarinos no que estivesse ao seu alcance, sempre a vigiar as mochilas, providenciar lanches ou água, cuidar da renda obtida com o chapéu e observar a possível chegada da polícia.

A roda de breaking nas ruas irritava alguns comerciantes, que viam nela uma "concorrência" a suas vitrines, além de alimentar uma preconceituosa desconfiança sobre aquelas figuras de visual excêntrico que a frequentavam. A aglomeração era pretexto para que a polícia implicasse com os dançarinos, mesmo que não houvesse qualquer impedimento legal que justificasse a repreensão.

Como ainda se viviam os últimos anos da ditadura militar, uma das alegações era a de que aquela reunião possuía caráter "subversivo". Ainda havia, como herança de comportamento dos tempos do Departamento de Ordem Política e Social (DOPS) – extinto em 1983 –, temor semelhante ao despertado uma década antes, no auge dos bailes de soul e funk, de que no Brasil eclodisse um movimento negro semelhante ao que, nas décadas anteriores, provocara levantes populares pelos direitos civis nos EUA. No entanto, até aquele momento a reunião de dançarinos em solo paulistano não possuía qualquer implicação política específica. Ainda que de forma pontual alguns assimilassem parte das mensagens dos músicos mais engajados, os b-boys eram, em sua maioria, movidos unicamente pelo prazer de dançar.

Por mais estranho que pareça, a imponente cabeleira black de Nelsão era apontada como indício de um possível incentivo à desobediência civil. Afinal, estava fora do "padrão comum". Como não havia nessa suposição motivo para que os dançarinos de rua fossem presos, outra maneira encontrada pelos policiais para desmanchar a roda era pedir para ver suas carteiras de trabalho e, diante da negativa, acusá-los de vadiagem e encaminhá-los à delegacia. Isso não os mantinha presos, mas ao menos rendia cansativos chás de cadeira. Durante meses os dançarinos "transgressores" foram levados diversas vezes para essas longas sessões de inúteis averiguações nos distritos policiais da região central.

Um delegado do 4º DP já se acostumara a ver Nelson Triunfo ser enquadrado e liberado seguidas vezes. Em dada ocasião, nitidamente cansado de perder tempo com aquele magrelo cabeludo que não parecia representar qualquer perigo e por quem até tendia a nutrir certa simpatia, ele advertiu o policial que o conduzira à sua presença:

– De novo esse cara? – questionou. E, com os olhos em Nelsão, prosseguiu – Por que trouxeram você aqui outra vez, cabeludo? O que cê andou aprontando?

– Com licença, doutor. Olhe... pra falar a verdade eu não gosto nem um pouco de vir até aqui e nem sei por que foi que me trouxeram, porque eu não fiz nada de errado. Mas toda vez insistem em me trazer e eu vou fazer o que, recusar e apanhar?

Diante de um policial constrangido por não saber explicar qual tinha sido o delito cometido pelo cabeludo em que vira "atitude suspeita", o delegado ordenou:

— Tira esse cara daqui! Libera ele, pô! Vai embora daqui, cabeludo!

Em outro episódio, diante da roda de dança na rua, um policial disse a Nelsão que a multidão atraída pelos dançarinos era um recurso para facilitar furtos que, segundo insinuou, seriam cometidos por possíveis cúmplices dele. O oficial ainda o desafiou:

— Se não quiser desmanchar essa roda de dança, você vai ser responsabilizado se alguém for roubado ou furtado neste calçadão!

A acusação velada, que soou como uma agressão aos ouvidos daquele apaixonado pela dança, foi rebatida de forma corajosa:

— Eu faço isso sim, mas desde que o senhor também responda pelos crimes cometidos em outros lugares! Enquanto vocês ficam impedindo a gente de dançar, e eu não vejo nada de errado nisso, tem muita gente sendo roubada por bandidos de verdade por aí – retrucou Nelsão. O tom desafiador foi repreendido por olhares indignados do policial, mas a presença de dezenas de testemunhas simpáticas àquele magrelo abusado inibiu o oficial e evitou que aquele desentendimento se prolongasse ou se acirrasse.

Houve um incidente mais sério e, de certa forma, engraçado. Nelsão e seus parceiros costumavam andar pelas ruas do centro com os olhos distantes, sempre atentos ao brilho dos "peniquinhos", como chamavam os capacetes arredondados dos policiais que costumavam importuná-los. Num certo fim de tarde, minutos depois de encerrar uma roda de dança, ele seguia pelas ruas do centro acompanhado de Dom Billy, Pierre e Star.

Como já começava a escurecer e conversavam distraídos, eles não perceberam a aproximação de um par de peniquinhos e foram parados por dois policiais. Como era de costume, mesmo sem ninguém ter resistido a abordagem foi feita de forma truculenta, com desnecessários xingamentos, empurrões, tapas e chutes nas canelas com os bicos metálicos dos coturnos. Diante da insistência de um dos guardas, que já tinha revistado os dançarinos e continuava a insinuar que eles portariam alguma substância ou objeto ilícito, Nelsão retorquiu:

– Senhor, por favor. A gente não tem nada de errado, não cometeu nenhum crime e tem horário pra chegar num compromisso aí... Então, se o senhor pudesse...

– Cala a boca, cabeludo abusado! – esbravejou o policial, irritado, ao dar outro pontapé em sua canela e empurrá-lo contra a parede – Eu vou revistar vocês e não tem conversa!

Nelsão, então, se descontrolou. Num acesso de cólera, resolveu externar toda a indignação que se acumulara ao longo de várias investidas semelhantes, recebidas ao longo de muitos meses em que sempre permanecera calado e se submetera a outras abordagens excessivamente enérgicas.

Sem se dar conta do risco que correra com esse gesto, virou-se de frente para o agente, desafivelou o cinto e abriu o zíper da calça:

– Ah, é? O senhor quer mesmo ver o que é que eu tenho aqui? Então dá uma olhada nisso aqui, man! – desafiou, ao abaixar a calça e colocar sua genitália à mostra.

Furiosos, os dois policiais não hesitaram diante de tamanho atrevimento: imobilizaram Nelsão, algemaram-no e levaram-no preso por desacato à autoridade e atentado ao pudor.

Recolhido a uma cela apertada, o cabeludo atrevido só escapou da surra a que eram submetidos todos os recém-chegados desconhecidos porque teve sorte igual à de anos antes, quando fora preso com o pijama semitransparente na porta do Colégio Sobradinho. Agora Nelsão era reconhecido por Macalé, um respeitado bandido que agia em Jundiaí e, na época em que ainda estava em liberdade, era assíduo frequentador dos bailes black.

– Ninguém vai mexer com o cabeludo aqui porque esse é meu brother – impôs o criminoso, que era uma das lideranças daquela prisão.

Enquanto esteve detido, Nelsão deixou de fazer uma apresentação que estava agendada com o Funk & Cia e só foi solto depois de três dias de muito transtorno, em que seu irmão Frank e Heloisa tiveram de recorrer à ajuda de vários amigos para conseguir pagar um advogado e livrá-lo das grades.

Creolina

Quando não eram os policiais, alguns comerciantes é que implicavam com as rodas de dança no centro de São Paulo. Poucos eram os que apoiavam e aplaudiam a turba – em sua maioria, donos de lojas de discos de música negra e cabeleireiros black instalados nas chamadas Grandes Galerias da rua 24 de Maio.

Um episódio marcante nessa rua ocorreu no calçadão preferido dos b-boys, defronte à loja de departamentos Mesbla, na esquina com a Dom José de Barros. Irritada com a presença diária dos dançarinos, a gerência da loja não tinha poder legal para impedi-los de ficar por ali, já que se tratava de um espaço público. Numa certa manhã, quando chegaram ao calçadão, Nelson Triunfo e seus companheiros foram surpreendidos:

o chão estava cheio de desinfetante Creolina. Viscoso e com cheiro forte e desagradável, o produto era um obstáculo e tanto para a prática do breaking.

O fato começou a se repetir diariamente e, para poder dançar, os b-boys tinham de levar jornal, panos e detergente para limpar o local antes de abrir a roda.

Indignado, Nelsão teve a ideia de ficar à espreita no local para descobrir quem era o responsável por encher de desinfetante aquele espaço tão apreciado pelos b-boys. Arranjou um saco de dormir emprestado com um amigo, pegou o último ônibus para o Largo do Paissandu, ali perto, e se acomodou no canteiro da própria esquina visada, como um mendigo. A média distância, cochilou um pouco e por volta das cinco horas da manhã começou a vigiar o calçadão. Em dado momento a porta da Mesbla se abriu, um funcionário saiu com um balde na mão e, quando o mesmo sacou a lata de Creolina, foi surpreendido.

Com um berro imponente, Nelsão se aproximou de supetão:
– Ei! O que é que cê tá fazendo aí, man?

Não bastasse ser uma figura de visual extravagante, ele estava com olhar raivoso, cara de sono, rosto amassado e a gigante cabeleira totalmente desgrenhada, o que realçava a impressão de que se tratasse de uma assombração, um ser das trevas, um bicho-papão, algo do tipo. O funcionário ficou tão amedrontado que sentiu um mal súbito e desmaiou. Nelsão ficou preocupado. "Será que matei o cara de susto?", chegou a pensar.

Quando viu que o homem, ainda atônito, recobrava a consciência, tratou de acalmá-lo:

– Fica sossegado, man! Não vou fazer mal pra você, só quero conversar – disse Nelsão, ao perceber que o homem ainda estava meio aturdido. – Não é nada legal você ficar passando essa porcaria de Creolina no chão todo santo dia, bem onde a gente dança! Pra quê isso, maluco?

Ainda assustado, entre soluços e gaguejos o funcionário da Mesbla se desculpou e jurou que apenas cumpria ordens da gerência. Disse também que o gerente da loja poderia ser encontrado no período da tarde.

Horas depois, mais calmo e já com discurso ensaiado, Nelsão retornou ao local e procurou o tal gerente, que após certa relutância resolveu atendê-lo. O responsável pela "sabotagem" aos dançarinos argumentou que via na roda de dança um obstáculo para os clientes que procuravam a loja. Articulado e comunicativo, Nelsão sabia dosar o linguajar de acordo com o interlocutor e, de forma polida, contornou o contratempo.

– Se é por causa disso, até peço desculpas se a gente causou incômodo. Mas não adianta nada jogar Creolina na calçada, man... porque a gente vai continuar dançando de qualquer jeito – disse, antes de lançar uma proposta. – A gente podia fazer um acordo. Eu desloco a roda de dança um pouco mais pra lá, pra não atrapalhar a passagem ali naquele canto, e também posso fazer propaganda da loja de vocês. Que tal?

E foi com essa diplomacia informal que Nelsão conseguiu se livrar para sempre da Creolina e melhorar o relacionamento com os comerciantes menos receptivos aos dançarinos. Depois desse dia, nos intervalos que comandava na roda para dialogar com o público, passou a incluir referências e pedir "uma salva de palmas para a Mesbla, que apoia as nossas apresentações", além de conclamar seus espectadores para conferirem as ofertas do dia. Supõe-se que a jogada de marketing improvisado tenha agradado o gerente da loja, já que daquele dia em diante a calçada não voltou mais a ser tomada por desinfetante.

A febre do "break"

A disseminação do breaking no Brasil ganhou muito mais força no início de 1984, a ponto de a dança se tornar uma verdadeira "febre" popular, seguindo uma tendência mundial. Naquele mesmo ano, fora do país até mesmo um jogo chamado Break Dance chegou a ser lançado para a plataforma do computador Commodore 64. Outro fato marcante fora a apresentação do músico Lionel Richie na abertura dos Jogos Olímpicos de Los Angeles junto a alguns b-boys – curiosamente, um deles enveredaria para o cinema de forma exitosa e treze anos depois viria a ser agraciado com o Oscar de melhor ator coadjuvante: Cuba Gooding Jr.

Um fato que muito contribuiu para que o breaking se tornasse um fenômeno de massa foi o lançamento do filme *Beat Street*, que no Brasil ganhou o nome *Na Onda do Break*. Entre elenco e trilha sonora as participações incluíam vários nomes representativos do hip-hop, que vinha se tornando algo irrefreável nos EUA – por exemplo, DJ Kool Herc, Afrika Bambaataa (que concebeu a expressão "hip-hop" e fundou a organização Universal Zulu Nation) e Grandmaster Flash (criador de várias técnicas de discotecagem), além de DJ Jazzy Jay, Doug E. Fresh, Soul Sonic Force, Rock Steady Crew e New York City Breakers, entre outros. Em pouco tempo este filme se tornaria uma espécie de vídeo-aula de fundamental importância para que o hip-hop começasse a ser compreendido como uma cultura mais ampla – que, além da dança, inclui o graffiti e a música rap, até então conhecida no Brasil como "funk falado" ou "tagarela".

A transformação daquela nova manifestação cultural em modismo teve dois efeitos para o "breakdance", ou "break", rótulos que a dança recebeu da mídia em todo o mundo, e que não seria diferente por aqui. De certo modo, popularizou-a, abriu portas para ela e possibilitou sua projeção nos veículos de comunicação. Por outro lado banalizou-a, dificultando que ela pudesse ser compreendida e assimilada como parte de uma cultura mais ampla chamada hip-hop, dentro de um contexto específico com valores que, além da diversão, incluíam conscientização, transformação e reinserção social.

Academias abriram turmas para ensinar o "break", editoras lançaram inúmeras revistas sobre o assunto – que chegou até mesmo aos quadrinhos da Turma da Mônica – e roupas com estampas temáticas tomaram as vitrines, das lojas mais populares aos *shopping centers*. O "break" estava em todos os lugares.

Inevitavelmente, a indústria do entretenimento também se interessou em tirar proveito da nova onda. Assim, não demoraria muito para surgirem os primeiros registros fonográficos em torno da "dança do momento".

Também as emissoras de televisão logo abririam cada vez mais espaço para o breaking, nos mais diversos programas.

Black Juniors: da feira para a TV

Criados em uma família muito modesta no bairro Educandário, próximo à divisa de São Paulo com Osasco e Taboão da Serra, os irmãos Adilson, Beto, Frank Bruno e Laércio Oliveira, com idades entre treze e dezessete anos, foram alguns dos muitos adolescentes que se apaixonaram pelo breaking à primeira vista. Na época, o pai Paulo era contra a dança, que via como coisa de desocupados, e os proibia de praticá-la. Os garotos, então, costumavam seguir para o campinho de futebol do bairro para treinar os movimentos.

Muito pretos e donos de sorrisos cativantes, os quatro irmãos trabalhavam com o pai em uma barraca de feira e, como o ambiente tradicionalmente exige, anunciavam as ofertas para o público com irreverência e criatividade. Criavam divertidos *jingles* para atrair a freguesia e, aos berros, cantavam sobre as promoções de frutas, legumes e verduras. Um dia o quarteto encontrou um enorme pedaço de papelão e teve a ideia de usá-lo como tablado para dançar breaking em um vão na lateral da banca, mesmo sob o olhar de reprovação do pai. O êxito foi imediato: muitas pessoas se aglomeraram para vê-los dançar e acabaram por fazer algumas compras. Como os feirantes aprovaram aquela jogada de marketing involuntária, que impulsionara significativamente o faturamento do dia, o pai dos quatro garotos acabou por aceitar a dança. A partir de então eles se tornaram uma atração à parte nos dias de feira, usando a dança para atrair a clientela.

O envolvimento dos irmãos com o breaking cresceu rapidamente. Não demorou para que eles também fossem conferir a famosa roda de dança nas ruas do centro. Lá fizeram amizade com Nelson Triunfo, que os apelidou de Funk Juniors, uma carinhosa menção ao nome de seu grupo. Com o padrinho famoso, os garotos logo se tornaram badalados no circuito paulistano e passaram a fazer performances junto com o Funk & Cia na rua e em diversos eventos de música negra. A repercussão foi muito grande entre os organizadores de bailes e as apresentações começaram a render alguns bons trocados para os quatro irmãos. A essa altura a mãe deles, Amélia, conseguira convencer o marido de que aquela dança poderia ser mais que uma mera diversão para os filhos e trazer uma renda ainda mais vantajosa que a obtida com a venda de batatas e tomates na feira.

Ao final de 1983 Nelson Triunfo tinha concebido um projeto ambicioso para os Funk Juniors, que adotara como seus discípulos: a gravação de um disco pela RGE, um de seus contatos do meio musical. Quando levou os garotos à gravadora, porém, lá estava o DJ e produtor musical Mister Sam. Bem-sucedido na música pop, ele nutria especial apreço pela música negra norte-americana e vinha acompanhando com muita empolgação o êxito do soul e do funk – lembremo-nos que, anos antes, ele ajudara Miguel de Deus na produção do já citado *Black Soul Brothers*, do qual Nelsão participara. Mister Sam teve o novo estalo em janeiro de 1984, logo após a décima-oitava edição do Midem (Marché International du Disque et de l'Edition Musicale), feira internacional de música realizada anualmente, desde 1967, em Cannes, na França. Não pôde ir ao evento naquele ano, mas um amigo que lá esteve retornou bastante empolgado, com alguns discos de "break" (como se referia àquela nova vertente musical), e insistia em afirmar que aquela tinha sido uma das sensações do Midem.

Com o tal "break" na cabeça, Mister Sam se interessou pela ideia de Nelson Triunfo e resolveu colocá-la em prática, mas atravessou as conversas com o grupo e deixou-o de fora do projeto. Com mais recursos financeiros, fez uma proposta que era vantajosa e tentadora para a família dos ainda feirantes Adilson, Beto, Frank e Laércio. Eles então se transformaram em Black Juniors e entraram em estúdio sem a participação de Nelsão. Em abril de 1984 lançaram um compacto com a música "Mas que linda estás", que pode ser considerada o primeiro registro sério de rap brasileiro dentro do contexto da cultura hip-hop. Rapidamente os quatro deixaram de trabalhar na feira.

Primeiro *hit* do gênero produzido no país, "Mas que linda estás" renderia ao Black Juniors apresentações em programas de televisão, muitas execuções nas principais rádios FM e discos de ouro e platina. Na época, embalado pela febre do "breakdance", o êxito dos quatro irmãos foi tão grande que eles chegaram a ter sua história contada no programa *Fantástico* e até participaram de um quadro humorístico do *Os Trapalhões*, ambos da Rede Globo, entre outras muitas aparições na televisão. Mister Sam colheu muitos frutos da empreitada e Nelsão, que havia concebido todo o projeto, ficou a ver navios.

Mais discos

O sucesso do Black Juniors só confirmava o quanto a onda do breaking vinha sendo arrebatadora no Brasil. Em qualquer danceteria, mesmo fora do circuito dos bailes de música negra, sempre havia alguém que sabia – ou achava que sabia – reproduzir alguns movimentos da dança que era a coqueluche do momento.

Na televisão praticamente todos os programas de auditório convidavam b-boys para se apresentar. Apresentações da dança eram comuns no *Viva a Noite* e no *O Povo na TV*, do SBT. Um dos destaques de sua grade, o *Sábado Especial*, que tinha Raul Gil como apresentador, vinha abrindo espaço para o breaking com certa frequência. O próprio Black Juniors ganhara grande projeção ao se apresentar no palco deste programa. Ainda no SBT, o *Novos Talentos* também contou com a participação de várias equipes em seus concursos de dança.

No mesmo programa quem também brilhou foram os cinco integrantes do grupo Electric Boogies, todos com idades entre treze e dezoito anos. Um deles, Ricardo Moreira, era recém-chegado dos EUA, onde aprendera alguns passos de breaking. Depois de exibir a novidade em bailes, fez amizade com outros quatro jovens interessados na dança e formou o grupo, com o qual lançou o LP *Break Mandrake*, também em 1984. A repercussão do disco foi menor que a obtida pelo Black Juniors, mas abriu portas para que o Electric Boogies se apresentasse em programas televisivos e em diversas festas por todo o Brasil, o que incluiu até mesmo um show do músico Djavan e uma turnê com o grupo musical infantil Balão Mágico.

No mesmo ano quatro garotas brancas, ex-namoradas de integrantes do Electric Boogies, formaram o Buffalo Girls, equipe com nome nitidamente inspirado na canção "Buffalo gals" – clássico hoje cultuado pelos b-boys, lançado em 1982 pelo artista e empresário inglês Malcolm McLaren.[10] Ainda em 1984 as meninas do Buffalo Girls lançaram o compacto *Quero Dançar o Break*, outro trabalho produzido por Mister Sam, que também as ajudou a ganhar espaço na televisão. Durante um mês as ousadas garotas ficaram em destaque no programa *Barros de Alencar*, que era exibido aos sábados pela Rede Record.

Outro disco que esteve entre os primeiros registros fonográficos do hip-hop brasileiro, impulsionado pelo êxito da dança de rua, foi *Break de Rua*, do grupo Villa Box. Lançado pela gravadora CBS naquele mesmo ano, o trabalho traz na produção as assinaturas de Tony Bizarro, um dos principais representantes do soul brasileiro, e de seu amigo e parceiro musical Frankye Arduini. Apesar disso o som do Villa Box também não obteve êxito semelhante ao do Black Juniors. Uma curiosidade: em março de 1971, com o nome Tony e Frankye,

---

10   Além de ter sido um dos introdutores do hip-hop no Reino Unido, Malcolm McLaren também foi um dos responsáveis pela projeção da banda Sex Pistols, ícone do movimento punk.

ambos tinham lançado um único álbum juntos, de título homônimo, sob direção artística de ninguém menos que Raul Seixas.

Mesmo sem lançar discos, como fizeram Black Juniors, Electric Boogies, Buffalo Girls e Villa Box, outros inúmeros grupos de breaking começaram a pipocar por todo o país. Os melhores e mais criativos faziam verdadeiras turnês por vários estados, levando sua dança aos mais diversos tipos de evento, relacionados ou não à música negra. Há relatos de que na época o breaking chegou a ser apresentado até mesmo em festa de formatura, confraternização de sindicato, feira atacadista e exposição de gado!

Um bom exemplo de como o "break" estava na moda foi o êxito obtido pelo grupo paulistano Break Gang, formado por quatro adolescentes com idades entre treze e dezesseis anos. Destaque no programa televisivo do apresentador Raul Gil, a trupe também fora contratada para usar a dança como chamariz de clientes por uma butique do bairro nobre de Higienópolis e uma loja do portentoso Shopping Iguatemi (o primeiro *shopping center* do país), em São Paulo – lugares frequentados predominantemente por consumidores abastados. Um dos integrantes do Break Gang também dava aulas de breaking em uma academia, onde ensinava até mesmo empresários e madames a "requebrar no embalo do breakdance".

Nessa época Nelsão escreveu um rap chamado "Break de rua", que anos mais tarde rebatizaria como "84 na 24", em referência ao ano em que foi composta e ao nome de uma das ruas para onde levara a dança. A letra desta canção diz:

> Break, break de rua.
> Dance em qualquer lugar, mostre a verdade sua
> Mas nunca se esqueça que sua cultura é original da rua
> Saiu do subúrbio para se projetar
> No centro da cidade chamou a atenção
> Com sua dança mágica como um raio
> Entrou na televisão para toda a nação
> Foi assim no Brasil, como lá no Bronx
> Da periferia para as ruas e academias

Mostrou para muita gente o que ela ainda não via
Mas nem tudo era glória ou só fantasia
De vez em quando o Funk & Cia tinha problemas com a lei
Eles paravam a roda, a gente não desistia
E pra tudo começar era só apertar o *play*

Samba e *Partido Alto*

Sujeito irreverente e comunicativo, impossível de passar despercebido em algum lugar, Nelson Triunfo já tinha se tornado bastante conhecido não só no centro da cidade, onde exibia sua dança quase diariamente, mas também nos arredores do Bixiga, bairro boêmio em que morava. Bom apreciador de samba, se tornara frequentador assíduo dos ensaios da Vai-Vai, que eram feitos a poucas quadras do quitinete em que residira antes de se mudar para o quartinho no Tiquatira.

Na Vai-Vai era considerado um indivíduo amigável e excêntrico, que rapidamente cativou todos, incluindo agremiados, diretoria, carnavalescos, ritmistas e passistas. Sambava com um gingado diferente, que misturava toques de soul, muitos rodopios, cacoetes de molejo nordestino e sua marca registrada: o inigualável chacoalhar da gigante cabeleira black power. Daquele ano em diante desfilaria na avenida por cerca de quinze temporadas defendendo as cores da agremiação. E em 1992, com uma performance inevitavelmente influenciada por passos de soul e funk, viria a ganhar o prêmio Estandarte de Ouro, da Rede Globo, como passista de destaque do Carnaval paulistano.

Cenas de Nelsão a desfilar pela Vai-Vai, inclusive, foram incluídas no premiado documentário *Ôrí* (que significa "cabeça" na língua iorubá), lançado em 1989 pela socióloga e historiadora Raquel Gerber. O filme aborda vários aspectos culturais da diáspora africana no Brasil e o compara com manifestações de outras localidades, misturando imagens coletadas ao longo de onze anos, desde 1977, em quatro estados brasileiros e mais quatro países africanos: Senegal, Mali, Niger e Costa do Marfim. Além de mostrar Nelsão caindo no samba, o documentário também registrou imagens suas em bailes black, inclusive em um show do cantor norte-americano Jimmy Bo Horne realizado pela Chic Show, em 1980, no ginásio da Sociedade Esportiva Palmeiras. Ao longo dos anos seguintes *Ôrí* ganharia pelo menos quarenta prêmios em mais de vinte países diferentes e seria relançado em 2009, depois de ter suas imagens restauradas em um processo que despendeu cerca de quatro anos e envolveu dezenas de profissionais.

Por coincidência, no início de 1984 o designer austríaco Hans Donner e sua equipe desenvolviam o conceito da abertura da novela *Partido Alto*, prevista para ir ao ar pela Rede Globo, e tinham a ideia de filmar uma roda de dança misturando samba e "breakdance". Passistas de qualidade abundavam no Rio e logo foram selecionados alguns da escola de samba Mangueira. Mas e os b-boys?

Um primeiro teste foi feito com alguns dançarinos cariocas, mas o desempenho deles não agradou aos produtores da emissora. Alguém da equipe técnica, então, se lembrou de ter visto um magrelo cabeludo nas fotos da revista que trazia o passo-a-passo de como "dançar break como Michael Jackson". Foram até São Paulo procurá-lo na esquina das ruas 24 de Maio e Dom José de Barros.

Rosto conhecido em diversas reportagens sobre breaking que vinham sendo feitas na época, Nelson Triunfo liderava a roda de dança no local e, por isso, foi o porta-voz do coletivo no contato com o "pessoal da televisão". Convite aceito, ficou encarregado de selecionar cerca de vinte dançarinos para participarem da abertura da novela.

Entre os convocados estavam Mr. Lila, Pierre, Raul, Star, Pepeu, Fred, Dom Billy, Bira, Betão, Nei, E.T., Doni, Deph Paul e Maleiro.

A gravação foi feita em dois dias nos estúdios da

Rede Globo em Jacarepaguá, no Rio de Janeiro – onde em 2005 a emissora inauguraria o Projac (Projeto Jacarepaguá), já transformado em um imenso complexo cenográfico de 1,6 milhão de metros quadrados.

Comparado com os trocados que recebiam nos bailes e shows, o cachê dos dançarinos foi considerado muito bom, mas teve de ficar quase todo no Hotel Othon Palace, onde a trupe ficou hospedada: sem saber que teriam de pagar a conta, eles consumiram quase tudo o que encontraram nas geladeiras dos quartos nos dois dias de hospedagem, incluindo os produtos reabastecidos de um dia para outro. Entre os desfalques cobrados constavam, inclusive, quase trinta garrafinhas de uísque que os b-boys guardaram em suas malas porque, segundo alegariam posteriormente, pensaram que fosse "cortesia" do hotel.

Gravada em estúdio, a abertura de *Partido Alto* foi a mais longa produzida até então para uma novela, com uma média de quarenta segundos a mais que as anteriores. A trilha sonora, interpretada por Sandra de Sá, foi a canção "Enredo do meu samba", composição assinada por Dona Yvone Lara e Jorge Aragão.

No filme os b-boys ostentam trajes multicoloridos e interagem com sambistas de roupas prateadas. Em dado momento da sequência, a roda de breaking se funde com a de samba e tudo termina com um representante de cada estilo, lado a lado, a equilibrar um pandeiro nas pontas dos dedos. Nelson Triunfo, que já era figura carimbada em reportagens impressas e outros programas televisivos, pouco apareceu no vídeo.

A trama da novela abordava o universo do jogo do bicho e do samba, e tinha até uma fictícia escola de samba, a Acadêmicos do Encantado. O roteiro também incluía um personagem singular chamado Mister Soul, um DJ de bailes black inspirado em figuras reais da época, como Monsieur Limá e Ademir Lemos. Interpretado pelo compositor e ator Arnaud Rodrigues (autor do "Melô do tagarela" gravado por Miéle em 1980), na história do folhetim Mister Soul também promovia concursos de breaking em eventos. Exatamente por isso optou-se por filmar a abertura da novela com essa inusitada fusão entre o samba e aquela nova dança de rua.

Partido Alto foi ao ar de 7 de maio a 24 de novembro de 1984, período em que ajudou a manter o breaking em evidência. Muitos amantes de hip-hop e aspirantes a b-boy assistiam diariamente à novela apenas para observar os poucos segundos que mostravam passos de breaking. Para alguns era como se vissem a si mesmos na tela. E alguns oportunistas viam até demais, pois não foram poucas as vezes que Nelson Triunfo e seus amigos se depararam com cartazes de bailes black anunciando indevidamente "a presença dos dançarinos de break participantes de *Partido Alto*", principalmente em cidades fluminenses.

Numa dessas ocasiões, Nelsão e Dom Billy estavam em Petrópolis e resolveram ver quem eram esses tais dançarinos. Bastou chegarem ao local para perceberem que tudo era mentira, pois os tais farsantes que viram no palco nunca tinham estado com eles nas gravações em Jacarepaguá nem no desfalque às geladeiras do Hotel Othon Palace.

– Na verdade, a gente é que participou da abertura da novela – chegaram a comentar, em vão, com uma garota que conheceram na pista de dança.

– Mentira! Os caras que participaram da *Partido Alto* são esses aí em cima do palco...

Fraudes e oportunistas à parte, toda essa exposição que o breaking ganhou na mídia acabou por dar momentos de tranquilidade para sua prática nas ruas, pois a população se tornou mais simpática aos dançarinos e isso reduziu um pouco a truculência com que a maioria dos policiais os tratava. Alguns agentes, inclusive, passaram a tolerar as rodas de dança e dialogar com os b-boys. Mas os tapas e botinadas não cessaram totalmente, apenas se tornaram menos frequentes. Assim como havia alguns policiais que passaram a entender o breaking como uma manifestação artística, os irredutíveis pareciam ainda mais irritados com o destaque que os b-boys conquistavam na mídia. Esses poucos ainda seguiam a intimidar e distribuir agressões aos que julgavam "vagabundos".

Backslide de curupira

Aos trinta anos de idade, depois de ter trabalhado em diversos curtas e longametragens, em 1984 o cineasta André Klotzel começava a dirigir seu primeiro longa autoral, uma comédia intitulada *A Marvada Carne*. No elenco havia duas atrizes jovens e promissoras: Fernanda Torres e Regina Casé.

O projeto era de um filme de humor em que se pretendia utilizar uma linguagem diferenciada. O diretor buscava uma maneira criativa de inserir a figura folclórica do curupira em uma das passagens. Partiu do ator Adilson Barros, protagonista do filme e da cena em questão, a ideia que acabou sendo incluída no roteiro.

– Pela lenda, o curupira tem os pés voltados para trás. E eu sei quem pode fazer isso de uma forma cômica e muito original! – matutou o ator, ao se lembrar do magrelo cabeludo que sempre encontrava nos bares e teatros do Bixiga e com quem fizera amizade em um show de Miguel de Deus.

Certa tarde, então, Adilson Barros levou André Klotzel à esquina das ruas 24 de Maio e Dom José de Barros para ver a roda de dança comandada pelo tal sujeito que julgava ser ideal para interpretar o curupira. Quando o cineasta viu a dança e a ginga de Nelson Triunfo, prontamente ficou convencido de que encontrara a pessoa certa.

Em uma breve conversa ao final daquela sessão de dança o diretor do filme explicou o roteiro para Nelsão, que ficou bastante empolgado com a ideia. Topou o convite no ato, sem pensar nem assinar contrato. Entusiasmado com o projeto, foi para casa naquela noite pensando sobre como seria sua incursão no mundo do cinema.

A cena foi gravada em uma noite extremamente fria na Serra da Cantareira, próxima à divisa com Guarulhos, na zona norte de São Paulo. Os atores e a equipe de filmagem se abasteciam de conhaque para melhor suportar a baixa temperatura. O mais prejudicado era Nelsão, que, para interpretar o curupira, teve de ficar praticamente nu durante a gravação, usando apenas um minúsculo tapa-sexo.

A épica cena com Nelson Triunfo tem pouco mais que dois minutos, logo ao início do filme. No papel de curupira (ou "nhô currupira", como pronuncia o personagem Nhô Quim, interpretado por Adilson Barros, com quem contracena), Nelsão entra em cena de costas fazendo o *"moonwalk" (backslide)* pedido pelo diretor e gesticula de forma bastante caricata, com movimentos meio "quadrados" que lembram o breaking. Em uma cena hilária, depois de exigir um pouco de fumo do matuto e, ludibriado por ele, experimentar o sabor de um tiro de espingarda (um "fuminho fraco, mas inté qui é bão de gosto"), o curupira se retira de cena. Desaparece em uma pequena nuvem de fumaça depois de dar um rodopio que, não por mera coincidência, em muito lembra James Brown.

Na finalização do filme o "sumiço" do curupira seria feito no processo de edição, com os efeitos especiais disponíveis na época. A gravação foi repetida três vezes à beira de um pequeno despenhadeiro no meio da serra. Em uma das tomadas, para espanto da equipe, Nelsão desapareceu de verdade depois de rodopiar diante da cortina de fumaça! Foi encontrado ladeira abaixo, depois de ter atropelado quase vinte metros de vegetação e ser parado por uma árvore. Incrivelmente, não se machucou. Depois de provocar uma sessão generalizada de risadas, tomou mais alguns tragos de conhaque para se anestesiar daquela trapalhada e driblar o frio. Em seguida, retomou a gravação.

Bastante elogiado em uma época em que o cinema brasileiro ainda engatinhava e as repetitivas pornochanchadas quase monopolizavam os raros espaços conquistados pelas produções nacionais, *A Marvada Carne* foi lançado em 1985. Ganhou onze prêmios no Festival de Gramado, participou de mais de vinte festivais internacionais e, ao longo dos anos seguintes, chegaria a ser exibido e distribuído em mais de quinze países.

Enchente e cama

Numa tarde de final de janeiro de 1985 uma chuva muito forte começou a preocupar Nelson Triunfo, que tocava violão e compunha algo em seu quartinho no Tiquatira. Heloisa estava em Itaquera, na casa de sua mãe de criação Dona Alda. O céu nebuloso parecia estar revoltado, a ensaiar uma quase tempestade que, ao que tudo indicava, castigaria a cidade – ao menos era essa a impressão que se tinha na periferia da zona leste de São Paulo. Volumosas nuvens negras indicavam que ainda havia muita água por cair.

Não bastasse a ineficiência da coleta de lixo naquele bairro, boa parte dos moradores tinha o péssimo hábito de jogar nas vias públicas todo tipo de lixo e resíduos, o que incluía desde embalagens plásticas a entulho e até móveis velhos. Os bueiros, que já eram insuficientes na rua em que Nelsão morava, estavam entupidos. O resultado foi óbvio: rapidamente uma enorme piscina marrom invadiu seu quarto e começou a subir. O mesmo certamente ocorria em toda a vizinhança. Na época ainda não tinha sido construído o canal da avenida Governador Carvalho Pinto, o que fazia com que escoasse para o Tiquatira boa parte da água pluvial proveniente das regiões de São Miguel Paulista, Ermelino Matarazzo e adjacências.

De imediato Nelsão tentou salvar seus poucos pertences colocando-os sobre os móveis mais altos. O aparelho de som que usava nas rodas de dança foi disposto sobre a geladeira que já começava a ser tomada pela lama, juntamente com o fogão, os poucos móveis que tinha e várias peças de roupa e sapatos que usava em shows. Conseguiu salvar alguns objetos amarrando-

-os rente às ripas do telhado. Quando sentiu a água acima da cintura, já que não havia mais o que salvar dentro de seu quartinho, sua atenção se voltou para a escuridão janela afora: como estariam seus vizinhos?

A situação nos arredores era comum à de outros bairros de periferia vitimados por enchente, com os poucos e parcos bens dos moradores sendo totalmente envolvidos pela maré suja. Frutos de anos de trabalho, geladeiras, fogões, móveis, sofás e outros objetos submergiam em questão de minutos. À água que invadia lares e afogava sonhos somavam-se as lágrimas de desespero de famílias inteiras, algumas cada vez mais acuadas pela leve correnteza que se formava.

Nelsão não teve dúvidas: antes que o risco se agravasse para seus vizinhos, pôs-se a nadar na intenção de ajudá-los. Entre braçadas e pernadas naquele fétido lodo urbano chegou a engolir um pouco de água poluída, mas conseguiu conduzir algumas pessoas da vizinhança a lugares mais seguros e ajudá-las a salvar alguns eletrodomésticos e objetos pessoais.

O feito heroico teve consequências. Nelsão ficou com a saúde bastante debilitada e contraiu mancha no pulmão. Como a situação era grave, precisou permanecer em tratamento por longos meses. Para piorar, estava quase sem dinheiro e tinha perdido muitas coisas com a enchente. Nesse período acamado foi muito assistido pelo irmão Frank, que o ajudou a conseguir novos móveis, geladeira e fogão, além de custear parte das despesas médicas.

Para Nelsão, no entanto, o maior castigo decorrente deste episódio foi ter de abrir mão, por período indeterminado, de sua maior paixão: a dança.

O fim da roda

Artista de rua errante, adepto do improviso e sempre à mercê do acaso, Nelson Triunfo tinha o costume nada saudável de dormir e acordar em horários distintos a cada dia. Por conta desse estilo de vida irregular não tinha disciplina com a alimentação, que também dependia da incerta e imprevisível coleta de dinheiro feita com o chapéu na roda de dança, conforme a boa vontade do público de cada dia. Às vezes mal comia e se mantinha durante todo o dia à base de água, um mero copo de suco, um cachorro-quente ou um parco pedaço de pão com frios.

Nesse ritmo diário que vinha levando até então, sua condição física já não era das melhores. Com a mancha no pulmão contraída na enchente, seu estado de saúde se agravou bastante e por pouco a consequência não foi trágica.

Mesmo debilitado e com a recomendação de que não fizesse esforço físico, Nelsão ainda chegou a tentar dançar nos primeiros dias após a alta médica, que ainda exigia muitos cuidados. Só se convenceu de que sua saúde estava em sério risco depois de sentir muitas dores no tórax e escarrar sangue em algumas crises de tosse.

Durante cerca de sete meses permaneceria em recuperação, sofrendo por não poder dançar e não saber se um dia voltaria a fazê-lo com a mesma energia. O amor e a paciência de Heloisa e de seu irmão Frank seriam fundamentais para que conseguisse superar esse difícil período.

Àquela altura a roda de dança na rua 24 de Maio tinha mais de trinta frequentadores regulares, alguns habituais e outros mais assíduos. Eram nomes como Deph Paul, Mister Lila, Raul, Isac, Pierre, Billy e Fred, todos integrantes do Funk & Cia, além de Pepeu e MC Jack, entre outros.

Espécie de liderança natural da roda, era Nelson Triunfo quem costumava entreter o público, como um verdadeiro mestre-de-cerimônias: conversava, improvisava piadas, fazia brincadeiras e, de forma descontraída, arrancava sorrisos até mesmo dos mais carrancudos e sempre apressados personagens urbanos da metrópole. Também era ele que, quando necessário, se incumbia de dialogar com comerciantes mau humorados ou policiais repressores. Dele vinham as decisões sobre os rumos da roda de dança, a performance a ser feita, a trilha sonora a ser colocada, a maneira mais polida de se relacionar com as pessoas, os melhores horários para passar o chapéu ou a forma de dividir o dinheiro coletado. Por isso, seu afastamento por tempo indeterminado teve reflexo direto – e negativo – naquela manifestação de rua.

O problema de saúde de Nelsão coincidiu com um momento que já não vinha sendo fácil para os dançarinos no centro da cidade. O preconceito e a crescente intolerância de alguns comerciantes era um pretexto mais que suficiente para que a perseguição se intensificasse ainda mais. Além disso, o comando do policiamento naquela região tinha mudado. No lugar dos agentes que já conheciam e toleravam os b-boys foram colocados homens mais autoritários e truculentos. Por isso, ao longo das últimas semanas antes da fatídica enchente, formar uma roda de dança nos espaços públicos daquela região já vinha se tornando algo cada vez mais insustentável. Com "endereço fixo" já conhecido pelos oficiais que faziam a ronda da região central, os dançarinos do Funk & Cia raramente passavam um dia sem que fossem intimidados, expulsos daquele espaço público ou levados para intermináveis chás de cadeira em algum distrito policial, sob tabefes, botinadas e seguidas acusações de vadiagem ou desacato.

A ausência de uma liderança nas ruas do centro esvaziou a roda de dança de duas maneiras: além de não contarem com a astúcia e o jogo de cintura de Nelson Triunfo para lidar com as adversidades do dia a dia, seus companheiros tinham grande preocupação com seu estado de saúde. Alguns achavam que manter a roda de dança enquanto o amigo padecia em tratamento médico poderia representar desrespeito ou falta de consideração. Outros pensavam exatamente o contrário, que resistir com a dança seria uma forma de homenageá-lo. No fundo era uma situação delicada e difícil de ser avaliada naquele momento. E o fato é que, sem Nelsão, o grupo não teve ânimo nem força para prosseguir ocupando aquele espaço.

Ainda em meados de 1985 a roda de dança começou a minguar e se render à pressão dos lojistas e policiais. Ninguém se recorda ao certo quando e como se deu a última vez em que aquela esquina foi ocupada pelos integrantes do Funk & Cia. Só a calçada testemunhou o dia exato em que, em vez de receber os dançarinos que as amavam, suas lisas placas de pedra voltaram a ser ignoradas como qualquer pedaço de chão da metrópole – e pisoteadas pelo vaivém mecânico de gente carrancuda, indiferente e sempre atrasada para algum compromisso.

À procura de um novo ponto

Ainda no final de 1983, quando Nelson Triunfo e sua equipe Funk & Cia dançavam quase diariamente na rua 24 de Maio, o adolescente Luiz Carlos Martins, o Luizinho, era um dos muitos office-boys que nutriam grande curiosidade por aquela dança de movimentos quebrados e robóticos. Sempre que possível, fazia rodízios com outros office-boys ou acordos com funcionários das agências bancárias com os quais já tinha amizade, para abreviar o tempo que teria de despender enfrentando filas e processando os serviços do dia. Apesar da grande responsabilidade de portar um sem-número de cédulas graúdas, cheques, contas e documentos da empresa em que trabalhava, não tinha o menor receio de largar tudo com algum desses amigos, para mais tarde buscar todos os comprovantes e recibos. Com o tempo livre desses intervalos, seguia sempre para a mesma esquina em que, fascinado, ficava admirando a roda de dança e memorizando os movimentos que depois tentava imitar em frente ao desgastado espelho de seu claustrofóbico quarto.

Numa dessas tardes Luizinho deixara um calhamaço de documentos com um amigo bancário para retornar dali a duas horas e seguira direto para a roda de dança na 24 de Maio. Enquanto estava misturado ao público a observar as coreografias, seu corpo começou a ter tiques dançantes e reproduzir alguns movimentos. Do centro da roda Nelsão percebeu aquilo e, durante sua performance, discretamente se aproximou dele. Em dado momento, parou de súbito, encarou o rapaz e convocou-o a entrar na roda. Olhares curiosos dos populares presentes intimidaram Luizinho, que morria de vontade de dançar e sempre esbarrava na própria timidez. Pego de surpresa, mesmo com o nervosismo fazendo o suor escorrer por sua testa e têmporas, o office-boy criou coragem. "É agora ou nunca", pensou, antes de se dirigir para o centro da roda e arriscar os passos de dança que já treinara exaustivamente na frente do espelho fosco. Para seu alívio e felicidade, arrancou efusivos aplausos do público e dos membros do Funk & Cia, incluindo o sujeito magrelo da enorme cabeleira black power, que o colocara naquela constrangedora – mas bem-sucedida – aventura.

Depois dessa provação, Luizinho continuou a aperfeiçoar seus passos de dança em casa e, já tendo superado a inibição, passou a colocá-los em prática nas ruas.

Seu irmão João praticava patinação acrobática e até integrava uma equipe chamada Suicidas. Ele gostava das músicas tocadas nas rodas de breaking, mas ainda achava que aquilo seria apenas uma curtição passageira, típica da adolescência. Mesmo assim começou a acompanhar Luizinho em alguns encontros com outros dançarinos. Aos poucos João percebeu que aquela dança diferenciada era mais sedutora do que parecia. Rapidamente também aprendeu a fazer alguns movimentos e, quando se deu conta, estava tão envolvido quanto o irmão. No fim das contas, a patinação perdeu para o breaking.

Quando Nelsão foi hospitalizado devido à mancha no pulmão, Luizinho e seu irmão, já apelidado João Break, estavam completamente apaixonados pela dança de rua. Mas sem a ocupação da rua 24 de Maio e com a acentuada perseguição da polícia na região central, a manifestação do breaking acabou por se pulverizar para diferentes pontos.

Os dois irmãos começaram a treinar em um espaço livre existente em uma igreja católica no bairro do Bom Retiro, mas em pouco tempo foram advertidos pelo padre. Por se tratar de uma igreja, ambiente considerado sagrado, aquela dança esquisita não era vista com bons olhos pelas sisudas e conservadoras beatas que frequentavam a casa.

Entre outros lugares, alguns b-boys rumaram para o Parque do Ibirapuera; outros, para um pequeno espaço na saída da estação Tiradentes do metrô, onde uma cabine telefônica havia sido desativada. Ao saberem disso, Luizinho e João Break resolveram se dirigir para o local, pois sentiam falta de um espaço em que pudessem treinar os movimentos daquela nova dança. Lá encontraram três b-boys, que se identificaram como Wilson, Hélio e Paulo Cabeção. Apresentaram-se e pediram licença para dançar junto a eles. A partir de então passaram a acompanhar aqueles novos companheiros de chão nas tardes de sábado. Juntos, os cinco chegaram até a formar uma gangue chamada Dynamic Bronx.

Em pouco tempo a presença dos b-boys na estação Tiradentes começou a chamar a atenção de usuários do metrô. Curiosos paravam para observar. Alguns jovens que também se interessavam por breaking, de outras partes de São Paulo e até mesmo de cidades do interior, logo começaram a aparecer naquele local. O espaço que já era pequeno começou a ficar apertado para acomodar tantos dançarinos e, com a aglomeração de curiosos, não demorou para que os seguranças da estação passassem a intervir e ordenar o fim da roda. Quando isso acontecia os b-boys recolhiam suas coisas e fingiam ir embora. Ao notar que os seguranças tinham se retirado, porém retornavam ao local e reiniciavam a sessão.

A ocupação daqueles módicos metros quadrados da estação Tiradentes não durou mais que algumas semanas. O número de dançarinos cresceu bastante e os seguranças começaram a ficar irritados com a desobediência daquele grupo que, aos olhos deles, não passava de um bando de arruaceiros.

Não demorou para que a situação ficasse insustentável e, por temer que os atritos com os seguranças pudessem resultar em algum problema, João Break defendeu a ideia de que os b-boys precisavam procurar outro espaço público para dançar em paz. E combinou-se que todos fariam isso juntos na semana seguinte.

São Bento e os punks

No sábado combinado, logo ao início da tarde os membros do Dynamic Bronx e alguns outros b-boys que vinham praticando junto a eles se encontraram na mesma estação Tiradentes do metrô. De lá começaram a perambular pelo centro da cidade à procura de um novo lugar para dançar. Foram até o Páteo do Colégio, marco zero de São Paulo, na Praça da Sé, e de lá rumaram para o Largo São Francisco, sempre a observar atentamente a geografia do caminho percorrido. Nessa breve caminhada não encontraram nenhum local que os inspirasse. Tiveram, então, a ideia de seguir para o Largo São Bento.

Inaugurada em 1975, a estação São Bento do metrô tem localização privilegiada, no movimentado caminho entre o Mercado Municipal e o Vale do Anhangabaú, no coração da cidade. Disposta em área espaçosa, conta com generosos vãos abertos e de circulação. No nível da calçada, no próprio largo, há um enorme contorno murado em formato retangular de onde largas escadas conduzem os passageiros a um amplo pátio, de piso liso, a caminho das plataformas de embarque que ficam no subterrâneo.

Quando João Break e Luizinho avistaram aquela praça escorregadia, logo pensaram: "É aqui!". Ainda chegaram a ponderar que, se já tinham passado por problemas com seguranças da estação Tiradentes, ali certamente não seria diferente. Mas concluíram que se queriam continuar a praticar o breaking nos espaços públicos da cidade teriam de saber enfrentar essas adversidades, assim como Nelson Triunfo fizera durante tanto tempo nas ruas do centro. Então, decidiram que passariam a dançar naquele local e defenderiam esse direito a qualquer custo.

Como o pátio da estação São Bento era um espaço amplo e bem localizado, outros jovens já tinham despertado para a ideia de se concentrar por ali. Os punks, por exemplo. Com muitas tatuagens, cabelos espetados ou em estilo moicano e roupas de couro pretas atravessadas por rústicos adornos metálicos, eles eram oriundos de vários pontos de São Paulo e de algumas cidades vizinhas, sobretudo da região do Grande ABC. Aos finais de semana muitos tinham o hábito de se reunir naquela estação para conversar, trocar informações, andar pelo centro ou, dali, seguir para algum evento de *punk rock* ou *hardcore*.

No dia em que os b-boys descobriram o ponto e começaram a dançar, alguns punks estranharam o que consideraram uma "invasão de espaço" e começaram a provocá-los. Antes que o clima de animosidade descambasse para algum desentendimento mais grave, porém, João Break interveio. Conhecido por ser um sujeito tranquilo e bom de conversa, ele educadamente dialogou com um dos líderes dos punks. Disse que os b-boys só pretendiam dançar, que não queriam briga com ninguém, que todos ali eram jovens em busca de sua liberdade e que ali havia espaço para todos. Um pouco ressabiados, os punks concordaram e, naquele sábado, não houve confusão.

A descoberta de um novo lugar para dançar logo repercutiu entre os praticantes de breaking de outras partes da cidade. Na semana seguinte eles já eram mais de trinta. Ainda inconformados com a ocupação do espaço que consideravam lhes pertencer, alguns punks seguiram para a São Bento com o reforço de colegas fortes e briguentos, dispostos a expulsar os "invasores". Mas quando se depararam com a grande quantidade de b-boys, desistiram da contenda. Mais uma vez, João Break conversou com os punks e insistiu que ali havia espaço suficiente para que cada grupo ocupasse um canto do pátio sem precisarem se digladiar.

Depois desse dia os dançarinos de breaking não tiveram mais problemas com os punks – alguns deles, inclusive, passaram a conhecer e respeitar a cultura hip-hop, ao identificarem afinidades ideológicas em seu espírito contestador.

Gangues e 'urubus'

Apenas algumas semanas tinham se passado desde que os b-boys passaram a usar o pátio da estação São Bento para dançar e o número de participantes não parava de crescer. A cada sábado surgiam novos dançarinos, aprendizes e espectadores dos quatro cantos da metrópole e de cidades vizinhas. Não demorou para que as gangues que já existiam ganhassem mais corpo e novos coletivos de b-boys ali se formassem e se fortalecessem.

Uma das principais gangues surgidas na época foi a Back Spin Crew, que nasceu da fusão entre a Dragon Breakers e a Furious Breakers, além de aglutinar outros b-boys. Entre as mais representativas gangues da fase inicial da São Bento também se destacavam os nomes Street Warriors, Nação Zulu, Fantastic Force, Crazy Crew e Jabaquara Breakers. Cada uma tinha suas cores e customizava os próprios agasalhos e camisetas, bordando ou usando serigrafia, pincel ou spray. A Back Spin Crew usava as combinações de azul com branco ou preto com amarelo; a Street Warriors misturava as cores azul e vermelho; a Nação Zulu vestia cinza, preto e branco; a Crazy Crew usava a cor azul; e assim por diante, com outras gangues.

Religiosamente todos os sábados as *crews* formavam várias rodas de dança ao longo daquele extenso pátio. Mochilas ficavam espalhadas pelo chão e cada grupo levava pelo menos um *boombox*. As músicas eram gravadas de alguma rádio ou copiadas em fita cassete por algum amigo, num tempo em que o acesso a informações e novidades musicais ainda era bastante difícil. Depois de descobrir que entre meia-noite e três da madrugada a Rádio Antena 1 fazia conexão direta com uma emissora dos EUA, João Break passou a ficar acordado só para gravar fitas. Essa trilha sonora "exclusiva" alimentou a roda de breaking por muito tempo. Outro meio de obter os lançamentos musicais era conhecer o membro de alguma equipe de baile ou alguém que viajasse para o exterior – assim como nos primórdios dos bailes de soul e funk, entre os b-boys também era privilégio digno de inveja ter amizade com algum piloto de avião ou comissária de bordo.

Os aparelhos de som gigantes eram muito potentes e, logicamente, consumiam muita energia. A maioria dos modelos dependia de seis ou oito pilhas grandes para funcionar por pouco mais que uma hora. Mesmo dividindo os gastos entre várias pessoas, comprar pilhas custava muito caro. Como os *boomboxes* também podiam ser ligados à rede elétrica, os b-boys logo começaram a "furtar" eletricidade da estação, ao conectar seus aparelhos às tomadas existentes no local. Para tanto, tinham de ficar atentos à possível chegada de algum "urubu" – como passaram a se referir aos seguranças do metrô, por causa do uniforme todo preto usado pelos mesmos. Quando um "urubu" se aproximava, os dançarinos agiam rápido para desligar o rádio da tomada e acioná-lo com o uso de pilhas. Em seguida, era só o agente virar as costas para as pilhas serem retiradas e o som, novamente, ser conectado à tomada.

Na estação Tiradentes os seguranças tinham sido mais ríspidos e avessos ao diálogo. Na São Bento, talvez pelo fato de ser um local mais espaçoso, ou porque os b-boys agora eram muitos, houve mais tolerância. Uma das vozes de liderança da migração para o novo ponto, João Break sempre frisava entre seus companheiros:

– Rapaziada... Pro hip-hop ser respeitado como arte a gente tem que se comportar aqui!

Os dançarinos acatavam a recomendação e, com o passar do tempo, o relacionamento deles com os urubus foi se tornando menos áspero. Os agentes perceberam que aqueles jovens só queriam usar o chão da estação para dançar e de fato não representavam nenhum perigo ou transtorno aos usuários do metrô, já que espaço era o que não faltava por ali. Os b-boys até foram orientados sobre a necessidade de encaminhar um ofício à administração da companhia, no escritório localizado na estação Paraíso, para formalizar um pedido de uso do local.

Numa aglomeração de jovens moradores de periferias diversas é compreensível que, sim, tenham ocorrido desentendimentos ou até brigas. Mas de modo geral, ao menos nas imediações da São Bento os b-boys evitavam provocar qualquer tipo de confusão. Inspirados no que ouviam dizer que ocorria nos guetos dos EUA, onde nascera o hip-hop, começaram a substituir a violência pela disputa no breaking. Ainda assim houve momentos de estranhamento e tensão, tanto entre indivíduos quanto entre gangues. Afinal, aquele grupo não era nada mais que uma amostragem, um recorte da própria sociedade, com as virtudes e defeitos de seus personagens. Contudo, apesar do preconceito enfrentado, com exceção de atos isolados os b-boys em geral não ficaram associados a atos de violência ou vandalismo.

Peculiaridades
Recuperado da mancha no pulmão depois de cerca de sete meses de molho e ainda com a saúde fragilizada, ao final de 1985 Nelson Triunfo foi conhecer o novo *point* do breaking em São Paulo. Mal podia dançar, ainda, mas se sentia bem por poder acompanhar aquele movimento.

Quando chegou à estação São Bento foi bastante festejado e aplaudido pelos antigos amigos e por muitos novos b-boys que o conheciam de vista ou já tinham ouvido falar sobre sua trajetória. Àquela altura, auge da "onda do break", quando praticamente todo adolescente se interessava pela dança que mais aparecia na mídia, o local se tornara obrigatório para quem quisesse aprender vendo os melhores dançarinos do momento.

Ao longo de sucessivos e infalíveis sábados o cotidiano naquele ambiente adquirira algumas peculiaridades interessantes. Por exemplo, quando não havia pilhas e os "urubus" se concentravam na vigilância das tomadas – ou desligavam o abastecimento de energia –, os b-boys improvisavam com batucadas nas latas de lixo metálicas dispostas na estação. Ninguém se lembra quem teve a ideia primeiro. Uma batida com o punho cerrado na parte superior da lixeira reproduzia som semelhante ao do bumbo de uma bateria. Um tapa em sua lateral soava como a caixa. Assim, quando o uso do *boombox* não era possível, os b-boys faziam criativas sessões de percussão para suprir a falta de uma trilha sonora. Anos mais tarde a expressão "bater na lata de lixo" passaria a simbolizar essa primeira geração de rappers da São Bento.

Outra curiosidade era a sinalização de horários. Como a estação fica ao lado do Mosteiro de São Bento, um dos mais antigos de São Paulo (fundado por volta do ano 1600), o sino da igreja era usado pelos b-boys para demarcar atividades. Cada sessão de badaladas indicava que era hora de uma reunião, dispersão, racha (disputa entre b-boys) ou qualquer outra coisa que houvesse sido combinada. Esse senso de organização foi uma necessidade percebida entre as lideranças de cada gangue para que tal manifestação não ficasse associada à bagunça e pudesse transmitir os valores do hip-hop, mesmo que eles ainda estivessem sendo descobertos aos poucos. Afinal, a presença de jornalistas na São Bento era cada vez mais frequente e essa exposição do breaking na mídia tinha de ser bem aproveitada. Até mesmo jornalistas estrangeiros, incluindo uma equipe da BBC de Londres, chegaram a fazer entrevistas e gravar reportagens no local.

Com a grande repercussão e a popularidade que ganhou, o breaking passou a ser levado muito mais a sério por vários praticantes, que começaram a viver em função da dança. Pouco a pouco eles foram desvendando aquele universo que os fascinava, ampliando seus conhecimentos e entendendo o verdadeiro significado do hip-hop. Descobriram que o tal "break", na verdade, se ramifica nos estilos b-boying, popping, locking, uprock e electric boogaloo. E começaram a distinguir e aprender os nomes de cada movimento corporal, algo que os ajudou a aprimorar as técnicas de dança e a assimilar as informações que, pouco a pouco, obtinham a respeito da cultura de rua.

Como o acesso a informações era muito difícil, havia um pacto entre os mais antenados, que costumavam compartilhar tudo o que encontravam. Fotografias, recortes de jornal e revista, novas músicas ou qualquer outro material referente ao breaking e ao hip-hop eram tratados como verdadeiros tesouros. Tudo ficava organizado em pastas para catálogo. Cada item era bem acondicionado em plásticos, com zelo semelhante ao de colecionadores de selos. Assim, todos os sábados os mais "estudiosos" frequentadores da São Bento levavam ao local todo novo material que conseguiam garimpar durante a semana. Esse costume se tornou uma saudável "competição" cultural, que teve fundamental importância para que o nível de informação se elevasse entre os apreciadores de breaking.

Polêmica: rap antes do hip-hop?

Nos EUA e no Brasil, fonogramas gravados entre as décadas de 1930 e 1960 são sugeridos por alguns músicos e pesquisadores como as primeiras canções de rap em seus países - mesmo que, nesse período, a cultura hip-hop ainda fosse demorar a nascer.

Em 1964, o cantor Jair Rodrigues lançou em seu segundo álbum, *Vou de Samba com Você*, a música "Deixa isso pra lá", cantada de uma maneira bastante parecida com o que, quinze anos mais tarde, viria a ser conhecido como rap. Mais apegado aos ritmos brasileiros, sobretudo ao suingue do samba, presume-se que o músico tenha sido influenciado pela música negra norte-americana, principalmente o soul e o funk. De forma acidental, acabou por dar a essa canção uma entonação semelhante à do futuro rap.

O próprio Jair Rodrigues já confirmou, em entrevista a este autor, que só em 1989 soube o que é rap, através do músico Herbert Vianna, que o nomeou o "pai do rap brasileiro". A partir de então, mesmo que não tivesse concebido a canção no contexto do hip-hop, resolveu adotar o "título" e repercuti-lo. Nos EUA, há quem atribua o pioneirismo do rap ao grupo de spiritual music Golden Gate Quartet, também conhecido como The Golden Gate Jubilee Quartet. Na canção "Preacher and the bear", de 1937, os músicos já cantavam com entonação semelhante ao que, quatro décadas mais tarde, o mundo conheceria como rap. Semelhante coincidência rítmica se repetiria em 1968, quando o cantor, dançarino e ator Pigmeat Markham, então com 64 anos, lançou a música "Here comes the judge", em que também cantava de forma bastante semelhante ao rap. Mas somente dali a cinco anos, em 1973, surgiriam as primeiras rimas improvisadas no Bronx, em Nova York - semeando o embrião do gênero musical que só seis anos mais tarde começaria a ser chamado de rap.

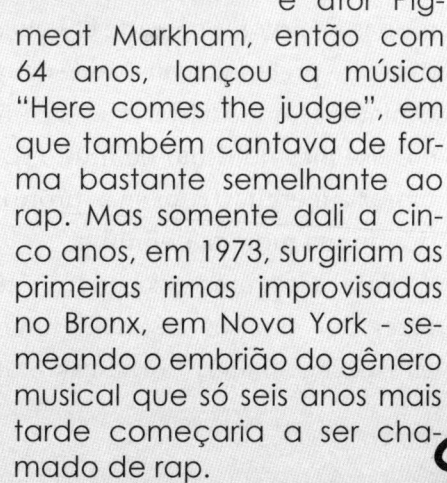

Às vezes os b-boys faziam rodízio para que a cada semana um deles levasse para casa uma revista, uma fita cassete ou mesmo uma das pastas cheias de fotos e recortes de reportagens. Quando alguém surgia com uma fita de vídeo VHS contendo qualquer cena de breaking, mesmo que fosse uma passagem rápida e desfocada, um grupo seguia para a casa de quem tivesse videocassete, para assisti-la. Na época o aparelho era artigo de luxo. E foi assim que, aos poucos, todos foram aprendendo mais sobre a cultura hip-hop e seus elementos: breaking, graffiti e rap (DJing e MCing).

Horta comunitária
Foi também em 1985 que Nelsão soube, por vizinhos, a respeito de uma extensa área pertencente à prefeitura, perto de onde estava morando, que vinha sendo invadida e ocupada por moradores da região, cada qual a cercar um quinhão. Em estado de abandono, o imenso terreno tinha sido desapropriado para uma obra pública que nunca foi realizada e acabou sendo dominado pelo mato, lixo e entulho. Ele não teve dúvidas: resolveu tomar uma parte para si e, com a ajuda de seu irmão Frank, cercou um pedaço razoável do terreno, com cerca de cem metros quadrados.

Durante semanas de árduo trabalho capinou o mato e retirou todo o lixo e entulho do local. Em seguida começou a plantar mudas de árvores na parte em que imaginou o quintal da futura casa que pretendia construir, sem pressa, à medida do possível. O material ainda custaria a ser comprado aos poucos, ano a ano, e nesse mesmo ritmo de muito trabalho e sacrifício Nelsão demoraria a erguer, com suas próprias mãos, cada uma das paredes de sua morada definitiva.

Para assegurar a ocupação de todo o terreno, resolveu fazer dos espaços restantes uma horta comunitária, em que cultivava tomates, hortaliças e até amendoim. Cuidava com carinho de sua plantação e, nos períodos de colheita, distribuía os alimentos entre vários moradores do bairro. Chegou a doar vinte quilos de tomates semanalmente pela vizinhança, além de cenouras e pés de alface e couve-flor. Durante os sete anos seguintes essa rotina solidária seguiria a beneficiar dezenas de famílias do Tiquatira.

Nathan

Num certo dia ainda no início de 1986 Heloísa começou a se sentir mal. O enjoo durou alguns dias. Ela e Nelson Triunfo logo confirmaram o que parecia óbvio: estava grávida. O casal, que nunca tinha conversado sobre ter filhos, nem mesmo como planos para o futuro, de repente se viu surpreendido por aquela surpresa reservada pelo destino.

Mesmo em condição financeira apertada, morando naquele pequeno e precário quartinho, ambos ficaram felizes por saber que teriam um bebê e prometeram a si mesmos que se desdobrariam para que nada faltasse à criança. Também não demoraria para que muitos amigos começassem a se mobilizar para comprar roupinhas e objetos para o bebê que chegaria, mesmo sem saberem se seria menino ou menina. Frank também se empolgou bastante com a gravidez e garantiu ao irmão que continuaria a ajudá-lo no que fosse preciso.

Sem plano de saúde e com pouco acesso a informações, além de não ter nenhuma experiência no assunto, desde que se descobriu grávida Heloisa não tivera acompanhamento pré-natal adequado nem fizera todos os exames usualmente recomendados. Também não recebera orientação para seguir nenhuma dieta específica. Apenas procurava ter bom senso com a alimentação.

O desenvolvimento do bebê ocorrera de acordo com as possibilidades do casal e, aparentemente, tudo parecia bem – os chutes cada vez mais intensos e frequentes que vinham do barrigão e tanto encantavam Nelson Triunfo eram interpretados por ambos como um atestado de saúde do filho.

Ainda no sétimo mês de gestação, no dia 17 de agosto de 1986 nasceu prematuro o menino a quem foi dado o nome Nathan Batista Campos. Ainda com pouco peso e sem ter os pulmões plenamente desenvolvidos, o bebê respirava com dificuldade e precisou permanecer em internação no Hospital Geral da Penha. O local tinha estrutura precária, excesso de pacientes e aparente descuido com a limpeza, cenário que não agradava aos olhos de Nelson Triunfo. Mas, mesmo que não sentisse plena confiança naquele lugar, era o que tinha ao seu alcance, já que não podia pagar por um hospital melhor.

O estado de Nathan se agravou já no dia seguinte e ele não resistiu. No atestado de óbito a causa da morte foi registrada como insuficiência respiratória aguda. Foi um baque para o casal, que por dias chorou a perda do tão aguardado primeiro filho.

Nelsão nunca quis apurar a fundo ou acusar formalmente, mas em seu íntimo sempre acreditou que houve algum tipo de negligência médica e que seu filho poderia ter sobrevivido. Vira com seus próprios olhos as precárias condições do hospital e o desleixo de alguns funcionários. Por isso, nunca conseguiria assimilar a morte de Nathan como obra exclusiva do destino sem desconfiar que possa ter ocorrido alguma imprudência ou falha humana. Principalmente porque, alguns anos mais tarde, naquele mesmo hospital surgiriam denúncias de descaso e negligência médica.

DO SERTÃO AO HIP-HOP

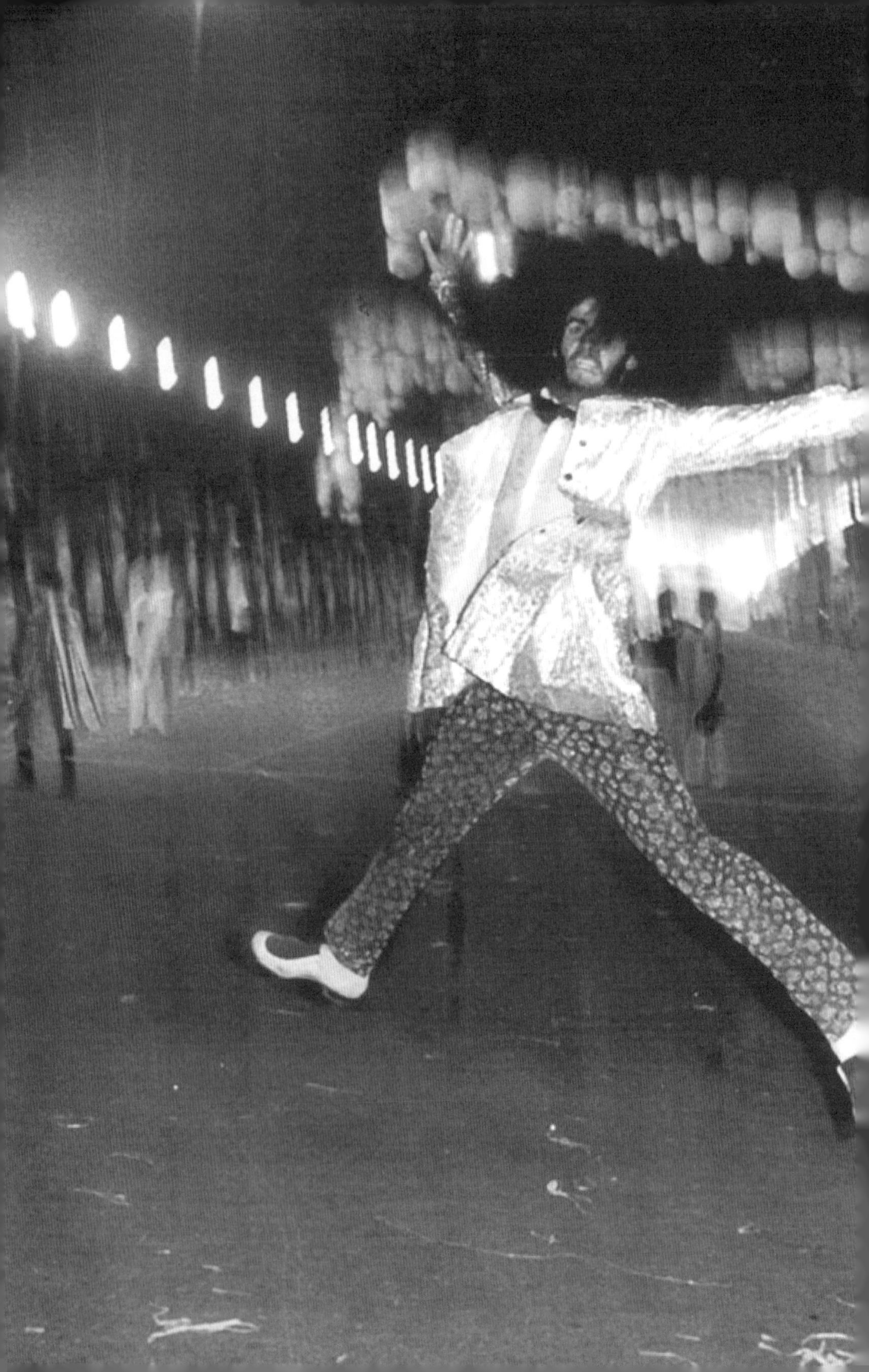

Cap. 6

O FENÔMENO HIP-HOP

DO SERTÃO AO HIP-HOP

Lata de lixo

Vimos que em 1984 a superexposição do breaking na mídia impulsionara o lançamento dos discos de Black Juniors, Electric Boogies, Buffalo Girls e Villa Box, os primeiros registros de rap brasileiro gravados dentro do contexto do hip-hop. Passado o modismo da dança, porém, a produção fonográfica do segmento também viu as poucas portas se fecharem e permaneceu adormecida por cerca de dois anos. Mas, mesmo distante dos estúdios de gravação, durante esse período o rap continuou a ser praticado nas ruas e em eventos improvisados, ainda que puramente inspirado nas referências dos EUA. Os obstáculos técnicos e financeiros ainda faziam com que gravar um disco de rap no Brasil fosse um sonho longínquo, praticamente impossível.

Apesar de a febre do "breakdance" ter se esvaziado na mídia, a fama da estação São Bento do metrô como 'Meca' do hip-hop em São Paulo continuara a se espalhar entre 1985 e 1986, mobilizando um número ainda maior de jovens que, longe dos holofotes e no anonimato de seus recônditos bairros de periferia, já vinham a praticar passos de breaking, arriscar técnicas de discotecagem, rascunhar as primeiras rimas ou esboçar traços de graffiti, mesmo que não entendessem direito o que aquilo tudo significava ou em que poderia se transformar.

Esse inexplicável magnetismo cultural atraía moradores de muito além da região metropolitana de São Paulo, fenômeno que tomou corpo com a vinda de corajosos aventureiros oriundos até mesmo de outras regiões do país, situadas a milhares de quilômetros de distância. Havia ainda alguns estrangeiros que já tinham ouvido falar sobre a efervescente cena hip-hop paulistana e, de passagem pelo Brasil, faziam questão de visitar a tal *"São Bento Station"*, já conhecida internacionalmente – em grande parte graças à boa repercussão da reportagem feita pela BBC. Numa época em que, sem internet, as informações demandavam longo tempo para cruzar mares, tamanha repercussão era algo que impressionava.

O pontapé inicial daquela reunião informal fora o breaking, mas em pouco tempo os quatro elementos do hip-hop começaram a se fazer presentes nos encontros da São Bento. Não foram poucos os jovens que passaram a praticar mais de uma modalidade artística da cultura de rua. A ideia de cantar rap, de poder falar e ser ouvido, fez muitos b-boys se arriscarem a rascunhar suas primeiras rimas. Alguns que aderiram à São Bento atraídos pela dança, inclusive, descobririam talento ímpar para o rap e poucos anos depois consolidariam seus nomes na praia musical. Dois desses rapazes, por exemplo, eram Altair Gonçalves e Pedro Paulo Soares Pereira, que anos mais tarde viriam a se tornar célebres, respectivamente, como Thaide e Mano Brown, dois dos principais nomes do rap brasileiro.

Otávio e Augusto Pandolfo eram dois irmãos gêmeos, brancos e de classe média, que em 1986 estavam com doze de idade e também frequentavam o lugar. Interessaram-se primeiro pela dança e até chegariam a se arriscar a cantar rap alguns anos depois, mas tinham especial apreço – e dom – por desenhos. Por brincadeira já tinham sido chamados de Tico e Teco por alguns frequentadores da São Bento, em referência aos esquilos dos desenhos de Walt Disney. Mas um rapaz chamado Humberto Martins, que começava a se interessar por técnicas de discotecagem, deu àqueles irmãos, que mais tarde se tornariam grafiteiros, um apelido óbvio: Os Gêmeos.

O nome da dupla começaria a ser levado a sério a partir de 1989, após ter sido grafado desta forma nos agradecimentos do álbum *Pergunte a Quem Conhece*, primeiro LP da dupla de rap da qual Humberto viria a fazer parte: Thaide & DJ Hum. Anos mais tarde aqueles dois irmãos adotariam Osgemeos como grafia oficial de seu nome artístico e se tornariam artistas plásticos de renome internacional, com obras expostas em ruas, prédios, galerias de arte e até monumentos de diversos países do mundo – incluindo até mesmo a pintura do castelo de Kelburn, medieval construção escocesa erguida no século XIII que foi totalmente coberta por graffiti.

Muitos outros jovens migraram da dança para os demais elementos da cultura hip-hop. Jackson Augusto Bicudo de Moraes começou a discotecar e rimar, adotando o nome artístico MC Jack – sugerido por Nelson Triunfo numa certa tarde de 1984, na esquina das ruas 24 de Maio e Dom José de Barros. André Luís Aparecido Martins era outro rapaz que gostava de manipular os toca-discos e, para tanto, adotou a alcunha DJ Alam Beat quando formou o grupo Sampa Crew ao lado de outros frequentadores da São Bento. Muito ágil e flexível, ele era considerado um dos melhores b-boys da época.

Quem também seguiu o caminho da discotecagem foi Kleber Geraldo Lelis Simões, que logo adotaria o nome KL Jay e também grafaria seu nome na história do hip-hop tupiniquim, como integrante do grupo Racionais MCs e por diversas iniciativas individuais de fomento à cultura.

Ainda sem recursos nem conhecimento técnico sobre produção musical, no início os primeiros rappers rimavam de improviso sobre trilhas instrumentais batucadas nas lixeiras metálicas da estação.

Um dos que mais se destacavam na época era Flávio Paiva Júnior, mais conhecido como J.R. Blaw, um preto extrovertido que se mostrava diferente em tudo o que fazia. Dos trajes inusitados ao estilo ímpar de rimar e compor, era considerado um dos mais talentosos daquela geração. Invariavelmente comparecia à estação com roupas irreverentes, uma bandana ou um gorro que escondia as orelhas (semelhante ao do personagem Chaves, do programa humorístico mexicano bastante popular no Brasil) e outras indumentárias que ele mesmo inventava.

Dos nomes do rap norte-americano que estavam em evidência, como Whodini, Kurtis Blow, Grandmaster Flash & The Furious Five, Afrika Bambaataa & The Soul Sonic Force, Run DMC, LL Cool J, Kool Moe Dee e Beastie Boys, ele buscava inspiração apenas para o estilo de cantar, já que entendia poucas palavras de inglês. Mesmo sem ter referências sobre o que os rappers estrangeiros diziam, colocava em suas poesias a mesma criatividade com que compunha seu visual.

As letras de Blaw tratavam dos mais diversos assuntos, desde temas festivos a protestos sociais, alternando humor e ironia com discursos mais sérios e crônicas inusitadas. Contemporâneos do MC relatam que, já naquela época, ele fazia uso constante de metáforas e analogias, recursos que ainda demorariam mais de uma década para se popularizar no rap brasileiro. Criativo ao extremo, em uma de suas letras ele narrava ter improvisado um balão a partir de um pedaço de pano encontrado no chão e viajado com ele até Paris – até arriscou alguns versos em francês! J.R. Blaw também foi um dos criadores do *"embromation"*, brincadeira que consistia em balbuciar fonemas aleatórios, fingindo que fazia rap em inglês, mas sem dizer coisa com coisa. Faleceu em outubro de 1990, vítima de um atropelamento na rua dos Trilhos, no bairro da Mooca, quando retornava da festa de lançamento da MTV brasileira. Muitos b-boys, MCs e DJs que o conheceram na São Bento acreditam que, não fosse essa fatalidade em seu destino, J.R. Blaw teria se tornado um nome de grande destaque no pioneirismo do rap brasileiro.

Além dele, outros batedores de lata ajudavam a manter os primórdios do rap tupiniquim vivo na São Bento. Alguns deles viriam a se tornar nomes célebres do gênero nos anos seguintes, como MC Jack, Thaide e Rappin' Hood, entre outros. Houve também alguns MCs que nunca deixaram o anonimato, ou que com o passar do tempo colocaram o hip-hop de lado e passaram a dar prioridade ao estudo, trabalho ou família. Mas todos tiveram sua importância na construção desse fenômeno cultural, que só carece de reconhecimento devido à falta de registros históricos.

Bastião x Madonna

Ainda um ingênuo aspirante a cantor de rap, Pepeu tinha conhecido na estação São Bento um jovem de Santo André chamado Marcelo Rodrigues, ou Mike. Ambos logo descobriram ter em comum a paixão por aquele novo estilo musical e por brincadeira começaram a escrever algumas letras. Suas músicas tinham como mote principal temas mais descontraídos e bem humorados. Uma delas contava a história de um fictício tio chamado Bastião, um sujeito pobretão e mentiroso que acaba sendo desmascarado no decorrer da hilária música:

> Bastião é um cara muito enrolado
> Só inventa trapalhada e diz que é advogado
> Advogado não é nada, Bastião é enrolão
> Todo mundo bate palma e chama ele no portão
> Bastião me falou que tem um carro bacana
> Muita mulherada e casa em Copacabana
> Eu descobri que era mentira, Bastião fuma bagana
> Sempre corre da polícia, muito azar e pouca grana (...)

Instigados pelo amigo DJ Gege, que comandava algumas festas na casa noturna Sunshine, em Santo André, em meados de 1986 Pepeu e Mike gravaram o "Melô do Bastião" de maneira improvisada, sobre a trilha instrumental da música "Fly guys", do grupo norte-americano Magic's Trick. A brincadeira foi gravada em fita de rolo magnética e com qualidade precária, em razão dos limitados recursos disponíveis naquela época.

Mesmo sem mixar nem masterizar a música com o requinte que só grandes estúdios podiam proporcionar, DJ Gege resolveu mostrar a gravação para alguns amigos da Rádio Bandeirantes FM, que acharam-na engraçada e decidiram colocá-la no ar. "Melô do Bastião" repercutiu rapidamente e muitas pessoas passaram a telefonar para a emissora e pedir que ela fosse executada novamente. Ao longo dos dias seguintes a canção improvisada já era uma das mais reprisadas na programação e tinha entrado no *ranking* de um programa que tocava as dez músicas mais pedidas pelos ouvintes.

A coroação a Pepeu e Mike surgiu no dia em que "Bastião" chegou à primeira colocação do programa, jogando para o segundo degrau ninguém menos que a estrela pop Madonna – que na época fazia muito sucesso com "Papa don't preach" e "La isla bonita", de seu terceiro álbum, *True Blue*.

Gravada de forma amadora e despretensiosa, tal versão de "Melô do Bastião" não chegou a ser registrada em disco. Mesmo assim, incentivou Pepeu e Mike a levarem o rap mais a sério, bem como serviu de inspiração para que muitos outros jovens acreditassem que podiam escrever suas rimas e conseguir fazê-las chegar aos palcos e às rádios.

My Baby

A forte repercussão obtida pela estação São Bento como o principal foco da emergente cultura hip-hop na maior metrópole da América Latina também despertou o interesse de distintos agentes culturais. Assim, na curiosidade de entender aquele novo fenômeno e interagir com ele, alguns músicos de outros segmentos alternativos começaram a frequentar o local.

Um deles era o cantor, compositor e multi-instrumentista Marco Antônio Gonçalves dos Santos, o Skowa, que já acumulava em seu currículo trabalhos em parceria com Itamar Assumpção e nos anos seguintes chegaria a gravar com Jorge Ben Jor. Ele estava no processo de formação da banda de funk e soul Skowa e a Máfia, que seria oficializada em 1987, e dois anos depois lançaria o álbum *La Famiglia*. Os músicos Márcio Werneck e Will Robson, que integravam a banda Fábrica Fagus, também eram presença constante na São Bento. Irmão de Márcio, o ator e músico Theo Werneck, que futuramente se tornaria DJ e produtor musical, também era assíduo no local. Em 1986, ao lado de sua namorada (na época) Marisa Orth e alguns colegas de teatro, ele fundou a banda Luni – que, três anos mais tarde, pouco antes de ser desfeita, gravaria a música de abertura da novela *Que Rei Sou Eu?*, da Rede Globo, um rap chamado "Rap do rei".

Em 1987 quem também conheceu a São Bento e chegou a comparecer a vários encontros foi Nasi, vocalista da banda de rock Ira!, que soube do ponto por meio dos integrantes da Fábrica Fagus. Muitos b-boys ficaram impressionados ao ver um músico famoso ali, a prestigiar o breaking. Àquela altura o Ira! colhia bons frutos de seu terceiro disco, *Vivendo e Não Aprendendo*, lançado no ano anterior – depois de ter estreado com o single *Ira* (1983) e lançado o álbum *Mudança de Comportamento* (1985). Ainda bastante próximo do punk rock, Nasi vinha nutrindo profundo interesse pelo hip-hop, que, segundo se informara, também era uma cultura de contestação ligada às camadas populares.

Depois de se entrosar com algumas das principais figuras da São Bento, certo dia Nasi convidou alguns jovens para uma festa chamada My Baby, da qual era um dos organizadores. No dia combinado vários deles compareceram ao Teatro Mambembe, na rua do Paraíso, no bairro de mesmo nome. Um deles era o b-boy Thaide, que estava junto com outros integrantes da Back Spin Crew. Nasi pediu-o que improvisasse algum dos raps que costumava cantar quando batucava nas latas de lixo da estação São Bento. Outro convidado do roqueiro, DJ Hum se incumbiria de soltar uma base musical nos toca-discos. Mesmo sem nenhuma experiência de palco, Thaide foi ao microfone e cantou um rap de sua autoria chamado "Consciência". Mal sabia, ainda, que estava fazendo história.

Bastante aplaudido, o jovem b-boy mal desceu do palco e foi abordado por um sujeito barbudo que se identificou como Pena Schmidt. Então diretor artístico da gravadora CBS, ele disse ter ficado impressionado com a performance e fez um convite para que Thaide gravasse um disco. De pronto, por incrível que pareça, o rapaz recusou a proposta sem hesitar. Agradeceu a oportunidade, mas disse ao executivo que ainda não se sentia preparado para encarar aquele desafio. Queria adquirir mais experiência antes de entrar em estúdio e gravar.

Naquela mesma noite Thaide convidou DJ Hum para ser seu parceiro musical – ambos já se conheciam da São Bento e por frequentarem algumas festas de música negra realizadas na casa noturna Archote, na região de Moema.

– Mas eu nem sei fazer scratches direito – respondeu DJ Hum.
– Tudo bem, eu também ainda não sei cantar rap. Podemos aprender juntos – rebateu Thaide.

Assim, de forma "acidental" e aparentemente despretensiosa, foi firmada a histórica parceria que teria fundamental importância na disseminação do rap e viria a influenciar muitas gerações de agentes do hip-hop brasileiro.

Primeiras coletâneas
Ainda em 1987 a gravadora CBS lançou uma coletânea chamada *Remixou? Dançou!*, em que fazia experimentos com novos ritmos que vinham ganhando espaço no mercado internacional. O projeto visava abarcar a nova sonoridade da música pop brasileira, com forte influência do *new wave*, e reuniu nomes como Leo Jaime, Guilherme Arantes, João Bosco, Claudio Zoli e a banda Tokyo – que tinha entre seus integrantes o cantor Supla (filho do político Eduardo Suplicy) e o guitarrista Eduardo Bidlowski, que alguns anos mais tarde se consolidaria como um dos principais produtores musicais do país, conhecido como BiD.

Ao lado desses nomes a CBS colocou no mesmo disco o "Sebastian boys rap (Melô do Bastião)", uma releitura do rap que tinha sido feito na base da brincadeira, no ano anterior, pela dupla Pepeu e Mike. A letra sofreu algumas alterações. Apesar de ter contado com produção musical e tratamento de áudio bem mais caprichados, a nova versão não repetiu o fenômeno da gravação improvisada que tinha desbancado Madonna do topo do ranking da Rádio Bandeirantes.

No mesmo ano a equipe de som Kaskata's decidiu realizar um concurso de rap na casa Club House, na cidade de Santo André. Os destaques do evento foram agraciados com a participação em uma coletânea chamada *Ousadia do Rap*, um dos primeiros registros da 'retomada' do rap brasileiro após o esvaziamento da febre do breaking.

Produzido por DJ Cuca, o disco apresentou à cena nomes como De Repent, Mister Théo, Eletro Rock, B. Force, Zy DJ & DJ Cuca e Kaka House. Uma curiosidade era a formação do De Repent, grupo em que estavam Dom Billy e Deph Paul, também integrantes do Funk & Cia, além da cantora Thulla – oficialmente, a primeira mulher a gravar um rap no Brasil, e que mais de dez anos depois também chegaria a fazer parte de nova formação do Funk & Cia.

A criação do De Repent, aliás, enterrou de vez um projeto que vinha sendo adiado desde 1984: a gravação do disco de Nelson Triunfo e Funk & Cia pela produtora Circuit Power, a convite do DJ Armando Martins. A ideia nunca saiu da conversa. Se tivesse sido gravado e lançado, esse disco poderia ter mudado a história de Nelsão, e talvez do próprio hip-hop brasileiro.

Com o surgimento de novas gravações de rap em São Paulo, grande parte dos jovens que frequentavam a São Bento passou a perceber que o hip-hop poderia representar mais do que uma mera curtição de momento. A possibilidade de lançar discos e fazer shows abriu um novo horizonte para os primeiros MCs brasileiros, que começaram a se aprimorar naquela manifestação artística, despretensiosa até então. Ainda em 1987 o jornalista, escritor e músico carioca Fausto Fawcett lançou seu primeiro álbum, *Fausto Fawcett e os Robôs Efêmeros*, em que uma das canções de destaque era o rap "Kátia Flávia" – mais um curioso indicativo de que esse novo gênero musical estava se tornando cada vez mais popular. Foi nessa época que os produtores fonográficos e gravadoras do país passaram a conferir um outro olhar ao rap.

Mais uma perda

Quase dois anos tinham se passado desde a morte de Nathan e, mesmo sem ter superado totalmente a perda do filho, Nelson Triunfo tocava normalmente sua vida quando foi surpreendido por um novo golpe do destino, ainda mais forte: houve piora no estado de saúde de sua mãe Carmelita, que sofria de diabetes. Sem condições de viajar para Triunfo, foi por meio de inúmeros e apreensivos telefonemas diários para o pai que ele acompanhou os longos e preocupantes dias de internação da mãe, até a chegada da pior notícia: a de seu falecimento, no dia 15 de julho de 1988.

Obviamente Nelsão ficou muito abatido com a perda da mãe, mas o que mais o revoltou foi o fato de não ter como comparecer ao sepultamento para lhe dar o último adeus. Não tinha recursos suficientes para viajar de avião e, se fosse de ônibus, não chegaria a tempo ao sertão pernambucano. Ficou inconformado com essa situação limitadora que a vida lhe impusera. Prometeu a si mesmo que, a partir daquele dia, não ficaria mais longos períodos sem viajar para Triunfo e se esforçaria para visitar, com mais frequência, os familiares que ficaram na amada terra natal.

Se algo ajudou Nelson Triunfo a aceitar a morte da mãe e não se culpar por estar distante dela no momento de sua partida foi o fato de ter sido ela sua grande incentivadora na busca pela liberdade e por melhores perspectivas de vida. Se estava em São Paulo a milhares de quilômetros era porque ela assim o apoiara. Fora Carmelita quem primeiro o incitara à ideia de estudar fora de Triunfo. A mãe o acompanhara na primeira viagem de pau-de-arara para Paulo Afonso, quando ainda era adolescente. Depois, fora ela também que se manifestara favorável à sua decisão de se mudar para o Distrito Federal, dizendo ao filho que tinha de fazer isso mesmo, buscar as oportunidades onde quer que elas estivessem.

Carmelita também nunca implicara com seu cabelo ou com suas roupas, e nunca tentara forçá-lo a trabalhar com algo que não lhe trouxesse satisfação pessoal. Nelsão ainda se recordou que, nas duas vezes em que o visitara em São Paulo, uma em 1983 e outra em 1986, ela se mostrara bastante empolgada com a vida artística que ele vinha levando, mesmo que financeiramente a situação não fosse confortável. A mãe se declarara muito orgulhosa de ver sua imagem em reportagens, circulares e cartazes de eventos.

– Meu Nelsinho é um artista, até vive aparecendo em jornal e televisão – disse certa vez, muito sorridente, a 'fã número um' do filho.

Após algumas semanas entre lágrimas e reflexões com essas e outras gostosas lembranças na cabeça, Nelson Triunfo conseguiria se conformar com as circunstâncias em que perdeu a mãe e com o fato de não estar presente em seu sepultamento. A melhor maneira de honrá-la, deduziu, seria mantendo a cabeça erguida para prosseguir com seu trabalho e sua arte, em busca de seus sonhos e aspirações, como sempre fizera. No fundo, sabia que de alguma maneira ela continuaria a observá-lo. E sentia que ainda tinha muito a fazer para seguir dando orgulho a ela.

Outros lançamentos

Numa certa tarde de 1988 Ruberval Oliveira e Cassius Franco, integrantes da banda O Credo, chegaram à estação São Bento com uma novidade: tinham sido convidados por dois representantes da gravadora Eldorado para gravar um disco. Como ainda não possuíam repertório suficiente para preencher um LP, Ruberval e Cassius tinham dado a Gilson Fernandes de Souza e Vagner Garcia, da gravadora, a ideia de produzir uma coletânea com vários rappers que frequentavam os encontros na estação do metrô. Sugestão aprovada, só lhes restava recrutar os participantes do projeto para colocá-lo em prática.

Ficou então definido que o disco teria quatro participantes, cada qual com duas músicas. Implicitamente a Eldorado sinalizava que quem se destacasse teria grandes chances de gravar seu próprio álbum autoral. A coletânea recebeu um nome óbvio e direto, mas muito significativo para aquele momento: *Hip-Hop Cultura de Rua*.

Thaide & DJ Hum gravaram "Homens da lei" e "Corpo fechado", ambas produzidas por Nasi e o baterista André Jung, do Ira!. O produtor Dudu Marote assinou as faixas de MC Jack e do trio Código 13. O primeiro lançou "Centro da cidade" e "Calafrio (Melô do terror)". Já o grupo gravou a faixa homônima "Código 13" e "Gritos do silêncio". A banda O Credo, por sua vez, participou com as músicas "O Credo" e "Deus da visão cega", ambas produzidas por Akira S.

Com um trabalho de divulgação digno de gravadora grande, *Hip-Hop Cultura de Rua* teve evento oficial de lançamento no dia dois de novembro de 1988 – curiosamente, Dia de Finados – e rapidamente ganhou espaço em diversos veículos de comunicação, incluindo jornais, revistas e emissoras de rádio e televisão. Logo a faixa "Corpo fechado", de Thaide & DJ Hum, começou a se destacar. Entrou na programação das principais rádios do Brasil e se tornou o carro-chefe da coletânea que viria a revolucionar a vida da dupla e a história do hip-hop no Brasil, como veremos mais à frente. Cabe destacar que *Hip-Hop Cultura de Rua* viria a se tornar um disco clássico, de valor documental, considerado essencial para se entender a história do hip-hop no Brasil.

Outra importante coletânea lançada em 1988 foi *O Som das Ruas*, uma iniciativa da equipe de bailes Chic Show. Com dez faixas, o disco reuniu nomes como Catito, Mister, DJ Cuca, Dee Mau e De Repent (o mesmo grupo que havia participado do *Ousadia do Rap*, da Kaskata's). Alguns participantes dessa coletânea teriam longevidade na cena: DJ Cuca, que se tornaria produtor de dance music e rap e colocaria dezenas de trabalhos no mercado fonográfico; Os Metralhas, grupo formado por dois irmãos que anos depois adotariam os nomes Lino Krizz e DJ Dri; Sampa Crew, trio que teria próspera carreira ao se dedicar a músicas com temáticas de amor; e Ndee Rap, rapper que logo adotaria o nome artístico Ndee Naldinho e, ao longo de mais de duas décadas, seria o dono de uma das mais longevas e numerosas discografias do rap brasileiro.

Formado ainda em 1988 por sete jovens na região da Bela Vista, também em São Paulo, o grupo Região Abissal foi o primeiro do rap brasileiro a contar com dois DJs: Kri e Gibass. Os microfones eram divididos pelos MCs Athalyba, que exercia o papel de líder, Guzula, Adilsinho e Bafé. Completava o time o tecladista Marcelo Maita. A trupe tinha uma bateria eletrônica e, em seus ensaios, fazia muitos experimentos sonoros que logo chamaram a atenção de um vizinho que trabalhava na gravadora Continental – na época, especializada em música sertaneja.

Ele se interessou por aquele estilo inovador de música, levou o grupo à gravadora e convenceu seus diretores de que o ritmo tão diferente poderia sinalizar uma nova tendência no mercado fonográfico. No mesmo ano foi lançado o LP *Hip Rap Hop*, um dos primeiros álbuns autorais do rap brasileiro.

Não foram só os discos lançados em 1988 que colocaram em evidência o bom momento do rap no Brasil. Nos palcos, a Chic Show trouxe shows de Kool Moe Dee, em janeiro; Whodini, em maio; e Kurtis Blow, em outubro. Três dos rappers mais celebrados dos EUA na época, eles se apresentaram no ginásio da Sociedade Esportiva Palmeiras, que desde a década anterior fora palco de memoráveis momentos para a música negra em São Paulo. Paralelamente, no mesmo período a equipe também continuou a trazer ícones do soul e do funk, como James Brown, Betty Wright e Roger Troutman/Zapp. E para consolidar o êxito do rap naquele ano a equipe Circuit Power realizou um show do lendário grupo Run-DMC no Club House, em Santo André.

Thaíde & DJ Hum conquistaram espaço em várias emissoras de rádio, começaram a fazer shows por todo o Brasil e até levaram o sucesso "Corpo fechado" a programas televisivos. Diante desse êxito a gravadora Eldorado decidiu cumprir a promessa de investir em quem se destacasse na coletânea *Hip-Hop Cultura de Rua*, que vendera mais de sessenta mil cópias – um número expressivo para a época, sobretudo por se tratar de um gênero musical ainda pouco conhecido.

Assim, Thaíde & DJ Hum lançaram em agosto de 1989 seu primeiro álbum, *Pergunte a Quem Conhece*, produzido pelos mesmos Nasi e André Jung que já os tinham ajudado nas duas músicas incluídas na coletânea. O processo de criação do disco teve uma curiosidade: na primeira versão da canção romântica "Minha mina", a dupla havia utilizado um trecho gravado da música "Você", do primeiro álbum de Tim Maia, de 1971. Com suporte da Eldorado, "Minha mina" fora enviada ao ícone do soul brasileiro, que não autorizou a utilização do trecho – na época, o *sampling*[1] ainda era um recurso desconhecido na indústria fonográfica brasileira. Não satisfeito, DJ Hum resolveu telefonar diretamente para Tim Maia e explicar que ele e Thaide eram seus fãs, e que o uso de "Você" era uma homenagem, não uma apropriação com fins escusos. O cantor foi cordial ao telefone mas, mais uma vez, se negou a autorizar a utilização do fonograma. A dupla agradeceu e ficou decepcionada com a recusa, mas relevou, "porque Tim Maia é Tim Maia". Assim, não só "Minha mina" teve de ser regravada por Thaide & DJ Hum sem o *sample* desejado, como também a Eldorado teve de destruir cerca de 1.500 LPs que já tinham sido prensados com a versão preliminar do fonograma. Na época, nenhum dos envolvidos no episódio sequer pensou em preservar ao menos uma dessas peças, que hoje certamente teria importantíssimo valor histórico.

Pergunte a Quem Conhece manteve o nome da dupla em evidência, continuou rendendo convites para shows por todo o Brasil e ajudou a consolidar o rap – e o hip-hop – como uma manifestação cultural que surgira para ficar. No mesmo ano a Eldorado também colocou nas ruas um LP que foi dividido entre outros dois nomes que integraram a coletânea: *MC Jack e Código 13*. Mas o trabalho não obteve a repercussão desejada pela gravadora, que pouco investiu em sua divulgação.

O novo gênero musical continuou a crescer em território nacional. Mais equipes de bailes black decidiram se aventurar no mercado fonográfico e começaram a realizar concursos de rap, quase sempre com o objetivo de lançar uma coletânea. Assim, ainda em 1989 a Kaskata's lançou o título *Ritmo Quente: The Best Beat of Rap*, que tinha músicas de Carlinhos e DJ Cuca, Geração Rap, Clay, Irmãos Cara-de-Pau, Mr. Gil, André e Silvinho.

---

1   Recurso bastante comum na produção do rap, *sampling* (ou *sample*) é o nome dado à inserção do trecho de um fonograma já existente, no processo de gravação de uma nova música. Polêmica, a questão já rendeu diversos embates judiciais entre músicos e gravadoras. Mesmo assim, no Brasil muitos rappers preferem correr o risco de ser processados a solicitar autorização para o uso de um *sample* – liberação feita, geralmente, mediante o pagamento de alguma compensação.

Quase simultaneamente a gravadora independente também colocou nas ruas o primeiro álbum solo de Pepeu, agora sem a companhia de Mike no nome artístico oficial (mas ainda com algumas participações dele): *The Culture of Rap*, cujo grande destaque foi a canção "Nomes de meninas", que se tornaria um dos clássicos do rap brasileiro, com versos como:

> Estou pintando, estou chegando agora
> Se a guerra não termina juro que não vou embora
> Só quero ver se você não desafina
> Me levando no rap quatro nomes de meninas
> Rute, Carolina, Bete, Josefina
> Acabei de lhe dar quatro nomes de meninas
> (...)
> Agora continuo nesse som que vou levar
> É de dar água na boca de vontade de dançar
> Um, dois, três, quatro, cinco, mil
> É jogada ensaiada, tudo coisa de rotina
> Se você não tá ligado, por favor desbaratina
> Me dê sua resposta ou saia de fina
> Se não souber levar oito nomes de meninas
> Rute, Carolina, Bete, Josefina,
> Marcela, Ivete, Rosa e Regina

A equipe de som Zimbabwe também preparou sua coletânea, com a mesma proposta de divulgar o novo fenômeno cultural que eclodia entre os jovens de periferia. O LP independente *Consciência Black Vol. 1* apresentou nomes como Street Dance, Sharylaine, Frank Frank, Grandmaster Rap Junior, MC Gregory, Equipe Zâmbia e Criminal Master. Quase todos traziam músicas com temáticas amenas e mais voltadas para o clima dos bailes.

Outros dois nomes participantes da coletânea e que fariam história na música brasileira foram Racionais MCs, com uma música chamada "Pânico na zona sul", e Edi Rock, com "Tempos difíceis" – na época, a dupla B.B. Boys, formada por Mano Brown e Ice Blue, da zona sul de São Paulo, ainda não tinha oficializado a fusão com a dupla formada por Edi Rock e KL Jay, da zona norte, o que viria a ocorrer em poucos meses. As músicas foram colocadas na última trilha de cada lado do vinil, porque seu conteúdo agressivo, carregado de críticas sociais contundentes, destoava do restante das faixas, que eram mais descontraídas e festivas. E foram justamente essa faixas mais pesadas que acabaram por se tornar os grandes destaques da coletânea. Certamente essa repercussão deu início a uma nova tendência no conteúdo do rap feito no Brasil, com letras mais críticas, explícitas e comprometidas com questões políticas, sociais e raciais.

Ainda em 1989 a Chic Show lançou o álbum *Tudo Está Caro*, do grupo Black Juniors. Mas o trabalho não obteve o mesmo êxito do primeiro disco, *Mas que Linda Estás*, de 1984, quando o grupo se tornara um fenômeno nacional embalado na febre do "break". No mesmo ano a desconhecida FAT Records lançou o LP *Situation Rap/Situation Groove*, com duas músicas cantadas em inglês pela dupla brasileira Dynamic Duo, com participação de General G. O trabalho também teve repercussão bastante discreta e logo caiu no esquecimento do público.

Se liga meu!

Aspirante a músico desde o início da adolescência, quando sabia tocar sanfona, violão e percussão, desde então Nelson Triunfo já possuía mais de cem composições próprias, geralmente feitas em companhia de seu violão. Ele não tinha o hábito de organizar notações para todas elas e, na maioria das vezes, guardava-as apenas de cabeça. Acabou perdendo alguns arranjos improvisados e letras de música rascunhadas que, por confiar demais na própria memória, não tomou o cuidado de preservar. Quando conseguia resgatar resquícios da lembrança de algum tema ou verso quase esquecido, recompunha ou reescrevia-o, mesmo que já estivesse com outro humor, outro estado de espírito e a inspiração em outra sintonia. Curiosamente jamais saberia a diferença entre uma e outra versão dessas poesias e canções que foram escritas, esquecidas e reescritas. Algumas letras até eram passadas para cadernos; outras, anotadas no verso de calendários ou em qualquer outro pedaço de papel que lhe viesse às mãos com espaço suficiente para armazenar poesias.

Nelson Triunfo observava com muita satisfação o êxito do rap brasileiro e também se preparava para gravar um álbum, que seria lançado pelo selo independente TNT Records. Depois de ter perdido, em 1984, a oportunidade de gravar seu disco com o Funk & Cia pela Circuit Power do DJ Armando Martins, agora ele queria aproveitar a oportunidade oferecida por Donizete Sampaio, proprietário do TNT.

Nesse trabalho queria fugir de quaisquer vícios e padrões do mercado fonográfico e apresentar algo diferenciado, que refletisse pelo menos uma parte de sua eclética formação cultural. Sua alma musical autônoma, iniciada com os batuques mirins na lata de querosene Jacaré, incluía dos folguedos populares nordestinos ao baião de Luiz Gonzaga, do rock de Alice Cooper ao soul e ao funk do mestre James Brown, da potência vocal de Jessé ao rap das novas gerações. No entanto, essa intenção esbarrou na estrutura precária com que teve de gravar o disco, com baixo investimento e recursos técnicos limitados.

Com produção musical assinada por Fábio Macari e pelos integrantes do Região Abissal, o álbum *Se Liga Meu*, de Nelson Triunfo e Funk & Cia, foi lançado no início de 1990. Na capa, de fundo branco, Nelson Triunfo traja uma bata de estilo africano, bem como Luizinho, seu parceiro nos microfones. Completam o time os dançarinos Deph Paul e Star, em trajes militares nitidamente inspirados no grupo de rap norte-americano Public Enemy, e Raul, com um estilo indefinível que incluía lenço na cabeça, o peito à mostra na abertura de um colete de couro preto, tatuagem no ombro esquerdo e vários anéis nos dedos. Ele é o único que não usa pelo menos um dos medalhões artesanais que Nelsão continuava a confeccionar e vender.

O líder do grupo não gostou muito da mixagem e da masterização, feitas no Rio de Janeiro, porque achou que o som ficou meio "abafado". Mas com o disco já pronto não adiantaria mais reclamar. O LP foi lançado com oito faixas: "Se liga meu", "Poxa mina", "Advertência" e "Atenção" no lado A; e "Garota fantasia", "O cara", "Os habitantes" e "Culpado" no lado B.

Sátira com verso que chega a soar com duplo sentido ("Garota eu não sabia que você mentia"), a faixa "Garota fantasia" tocou algumas vezes nas rádios, mas isso não conseguiu alavancar o disco, que praticamente não teve trabalho de divulgação. "Poxa mina", outra canção com brincadeira semelhante – que, não por coincidência, lembra muito os trocadilhos usualmente presentes nas letras de forró –, diz:

> Poxa mina, como você é legal
> Você precisa conhecer meu... pai!

Esse humor malicioso tipicamente nordestino também aparece em "Culpado", narrada por um personagem que fica nervoso e começa a gaguejar:

> Vo... vo... vo... você é cu...
> Vo... vo... vo... você é cu...
> Vo... vo... vo... você é cu...
> Você é cu-culpado

A faixa "Os habitantes" pode ser considerada a mais filosófica do disco, com os versos:

> Os habitantes da terra e os habitantes do mar
> Moram no mesmo planeta e um dia vão se encontrar

Também houve espaço para letras de protesto, como "Se liga meu", "Advertência" e "Atenção", que trazem críticas sociais e políticas, e versam sobre paz, respeito e consciência.
E "O cara", outro destaque do álbum, é uma inusitada e criativa brincadeira poética, um imenso trava-língua em que Nelsão utiliza a palavra "cara" dezenas de vezes, em diferentes contextos e sentidos.

O grupo chegou a fazer alguns shows nos primeiros meses de 1990, mas essa investida musical do Funk & Cia não duraria muito. Cerca de três meses depois Luizinho engatou um namoro firme e, pressionado pela companheira ciumenta, que não admitia suas viagens com o grupo, pouco a pouco começou a deixar de lado a vida artística. Seu afastamento acabou por prejudicar a divulgação do *Se Liga Meu*.

Seis meses após seu lançamento o Funk & Cia já não realizava mais o show musical do disco e tornava a se apresentar apenas como uma equipe de dança.

Por conta dessa divulgação quase nula, o álbum permaneceria praticamente esquecido até se tornar *cult*, cerca de quinze anos depois, entre DJs, estudiosos do rap e colecionadores de discos de vinil.

Praça Roosevelt

Torna-se válido, aqui, relembrar que tinha sido em função da dança de rua que, em 1984, um grupo de jovens passara a ocupar a estação São Bento do metrô. Com o tempo, o número de dançarinos se multiplicou, mais informações sobre o hip-hop passaram a ser assimiladas por eles e os praticantes de outros elementos da cultura de rua também começaram a frequentar aquele espaço, o que o transformou no fenômeno urbano que ganhou a mídia e popularizou ainda mais a cultura de rua.

Nem sempre o convívio dos b-boys com DJs, MCs e grafiteiros foi pacífico, mas de modo geral em seus anos de ouro os encontros da São Bento reuniram todos em relativa harmonia. Lá cada grupo tinha seu canto: as rodas de breaking se formavam nos pontos específicos tradicionais, os que faziam rap se aglomeravam ao redor de outros *boomboxes* ou das latas de lixo metálicas para batucar e os grafiteiros ficavam dispersos, a transitar entre uma roda e outra ou circundar a multidão, quase sempre com suas pastas cheias de desenhos, fotografias e recortes de jornais e revistas. Mas a dança sempre fora o foco principal do local e, obviamente, era a manifestação que exigia mais espaços.

No segundo semestre de 1989 alguns MCs decidiram migrar para um novo ponto com a ideia de dar um enfoque mais específico ao rap. Escolheram a Praça Roosevelt, localizada entre as ruas Augusta e Consolação, também na região central.

O motivo daquela iniciativa não ficou muito claro. Alguns anos depois chegaram a ser levantados rumores de uma possível ruptura, segundo os quais alguns rappers teriam buscado um espaço próprio devido a algum tipo de animosidade com os praticantes de breaking, ou a uma suposta disputa, entre alguns MCs e b-boys mais vaidosos, pelo protagonismo na São Bento. Mas a maioria dos remanescentes da época assegura que não houve desentendimento nem cisão e sustenta que a decisão de criar um novo ponto de encontro fora motivada unicamente pela falta de espaços na estação de metrô. Assim, a ocupação da praça teria representado uma multiplicação – e não uma divisão – do hip-hop paulistano. A partir daquele momento, a cultura de rua passara a ter na cidade mais um ponto fixo de manifestação artística espontânea.

A Praça Roosevelt se caracteriza por um complexo arquitetônico com excesso de concreto e falta de áreas verdes. Desde sua construção, no final da década de 1960, isso sempre lhe rendeu críticas de diversos urbanistas.

Uma curiosa particularidade do local é seu respeitável histórico cultural. Antes da construção da praça aquele perímetro fora o principal ponto de encontro dos músicos de bossa nova na cidade, como Zimbo Trio, Johnny Alf, Claudette Soares e Alaíde Costa, entre outros. Além deles, músicos do Rio de Janeiro de passagem pela cidade constantemente revezavam sua presença entre os bares que havia nos arredores: Bon Soir, Baiúca, Stardust e Farney's (cujo dono fora o também músico Dick Farney). Foi naquele quarteirão ainda que o Cine Bijou marcou época, entre o início dos anos 1960 e 1995, período em que exibiu incontáveis títulos de cinema alternativo, incluindo algumas raridades. E fora no antigo bar Farney's, já renomeado Djalma's, que a cantora Elis Regina fizera sua primeira e histórica apresentação em São Paulo, em 5 de agosto de 1964.

Na época em que foi tomada pelos rappers a praça já não tinha o mesmo charme das décadas anteriores. Ao contrário, era considerada um símbolo da crescente degradação do centro velho de São Paulo. Suas rampas, becos e vãos tinham adquirido ar sombrio. Com rachaduras, goteiras e a presença constante de todo tipo de lixo, a construção sugeria estado de abandono. Mas para os novos frequentadores o atrativo da praça era justamente essa atmosfera crua de gueto, feia e intimidadora, fruto do caos urbano da metrópole – um cenário semelhante à inspiradora Nova York vista nos filmes, videoclipes e reportagens relacionados ao hip-hop. E foi bem ali que, aos sábados, a dividir espaço com alguns skatistas que também se concentravam naquele ambiente hostil, cinzento e fétido, os DJs e MCs começaram a se reunir para rimar, fazer *beatboxing* (arte de reproduzir, com as cordas vocais, sons de instrumentos musicais e outros efeitos sonoros) e trocar informações sobre rap.

Participaram desse período desde pioneiros do gênero, como o já mencionado J.R. Blaw, que gozava de certa liderança no local, até nomes que viriam a integrar grupos de rap que se consolidariam nos anos seguintes, como Pavilhão Nove, DMN, FNR, MRN, Doctor MCs, Comando DMC, Gang Master 90, MT Bronk's, RPW e Face Negra, entre vários outros. Nelson Triunfo apareceu por lá algumas vezes, mas nessa época estava mais ligado às atividades realizadas na São Bento.

Engajamento e "posses"

Apontado como um dos responsáveis pela fusão das duas duplas que deu origem aos Racionais MCs, o ativista do movimento negro Milton Sales, empresário do grupo na época, teve em agosto de 1989 a ideia de criar o Movimento Hip-Hop Organizado (MH2O). O coletivo tinha como objetivo politizar os jovens do hip-hop e direcionar suas ações e reivindicações de maneira organizada, de forma a definir atribuições a cada integrante.

Junto a essa iniciativa surgiu o conceito de *"posse"* (inspirado no termo em inglês, que significa algo como coletivo, grupo, galera), que já existia no hip-hop dos EUA. Assim, na própria Praça Roosevelt surgiu a primeira posse brasileira, que recebeu o nome Sindicato Negro e chegou a possuir cerca de duzentos integrantes.

A partir desse momento, estimulados pelo diálogo e pela aproximação com militantes do movimento negro, alguns dos principais rappers de São Paulo começaram a passar por um processo de aprofundamento político, social e sobre a diáspora africana. Conheceram livros de Abdias do Nascimento, Clóvis Moura, Gilberto Freyre, Joel Rufino dos Santos e Alex Haley, por exemplo, além de clássicos de História, Sociologia e Filosofia. Aprenderam sobre o Partido dos Panteras Negras e sobre personagens representativos da cultura negra, como Zumbi dos Palmares, Chico Rei, Rainha Nzinga, Martin Luther King Jr., Malcolm X, Nelson Mandela, Marcus Garvey, Louis Farrakhan, Steve Biko e Kwame Nkrumah, entre outros. Realizaram diversos debates sobre os problemas que afligem moradores de periferia, e assim passaram a identificar suas causas históricas e refletir sobre possíveis soluções.

Esse posicionamento mais crítico teve reflexo imediato nas letras das músicas, que aos poucos deixaram um pouco de lado os temas festivos e passaram a abordar, de forma mais explícita ou até com certa agressividade, questões como descaso político, criminalidade, miséria, racismo, violência, drogas, comportamento policial e sistema carcerário, entre outras mazelas. Do rap dos EUA, as maiores referências desse período foram os grupos Public Enemy e NWA, além do filme *Faça a Coisa Certa (Do the Right Thing)*, quarta obra do cineasta Spike Lee, lançada em 1989, que o projetaria para o mundo.

Devido ao grande número de participantes, foi natural que a discordância de opiniões logo surgisse no seio do Sindicato Negro. Também não demorou para que o grupo começasse a ser discriminado por comerciantes do centro e passasse a ser observado pela polícia, sob a suspeita de que se tratasse de algum tipo de gangue ou facção criminosa. Esses obstáculos acabariam por dissolver a primeira posse brasileira ainda no início da década de 1990. Mas, paralelamente, seu modelo de organização viria a inspirar o surgimento de muitos outros coletivos, não só na região metropolitana de São Paulo como também no interior do estado e em outras regiões do Brasil.

Também bastante significativa na cena hip-hop brasileira, a posse Conceitos de Rua foi criada em novembro de 1989 por jovens residentes nos arredores do Vale das Virtudes, na região do Capão Redondo, zona sul de São Paulo. Com propósito bem semelhante ao do Sindicato Negro, o grupo tinha como objetivo inicial fomentar o debate sociopolítico junto aos jovens de periferia, promovendo ações que utilizavam o hip-hop como instrumento de conscientização e expressão artística. No ano 2000 a Conceitos de Rua se formalizaria juridicamente como organização não-governamental, uma iniciativa que a possibilitaria estender sua atuação a outras localidades do país e até mesmo firmar projetos de intercâmbio cultural com agentes do hip-hop de fora do Brasil.[2]

Outra posse que, com o passar dos anos, se constituiria como ONG, desenvolvendo diversos projetos socieducativos, foi criada na Cidade Tiradentes, na zona leste de São Paulo: a Aliança Negra.

Também merece ser mencionada a Posse Hausa, fundada em 26 de junho de 1993 na pista de skate da cidade de São Bernardo do Campo. Com profundo engajamento político-racial, o que incluiu uma parceria com o Movimento Negro Unificado (MNU), ela teve sua história registrada e estudada pela pedagoga Elaine Nunes de Andrade em um dos primeiros trabalhos acadêmicos a abordar o hip-hop brasileiro de que se tem notícia: *Movimento Negro Juvenil: estudo de caso sobre jovens rappers de São Bernardo do Campo*, dissertação de mestrado apresentada em 1996 na Faculdade de Educação da Universidade de São Paulo (USP).

---

2   Uma dessas empreitadas, em parceria com a entidade alemã Gangway, levaria Nelson Triunfo a viajar para Berlim pela terceira vez, entre outubro e novembro de 2011, dessa vez para ministrar oficinas de dança e música.

Pode Crê!

Uma importante colaboração nesse processo de engajamento do hip-hop paulistano surgiu em 1992, com a criação do Projeto Rappers pela organização não-governamental Geledés Instituto da Mulher Negra. Tratava-se de um núcleo específico para o fomento da cultura de rua, que tinha preocupação específica com questões institucionais e jurídicas. A entidade, ligada à defesa dos direitos humanos com ênfase na população negra e feminina, tinha sido procurada por rappers que vinham sendo intimidados e até retirados dos palcos por alguns agentes policiais, mesmo que essa arbitrariedade representasse desrespeito à liberdade de expressão. Em busca de orientação sobre como proceder nesses casos, os rappers consultaram o Geledés, que mantinha um serviço gratuito de assistência jurídica chamado SOS Racismo. Das conversas que se sucederam a partir de então, os agentes da entidade puderam notar que, em linhas gerais, além do racismo a juventude negra enfrentava outros problemas e necessitava de mais orientações sobre assuntos diversos: cidadania, direitos humanos, sexualidade e prevenção às drogas, por exemplo.

Além de inserir os rappers em eventos pontuais de que já costumava tomar parte, como debates, fóruns, palestras e seminários, o Geledés teve a ideia de confeccionar uma cartilha informativa cujo foco principal seria o hip-hop, mas em que também houvesse assuntos históricos, políticos e sociais, com abordagens aprofundadas sobretudo na questão racial. Elaborado pelos próprios participantes do Projeto Rappers, o primeiro número dessa iniciativa foi lançado ao final de 1992, com o nome *Pode Crê!*, ainda um piloto do projeto a que se pretendia dar prosseguimento. Para a edição seguinte optou-se por aperfeiçoar a publicação e dar a ela um formato mais jornalístico. Assim, com algumas pequenas modificações e reportagem de capa com Mano Brown, dos Racionais MCs, entre fevereiro e março de 1993 foi lançado o primeiro número oficial da *Pode Crê!*, agora com características de revista.

Os recursos para tocar o projeto eram bastante escassos e os poucos anunciantes eram angariados, em sua maioria, entre as galerias do centro da cidade, principalmente lojas de discos de música negra e cabeleireiros black. Ainda assim, aqueles combativos jovens driblaram essas dificuldades por mais de um ano e ainda conseguiram publicar mais três edições da *Pode Crê!*, uma entre agosto e setembro de 1993 e outras duas ao longo de 1994, colocando em suas capas os grupos de rap Vítima Fatal, Thaide & DJ Hum e Câmbio Negro.

A primeira revista brasileira especializada em hip-hop teve vida curta, mas colaborou bastante para derrubar alguns preconceitos e ajudou a despertar muitos jovens para a importância da leitura, do senso crítico e da busca pela informação.

O rap se expande

Sob pressão da Eldorado, que queria repetir (ou superar) o sucesso de "Corpo fechado", um novo disco de Thaide & DJ Hum foi lançado já em 1990. Na produção a dupla ainda contou com a ajuda dos amigos Nasi e André Jung. Nas letras das músicas, *Hip-Hop na Veia: a Resposta* celebrava a cultura de rua (em faixas como "Movimento de rua", "Não pare o funk", "Hip-hop na veia" e "Meu DJ"), mas também dava início a críticas sociais mais contundentes ("Porcos no poder", "Luz negra" e "Ritmo da vida"). O trabalho não obteve a vendagem esperada pela gravadora, mas ajudou a consolidar o nome da dupla como a principal referência do gênero naquele momento.

No mesmo ano também foram lançados novos álbuns de Pepeu (*P. De Pepeu*) e Sampa Crew (*Ritmo, Amor e Poesia*), além da coletânea *Equipe Gallotte*, que trazia à cena nomes como Big Flea, Os Bacanas, Sergio Rick, MC Theo e MC Clau.

Mas um disco lançado pela Zimbabwe começaria a provocar profundas alterações no rap brasileiro: o álbum *Holocausto Urbano*, primeiro trabalho autoral do grupo Racionais MCs, que tinha se destacado na coletânea *Consciência Black Vol. 1*. O quarteto escancarou de vez o discurso inflamado contra os problemas que afligem moradores de periferia, principalmente os pretos.

O conteúdo pesado do disco já estava sugerido nos nomes de algumas músicas, como "Pânico na zona sul" e "Racistas otários". "Mulheres vulgares" trouxe à tona, pela primeira vez no rap brasileiro, a polêmica temática do sexismo. "Beco sem saída" e "Tempos difíceis" lançaram fortes críticas ao modelo socioeconômico vigente no Brasil e no mundo. E "Hey boy" foi o primeiro rap brasileiro a protestar contra a disparidade de classes sociais no Brasil, lançando no contexto da cultura hip-hop o uso da expressão "playboy" para se referir à elite econômica.

A essa altura o êxito dos primeiros discos de rap brasileiro e a proliferação do gênero musical nos bailes de música negra já arrebanhavam um número cada vez maior de adeptos, incentivando o surgimento de novos grupos de rap. Assim, outras iniciativas independentes também resolveram apostar em novos talentos.

Em 1991 a equipe de som Black Mad lançou a coletânea *Black Mad Brasilian Rap*, que apresentou nomes como MC Tuta, Black Duda, Rap Cat, Master Boys, Master Rap, MC Polmel e DMC Rap – grupo que logo mudaria seu nome para Comando DMC e viria a obter destaque na cena paulista. Já o selo Rhythm and Blues produziu a coletânea *Movimento Rap*, com músicas de Black Star Rap e WM Rappers, além de Os Balinhas do Rap, primeiro grupo de rap do Brasil formado por crianças, e Duck Jam e Nação Hip-Hop, que também se tornaria outra importante referência do período.

Encorajada pelo sucesso da coletânea produzida três anos antes, que fez emergir à cena o nome Racionais MCs, em 1992 a Zimbabwe deu continuidade à série e lançou o título *Consciência Black Vol. 2*, com músicas dos grupos DMN, MRN, Face Negra, FNR, Controle da Posse, The Force's MCs e o rapper MT Bronk's. No mesmo ano outras coletâneas continuaram a fortalecer e diversificar o rap brasileiro. A Kaskata's lançou dois volumes de uma coletânea intitulada *Vozes da Rua*. Nomes que ganhariam bastante espaço nos anos seguintes figuravam nos dois LPs, como Doctor MCs, Sistema Negro, Rap Sensation, Blacks 'N' The Hood, Unidade 1 e Território Negro, entre outros.

Jean

Entre julho e agosto de 1991 Heloisa descobrira estar grávida mais uma vez. Àquela altura ela e Nelson Triunfo já sentiam ter superado o trauma pela perda de Nathan, ocorrida cinco anos antes. Dessa vez, a gestação teve acompanhamento médico periódico e o casal se preparou com muito mais cuidado para que nada desse errado. Heloisa fez os exames devidos, regrou a alimentação conforme as orientações médicas que fez questão de exigir e controlou melhor seus horários de sono e repouso.

E foi na manhã de 16 de abril de 1992, uma agradável e ensolarada quinta-feira, véspera do feriado de Paixão de Cristo, que nasceu Jean Batista Campos. O parto foi considerado tranquilo, realizado no Hospital e Maternidade Leonor Mendes de Barros, situado no bairro do Belém. Para alívio dos pais, que ainda eram assombrados na memória pela fatalidade ocorrida a Nathan cinco anos antes, Jean foi gestado de forma tranquila, dentro do período considerado normal, e seu estado de saúde era considerado perfeito. Tinha 51 centímetros e pesava três quilos e novecentos gramas quando nasceu.

Desde o início Nelsão se mostrou um pai bastante zeloso e participativo. Trocava fraldas, dava banho, preparava a mamadeira e colocava o filho para ninar, sempre com muito carinho e paciência. Essa dedicação enchia os olhos de Heloisa e a fazia ter certeza de que não poderia ter escolhido pai melhor para seu filho.

Mesmo à custa de muito esforço, nessa época Nelsão ainda não tinha conseguido fazer muita coisa no terreno que cercara havia alguns anos, em razão do alto custo dos materiais de construção. Apenas limpara a área, fizera a fundação da futura casa, erguera algumas colunas e iniciara algumas paredes, além de vir cuidando das árvores que plantara no local. Por isso sabia que ele e Heloisa ainda teriam de se contorcer para oferecer uma boa criação ao filho, até que conseguissem deixar o apertado quartinho em que moravam. O nascimento de Jean, aliás, se tornara um fator motivador para que Nelsão redobrasse sua dedicação ao projeto de construir sua casa.

A horta comunitária por ele implementada, que havia sete anos vinha funcionando a todo vapor e rendendo alimentos saudáveis para muitas famílias da vizinhança, estava prestes a dar lugar à sua moradia definitiva, em que seriam mantidas apenas as árvores frutíferas que plantara no local – mangueira, amoreira, goiabeira e pitangueira.

RAPensando a Educação

Reconhecido como um dos grandes pensadores da pedagogia no mundo, o educador e filósofo Paulo Freire, falecido em 1997, notabilizou-se por defender a bandeira de uma educação popular, objetiva, com linguagem e métodos simples – sem rodeios, teorias mirabolantes ou rebuscamentos dispensáveis. Uma de suas grandes preocupações era alfabetizar e conscientizar as pessoas pobres, de forma a democratizar o conhecimento em sua essência mais prática, sem o exibicionismo teórico-acadêmico dos costumeiros "intelectuais" da educação.

Entre 1989 e 1991, na gestão de Luiza Erundina na Prefeitura de São Paulo, Paulo Freire esteve à frente da Secretaria Municipal de Educação. Nessa passagem empenhou-se em tentar aplicar boa parte de suas ideias sobre a engessada e ultrapassada metodologia convencional, implantando novos métodos, linguagens e tópicos ao currículo usual das escolas. Mesmo após sua saída, tais diretrizes foram seguidas por seu sucessor, o também educador e filósofo Mário Sérgio Cortella, que comandou a pasta até o final de 1992.

No período mencionado a pedagoga Sueli Chan trabalhava com o desenvolvimento de projetos na Secretaria Municipal de Educação da capital paulista. A gestão procurava se focar em quatro diretrizes básicas: democratização do acesso, democratização da gestão, qualidade de ensino e educação para jovens e adultos. Militante do movimento negro na Pontifícia Universidade Católica de São Paulo (PUC-SP) entre 1978 e 1983, e com atuação junto ao Movimento Negro Unificado (MNU) a partir de 1984, Sueli possuía grande apreço pela cultura hip-hop, pois já tinha presenciado sua capacidade informal de reeducar e conscientizar crianças e adolescentes. Para ela o hip-hop representava uma continuidade da mobilização que já vinha acompanhando e exercendo desde a vida acadêmica. Via na cultura de rua a possibilidade de conter ou reverter a evasão escolar, além de estabelecer um diálogo eficaz e respeitoso com os jovens, sobretudo nos bairros de periferia. Poderia, assim, repensar a educação e estimular o envolvimento da comunidade seguindo as quatro diretrizes da secretaria.

Em contato com os Núcleos de Ação Educativa (NAEs), órgãos regionais da secretaria, Sueli Chan selecionou 37 escolas municipais para colocar em prática um projeto que ganhou o nome RAPensando a Educação. Algumas eram reconhecidamente problemáticas, localizadas em áreas periféricas, com baixo desempenho e altos índices de evasão. Outras eram unidades mais receptivas a propostas pedagógicas alternativas, abertas à busca de uma renovação para a relação entre a escola e a comunidade.

Para participar do projeto foram convidados dois grupos de rap com letras de forte teor social e racial: Racionais MCs e DMN. A escolha desses grupos não se deu por acaso. Eram, naquele momento, os principais representantes dessa nova fase do rap paulista, menos festivo e mais politizado – trabalho que continuava sendo fomentado por Milton Sales e por mais material inspirador advindo dos EUA, como o novo filme de Spike Lee, *Malcolm X*. Tal postura pode ser constatada nos discos que esses dois grupos lançaram entre 1992 e 1993, como o compacto *Escolha o seu Caminho* e o álbum *Raio X Brasil*, dos Racionais MCs, e o álbum *Cada Vez + Preto*, primeiro disco do DMN.

A proposta do RAPensando a Educação consistia em usar as músicas de Racionais MCs e DMN como objetos de estudo de diferentes disciplinas, sempre para as turmas do período noturno. Por exemplo, nas aulas de Língua Portuguesa observava-se a construção das letras, a semântica das palavras; nas de Geografia e História debatiam-se o teor e o contexto social das mensagens; e nas de Educação Artística o foco era a estética da construção musical. Como resultado os estudantes preparavam exposições, apresentações musicais e outros trabalhos relacionados às canções de rap analisadas.

O ciclo desse programa em cada unidade escolar era encerrado com um grande evento, com a presença dos dois grupos de rap, que iniciava com debates em torno das temáticas abordadas e era encerrado com apresentações musicais. Nos lugares por onde passou o projeto se mostrou uma iniciativa bem-sucedida: além de estimular a participação espontânea dos alunos nas atividades propostas, conseguiu envolver a comunidade e atrair mais pessoas para dentro das escolas, inclusive jovens que já tinham largado os estudos. Em todos os estabelecimentos de ensino o encerramento do projeto se transformava em uma calorosa festa, com a presença não só dos estudantes, mas também de seus familiares, de ex-alunos e de outras pessoas da comunidade local.

Ao longo da execução do projeto percebeu-se que, apesar da grande popularidade do rap junto aos jovens, alguns deles eram mais ligados a outras manifestações da cultura hip-hop. Em dado momento, então, a coordenação do RAPensando a Educação decidiu também contemplar as práticas do breaking e do graffiti, convocando outros agentes culturais para ministrar as atividades nas escolas juntamente com os rappers.

Na área da dança, o nome lembrado foi Nelson Triunfo, uma figura que Sueli Chan já conhecia de vista, mas com quem ainda não tinha travado nenhuma conversa até então. Em pouco tempo ele a surpreendeu, demonstrando ter tino pedagógico instintivo. Com muita desenvoltura, carisma e desinibição, o homem conseguia facilmente prender a atenção dos jovens, até mesmo os que se identificavam mais com o rap do que com a dança. A espontaneidade e o entusiasmo com que os estudantes interagiam com Nelsão chamou a atenção da coordenação do projeto e chegou até a causar inveja a alguns professores mais experientes das unidades visitadas.

Apesar do êxito do RAPensando a Educação, o projeto não teve continuidade com a troca de governo, ocorrida em janeiro de 1993, quando terminou o mandato de Luiza Erundina e Paulo Salim Maluf assumiu a Prefeitura de São Paulo. Mas a iniciativa serviu para mostrar que o hip-hop podia ser um instrumento eficaz no processo educacional, ou mesmo uma alternativa ao arcaico modelo vigente.

A explosão do rap

Foi em 1993 que o rap brasileiro começou a viver o primeiro grande momento de sua história. No mês de março, mais precisamente no dia 13, a estação São Bento do metrô sediou a 1ª Mostra Nacional de Hip-Hop, um festival histórico que reuniu público estimado em mais de cinco mil pessoas e contou com a participação de diversas gangues de breaking e grupos de rap. No palco, um dos destaques foi Nelson Triunfo, que cantou seu rap "O cara" ao lado do Funk & Cia. Além das apresentações artísticas e disputas entre b-boys, este primeiro grande evento público do hip-hop em São Paulo também teve mostra de graffiti, performances de *beatboxing* e premiação para o dono do maior *boombox* presente, entre outros atrativos. Foi uma tarde inesquecível, que consolidou a força e o poder de organização da cultura hip-hop.

Algumas semanas depois o grupo Racionais MCs lançou o álbum *Raio X Brasil* e, rapidamente, emplacou os *hits* "Fim de semana no parque" e "Homem na estrada" nas principais rádios FM do Brasil, incluindo líderes de audiência como Jovem Pan e Transamérica. Apesar de sua sonoridade ainda lembrar bastante o peso do rap norte-americano, as duas canções inovaram ao apresentar influências de música brasileira. "Fim de semana no parque", uma crônica sobre as diferenças entre o cotidiano da periferia e o da "playboyzada", traz colagens de "Deixa o menino brincar" (1965) e "Dumingaz" (1975), de Jorge Ben. E "Homem na estrada", que também aborda o cotidiano periférico e relata as dificuldades enfrentadas por um ex-presidiário, é rimada sobre um instrumental que sampleia a pesada linha de guitarra e um verso de "Ela partiu" (1977), de Tim Maia. Outra crônica dos guetos incluída no mesmo disco foi "Mano na porta do bar", música que conta a história de um jovem ambicioso que se torna traficante e morre. A canção também ganhou considerável espaço nas rádios, neste caso com o *sample* de uma canção estrangeira: "Freddie's dead" (1972), do ícone do soul Curtis Mayfield.

Uma emissora de rádio em especial foi muito importante para alavancar o rap tupiniquim no início da década de 1990, sobretudo em São Paulo. Com um ousado programa de duas horas de duração chamado *Projeto Rap Brasil*, o DJ Armando Martins emplacou na rádio Metropolitana FM um espaço diário destinado a tocar apenas canções de rap brasileiras.

A essa altura, além das primeiras coletâneas que vinham sendo lançadas, o repertório do programa incluía os principais discos lançados em 1992, como os EPs *Escolha o Seu Caminho* (Racionais MCs) e *Primeiro Ato* (Pavilhão Nove), além dos álbuns *Humildade e Coragem São Nossas Armas para Lutar*, de Thaide & DJ Hum; *Festa* (Sampa Crew), *A Nação Quer a Verdade* (Duck Jam & Nação Hip-Hop), *O Futuro Está em Suas Mãos* (Geração Rap), *Deus Te Ama* (Produto da Rua), *Vamos Dar a Volta Por Cima* (Comando DMC) e *Nem A nem B, Só Se For D* (Vítima Fatal), além de *Só Porque Sou Favelado* e *Remix* (ambos de Ndee Naldinho, que no ano anterior já lançara seu primeiro álbum, *Menos um Irmão Chega Disso*).

O FENÔMENO HIP-HOP

O Projeto Rap Brasil se tornou um fenômeno de audiência no horário e explicitou algo que, até então, não vinha recebendo a devida atenção da chamada grande mídia: o público do rap era muito mais numeroso do que se supunha. E a cada dia o número de rappers também se multiplicava, não só em São Paulo, mas também em outras partes do país. Ao término do *Projeto Rap Brasil*, Armando Martins continuava no ar com o *Dr. Rap*, em que tocava rap internacional. De certa forma este programa também ajudou, na época, a difundir o rap como gênero musical em ascensão.

O primeiro disco de rap de um grupo do Distrito Federal havia sido lançado em 1989 pela equipe Kaskata's, de São Paulo: o álbum *A Ousadia do Rap de Brasília*, assinado pelo grupo DJ Raffa[3] e Os Magrellos. O nome do disco sintetizava bem a iniciativa de Cláudio Rafaello Serzedello Corrêa Santoro, o DJ Raffa, que tivera educação musical privilegiada e fora bastante 'ousado' ao direcioná-la para o rap. Filho do renomado maestro Claudio Santoro, falecido naquele mesmo ano (e que hoje é homenageado emprestando seu nome ao Teatro Nacional de Brasília), DJ Raffa é músico multi-instrumentista. Fez cursos de programação e sequenciadores na Alemanha, formou-se engenheiro de som em Ohio (EUA) e também já tinha atuado como dançarino profissional, inclusive em espetáculos em Chicago (EUA) e Torino (Itália).

Ainda pela Kaskata's, em 1990 foi lançado o segundo disco do grupo, *Remix e Instrumental*. No ano seguinte DJ Raffa e Os Magrellos chegaram à Sony Music e fizeram do álbum *Magrellos* o primeiro LP de rap brasileiro a ser lançado por uma gravadora multinacional. No mesmo ano foi fundada no Distrito Federal a gravadora independente Discovery, que em dezembro lançou o LP *Peso Pesado*, dividido entre dois artistas (cada um gravou um lado do vinil): Genival Oliveira Gonçalves, mais conhecido como GOG, e Frank de Zeuxis. Mais uma vez, as produções foram assinadas por DJ Raffa.

Já radicado em São Paulo, ao lado do rapper Marcão, em 1992 DJ Raffa fundou o grupo Baseado nas Ruas, com o qual lançou o

---

3 Importante personalidade do hip-hop brasileiro, DJ Raffa conta sua história no livro autobiográfico *Trajetória de um Guerreiro* (Aeroplano Editora, 2007).

álbum *Dane-se o Sistema* pela mesma gravadora TNT que lançara o *Se Liga Meu* de Nelson Triunfo e Funk & Cia. Com o passar dos anos, paralelamente aos seus lançamentos com o Baseado nas Ruas e em carreira solo, DJ Raffa se tornaria o mais importante produtor de rap do Distrito Federal e um dos mais respeitados do Brasil, responsável por assinar vários trabalhos clássicos de rappers como seus conterrâneos GOG e Câmbio Negro; os paulistas Ndee Naldinho, Consciência Humana, Filosofia de Rua, Sistema Negro, Visão de Rua e De Menos Crime; e o carioca MV Bill, entre dezenas de outros nomes.

O rap do Rio de Janeiro, aliás, possui um histórico bem peculiar, como veremos adiante.

O "funk" carioca

Palco de acontecimentos importantes para a música negra no Brasil, sobretudo para o samba, o Rio de Janeiro viu na segunda metade da década de 1980 a herança de seus antigos bailes black se dividir em dois caminhos um pouco distintos, tanto no ritmo quanto na atitude.

De um lado estava o rap, ainda bastante tímido, com uma ingênua intenção de engajamento e as mesmas dificuldades de acesso à informação sobre a cultura hip-hop que os paulistas vinham enfrentando.

De outro lado, em toda a Baixada Fluminense ganhava muita força um ritmo novo, mais acelerado, dançante e sensual, derivado direto do que se conhecia nos EUA como miami bass. Em território brasileiro esse gênero seria erroneamente chamado de "funk" – e assim ficaria rotulado, ao longo das décadas seguintes, pela mídia e pela grande maioria do público.

Acredita-se que essa confusão conceitual tenha ocorrido porque suas festas eram tradicionalmente chamadas de "bailes funk", herança da década de 1970 – época em que, de fato, esses mesmos eventos eram embalados por clássicos do funk, como James Brown, Parliament/Funkadelic, The Meters, Jimmy Bo Horne, Zapp e Average White Band, entre outros nomes. Quase duas décadas depois o nome "baile funk" permanecera, mas o repertório tocado pelos DJs havia mudado, obviamente incorporando as novas tendências rítmicas. E nas festas do Rio passou a predominar a batida acelerada do miami bass. Daí a possível razão de este gênero ter sido rotulado e popularizado, no Brasil, como "funk". Para preservar sua distinção em relação ao verdadeiro funk originado nos anos 1960 e 1970, passaremos a nos referir a esse outro ritmo como "funk carioca".[4]

Com discurso e atitudes descaradamente pornográficos e polêmicos, o grupo norte-americano 2 Live Crew, criado em 1985, em Miami, foi um dos principais expoentes de uma vertente bem apimentada desse ritmo mais acelerado – cabe lembrar que em 1982, na clássica canção "Planet rock", Afrika Bambaataa já fizera experimentações com o que chamara de electro funk, embrião do miami bass.

Os principais sucessos do 2 Live Crew tinham nomes como "We want some pussy" ("Queremos vagina") e "Dick Almighty" ("Pênis onipotente"), entre outros temas sexistas e obscenos. O corpo feminino era fartamente explorado nas capas dos três primeiros discos do grupo, lançados entre 1986 e 1989. Cheias de ofensas e referências sexuais explícitas, as músicas chamaram a atenção do FBI (Federal Bureau of Investigation), a polícia federal dos EUA, que na época enviou ao grupo uma missiva ameaçadora. Apesar dessa intimidação polêmica e de algumas breves prisões sem maiores consequências, até 1998 o 2 Live Crew ainda lançaria outros cinco álbuns, sempre tendo o sexo como temática principal de suas músicas.[5]

Nesse mesmo período, postura semelhante também começaria a se tornar frequente nas letras de rap dos EUA, com o surgimento de canções que tratam a figura feminina de maneira

---

4   A adoção de uma nomenclatura específica para se referir ao funk carioca se fará necessária principalmente a partir do ano 2000, quando a fusão do ritmo a sons de atabaques, por influência de religiões afrobrasileiras, passa a caracterizá-lo como um novo gênero musical, de características próprias, já com sonoridade distante do próprio miami bass original.

5   Outras importantes referências do início do miami bass norte-americano são Sir Mix-a-Lot, Stevie B, MC A.D.E., MC Shy D e Maggotron, entre outros, além dos grupos femininos Anquette e J.J. Fad. Basicamente, só o ritmo era comum ao do 2 Live Crew, já que tais artistas não priorizavam os temas sexuais e, quando o faziam, não utilizavam vocabulário tão escrachado. Ainda em meados dos anos 1980, o músico inglês Paul Hardcastle também fez bem-sucedidas experimentações instrumentais com o miami bass.

vulgar e a inserção de muitas modelos seminuas nos videoclipes e capas de discos, em situações que sugerem condição de subserviência sexual. Tal subgênero até ganharia um rótulo: *pimp rap* (rap cafetão).

Uma década antes que esse conteúdo de natureza sexual se tornasse característica marcante também no funk carioca, os primeiros sucessos do gênero, lançados na transição entre as décadas de 1980 e 1990, tinham letras bem mais amenas, entre temas festivos, sátiras e algumas críticas sociais.

Um dos grandes incentivadores dos primórdios do funk carioca foi o prodígio Fernando Luís Mattos da Matta, que começara a discotecar aos quatorze anos, em 1977. Mais conhecido como DJ Marlboro, ele foi um dos precursores da cultura hip-hop em território fluminense – entre 1985 e 1986 era uma das lideranças da roda de breaking que se formava todas as sextas-feiras no Largo da Carioca, no centro do Rio, ao lado dos primeiros grupos de rap locais, como África Batata e Funk Firmeza. Entre 1986 e 1987, porém, os interesses artísticos de DJ Marlboro começaram a guinar para o lado do miami bass. Logo ele seria responsável pela produção do primeiro disco de funk carioca: o volume um da coletânea *Funk Brasil*, lançado em 1989, apresentando nomes como Cidinho Cambalhota, MC Batata, Abdula, Guto e Cia. e até o discotecário Ademir Lemos, que no início da década de 1970 organizava os Bailes da Pesada ao lado do radialista Big Boy.

Um dos primeiros grandes sucessos do funk carioca foi a música "Feira de Acari", lançada em 1990 por MC Batata. A canção, que logo ganhou as principais rádios do país e chegou a ser incluída na trilha sonora da novela *Barriga de Aluguel*, da Rede Globo, se ambienta na famosa feira informal de aparelhos eletroeletrônicos e peças de carros realizada desde os anos 1980, em Acari, na zona norte do Rio. Com ambulantes não licenciados e mercadorias de procedência duvidosa ou criminosa, por esse motivo a feira também ficou popularmente conhecida como "robauto" – mas, mesmo com periódicas operações de fiscalização e apreensões de produtos ilegais, continuaria a ser realizada por pelo menos mais duas décadas. Ainda em 1990 MC Batata lançou o álbum *Conselho*. O disco até alcançou boa vendagem para um gênero musical ainda pouco conhecido, mas não conseguiu corresponder à grande expectativa gerada pelo estrondoso sucesso de "Feira de Acari".

A partir de então o funk carioca continuou a ganhar espaços e a se popularizar junto a uma significativa parcela da juventude brasileira, sobretudo na Baixada Fluminense. Dessa forma, assim como a coletânea *Funk Brasil* capitaneada por DJ Marlboro teve continuidade, outras várias coletâneas e álbuns autorais de funk carioca foram lançados entre o final dos anos 1980 e início dos 1990. O novo ritmo não apenas revelou dezenas de novos artistas oriundos dos subúrbios do Rio, como Cashmere, Funk Club, Só Kaô, MC Cidinho & MC Boca, SD Funk, MC Júnior & MC Leonardo e MC Neném, entre outros, mas também chegou a seduzir os humoristas Dercy Gonçalves, Regina Casé e Luís Fernando Guimarães, que gravaram duas hilárias canções de funk carioca.[6]

Como as vozes se multiplicaram, com elas surgiram diferentes vertentes do gênero. Uma delas, com batidas menos aceleradas e temas mais românticos, adquiriu bastante força graças a nomes como Latino, Claudinho & Buchecha e You Can Dance, e logo ganhou outro rótulo inventado pela mídia: "funk melody". Outro segmento, mais sério e crítico, foi o que mais se aproximou do rap em termos de conteúdo, com temáticas relacionadas à realidade dos morros cariocas. Ele daria origem, no final da década de 1990, a um subgênero com letras que descrevem e glorificam a atuação do crime organizado (sobretudo o tráfico de drogas), e por isso ficaria conhecido como "proibidão". Mesmo com a circulação de suas gravações precárias restrita aos domínios de determinadas favelas, alguns cantores de proibidão chegariam a ser investigados e indiciados pela polícia, nos anos seguintes, sob acusações de apologia ao crime, associação ao tráfico e formação de quadrilha.

6   Em "Resposta das aranhas", a irreverente Dercy Gonçalves faz piada com o "Rock das aranhas" lançado por Raul Seixas em 1980, no álbum *Abre-te Sésamo*, e conta ter visto "dois garotões botando as cobras pra brigar". Já Regina Casé e Luís Fernando Guimarães dividem o microfone em "Melô do terror". Produzidas por DJ Marlboro, as duas faixas foram incluídas na coletânea *Funk Brasil Vol. 2*, lançada em 1990.

Por fim, inspirada no que os norte-americanos do 2 Live Crew começaram a fazer uma década antes, em meados da década de 1990 surgiria no Brasil uma terceira variante do gênero: a de temas pornográficos – nicho que acabaria fazendo bastante sucesso, dentro e fora do país, mas faria todo o funk carioca ter sua reputação depreciada, de forma generalizada, junto a boa parte de público e crítica. Essa variante passaria a adquirir muita força e ficar cada vez mais explícita e promíscua nos anos seguintes, chegando à década de 2010 com público extremamente numeroso nas periferias e letras que chegam a promover práticas como pedofilia, abandono de incapaz e uso de drogas, entre outros crimes.

O rap no Rio de Janeiro

Até meados da década de 1990 o funk carioca representava para o Rio de Janeiro o que o rap vinha sendo em São Paulo. Ambos eram herdeiros dos bailes de soul e funk realizados duas décadas antes, nos tempos de James Brown e do Homem-Árvore, mas cada gênero predominou em seu estado junto àquele público predominantemente jovem, pobre e preto. É até curioso observar uma afinidade geográfica e contextual que pode não ser mera coincidência: assim como o rap nascido em Nova York encontrou ambiente semelhante na sisudez metropolitana de São Paulo, o ritmo sensual e descontraído oriundo de Miami caiu na preferência do público do Rio de Janeiro, cidade com perfil bem parecido.[7]

Por conta disso, o início do rap no Rio de Janeiro foi marcado por uma pequena confusão de nomes. O gênero possuía inegável parentesco com o funk carioca, genealogia iniciada em 1982 com o *electro funk* "Planet rock" de Afrika Bambaataa – o criador da expressão "hip-hop".[8] Conceitualmente, porém, poucos sabiam que nome dar a cada uma daquelas novidades musicais.

---

[7] Da mesma forma, tomo a liberdade de observar que a cidade brasileira em que o reggae mais se popularizou foi São Luís, no Maranhão, lugar com características semelhantes às da Jamaica, onde o ritmo nasceu.

[8] Apesar de seus discursos entrarem em contradição em algumas ocasiões, sempre houve uma relação de proximidade entre os dois ritmos. Alguns artistas transitaram livremente pelo rap e pelo miami bass, como Run-DMC, Sir Mix-a-Lot e J.J. Fad (trio feminino californiano que teve seus dois primeiros discos produzidos e lançados por Dr. Dre e Yella, integrantes do grupo NWA, uma das maiores referências do *gangsta rap* norte-americano).

Por isso o ritmo derivado do *miami bass* acabou sendo rotulado como "funk" pela mídia, enquanto seus próprios cantores diziam que faziam rap – curiosamente na coletânea de funk carioca *Rap Brasil*, produzida e lançada por DJ Marlboro em 1995, as doze faixas do LP chamam-se "Rap da felicidade", "Rap endereço dos bailes", "Rap do festival", "Rap do amor", "Rap do amigo", "Rap da diferença", "Rap da cabeça" e assim por diante. Mas o disco só não tem rap em seu repertório...

Devido ao próprio preconceito, no Rio de Janeiro a receptividade ao rap já seria naturalmente desfavorável, como foi em outros estados brasileiros. E com quase todos os olhos e ouvidos da juventude fluminense voltados para o funk carioca, o rap autêntico, aquele influenciado diretamente pela cultura hip-hop nascida em Nova York, teve ainda mais dificuldades para conquistar espaços naquele estado.

Assim como ocorreu em outras grandes cidades de todo o país, durante a febre do breaking na mídia, entre 1984 e 1985, o Rio de Janeiro também viu surgirem seus primeiros b-boys. Inspirados nas imagens dos filmes *Wild Style* e *Beat Street* e na roda de dança que Nelson Triunfo liderava na esquina das ruas 24 de Maio e Dom José de Barros, no centro de São Paulo, eles começaram a se reunir em um dos espaços públicos mais movimentados da Cidade Maravilhosa: o Largo da Carioca. Esses encontros também viram surgir os primeiros grupos de rap cariocas, como África Batata (em óbvia referência a Afrika Bambaataa) e Funk Firmeza. Além do já mencionado DJ Marlboro, essa roda de breaking também era frequentada por outros jovens que se tornariam importantes na história do hip-hop fluminense. Ofuscado pelo crescente êxito do funk carioca, porém, o rap feito no Rio de Janeiro não evoluiu no mesmo ritmo que o paulista.

Por conta disso a cultura hip-hop fluminense permaneceria praticamente anônima, durante anos, sem a mesma projeção midiática obtida em São Paulo ou pelos MCs de funk carioca. No caso específico do rap, o primeiro nome a ganhar destaque no Rio de Janeiro foi o de Gabriel Contino, mais conhecido como Gabriel O Pensador, um rapper branco, de classe média alta, filho da renomada jornalista Belisa Ribeiro.⁹

Indignado com os acontecimentos políticos da época, em meados de 1992, momento em que era crescente a insatisfação popular com os dois anos de governo do presidente Fernando Collor de Mello, Gabriel O Pensador compôs uma música chamada "Tô feliz (Matei o presidente)". Tinha, na época, apenas dezoito anos. Em seu rap ele proferia várias ofensas a Collor e à primeira-dama Rosane, chamada até mesmo de "puta", e narrava uma história em que assassinava o presidente com um "tiro de três-oitão" no olho. Ao final da sarcástica letra de "Tô feliz (Matei o presidente)", depois do caixão do defunto ser violado por uma massa enfurecida, o corpo é degolado e queimado. No desfecho, Gabriel O Pensador ainda canta:

> Então eu vi um pessoal numa pelada diferente
> Jogando futebol com a cabeça do presidente
> E a festa continuou nesse clima sensacional
> Foi no Brasil inteiro um verdadeiro Carnaval

No início de setembro daquele ano uma versão demo da gravação chegou à rádio RPC FM e, de forma meteórica, ficou entre as mais pedidas pelos ouvintes. Cinco dias depois a música foi censurada pelo Ministério da Justiça, sob a alegação de que incitava o assassinato do presidente da República. Essa interpelação acendeu o pavio da primeira grande polêmica a envolver o rap brasileiro e, ao invés de silenciar Gabriel O Pensador, deu ainda mais projeção a ele e ao gênero musical como instrumento de contestação social e política.

A bombástica música repercutira muito bem em âmbito nacional, principalmente porque, afundado em denúncias de corrupção e com expressiva parcela da população contra sua per-

---

9 Com passagens por emissoras de televisão e jornais, Belisa Ribeiro também é autora do livro *Bomba no Riocentro*, lançado em 1981, sobre o frustrado ataque a bomba que resultou na morte de dois militares em 30 de abril daquele mesmo ano, no Pavilhão Riocentro, no Rio de Janeiro. O atentado é considerado um dos episódios que marcaram a decadência do regime militar, encerrado quatro anos depois, em março de 1985, com a redemocratização do Brasil.

manência no poder, Collor não tardaria a sofrer, no dia 29 de setembro de 1992, o primeiro processo de *impeachment* da história do país, sendo destituído da presidência da República. Ironicamente, a mãe do próprio rapper havia trabalhado na campanha que levou Collor ao poder.

Em 1993 surgiu o primeiro registro fonográfico oficial do rap feito no Rio de Janeiro: a coletânea *Tiro Inicial*, produzida pelo Centro de Articulação de Populações Marginalizadas (Ceap) – organização não-governamental (ONG) fundada em 1989 por ex-internos da Fundação Nacional do Bem-Estar do Menor (Funabem). O projeto reunia os grupos de rap integrantes da extinta Atitude Consciente (Atcon), uma das primeiras posses cariocas. Um dos grandes incentivadores da gravação da coletânea foi o pedagogo e ativista negro Ivanir dos Santos, um dos fundadores do Ceap. O disco teve produção musical de Mayrton Bahia, que se notabilizou por assinar os cinco primeiros álbuns da banda Legião Urbana, e em seu currículo também já trazia parcerias com nomes que vão de João Gilberto e Elis Regina a Cássia Eller e Chitãozinho & Xororó.

Além do próprio Gabriel O Pensador, participaram da coletânea *Tiro Inicial* os grupos N.A.T., Damas do Rap, Filhos do Gueto, Poesia Sobre Ruínas, Consciência Urbana e Geração Futuro – do qual fazia parte o jovem Alex Pereira Barbosa, que pouco mais de uma década depois se tornaria um dos principais expoentes do rap brasileiro, com o nome artístico MV Bill.

Ainda em 1993 Gabriel O Pensador assinou contrato com a gravadora Sony Music e lançou seu primeiro álbum, que leva seu nome. Criado em um ambiente menos inóspito que o da maioria dos rappers e com acesso a educação privilegiada, ele apostava em um discurso mais sutil e bem humorado, ao misturar críticas sociais com situações de um cotidiano que não era exclusivamente relacionado à periferia. Além da própria "Tô feliz (Matei o presidente)" que o alçou ao sucesso e foi incluída no disco mesmo após a queda de Collor, em *Gabriel O Pensador* destacaram-se as faixas "Retrato de um playboy", em que o rapper faz ironia com a vida fútil e improdutiva levada por jovens endinheirados e alienados; "Lôrabúrra", em que critica a superficialidade das mulheres apegadas apenas à estética e a banalidades; e "175 nada especial", uma crônica pautada por uma fictícia viagem de ônibus na linha de mesmo número.

Essas três músicas ganharam videoclipes com um nível de produção até então inédito no rap brasileiro – o último vídeo, inclusive, conta com aparições dos músicos Martinho da Vila, Neguinho da Beija-Flor, Zeca Baleiro e Toni Garrido, além do jogador de futebol Ronaldo (na época, uma incerta promessa, ainda com dezessete anos de idade, antes de se tornar o "Fenômeno" que por três vezes seria eleito o melhor jogador do mundo – 1996, 1997 e 2002).

Ainda em seu primeiro álbum, Gabriel O Pensador também encontrou espaço para criticar o serviço militar obrigatório (em "Indecência militar"), o racismo ("Lavagem cerebral") e a miséria social ("O resto do mundo"), entre outros temas.

Junto ao já mencionado *Raio X Brasil*, lançado quase simultaneamente pelos Racionais MCs, o disco do rapper carioca foi um dos responsáveis pelo primeiro grande momento do rap brasileiro. Ambos ganharam destaque nos principais jornais, revistas e rádios do país. E, com menos restrições midiáticas e mais recursos de divulgação que o grupo de rap paulista, já que contava com a estrutura da Sony, Gabriel O Pensador conseguiu ir além: emplacou seus três videoclipes entre os mais pedidos da MTV brasileira, passou por dezenas de programas televisivos – incluindo os da Rede Globo, emissora em que os Racionais MCs se recusavam a aparecer – e fez o rap se tornar conhecido em todas as classes sociais, de Roraima ao Rio Grande do Sul, do Oiapoque ao Chuí. Além disso, no ano seguinte o carioca foi o primeiro rapper brasileiro a exportar sua música, numa excursão por Portugal. Inclusive, até hoje seu nome é apontado como uma das mais importantes referências a influenciar os primórdios do rap lusitano.

O reconhecimento e a fama, porém, logo trouxeram um pequeno desgosto para Gabriel O Pensador. Num momento em que o hip-hop brasileiro ainda era bastante marginalizado e praticado majoritariamente por jovens negros de periferia, o rapper branco de cabelo comprido, que retratava a realidade pela sua ótica de classe média e era rotulado como "pop" pela grande mídia, foi hostilizado por boa parte dos agentes culturais e do público do hip-hop. Uns chamavam Gabriel O Pensador de "playboy" e alegavam que, por isso, ele não podia fazer parte do hip-hop. Não adiantaria explicar que o rapper residira em São Conrado, na zona sul do Rio, onde convivera de forma respeitosa com jovens da Rocinha, que inclusive o apresentaram à cultura hip-hop. Outros críticos, com mentalidade mais segregacionista, eram contrários à ideia de ele fazer rap pelo simples fato de ser branco – sua ascendência reúne sangue português, italiano e espanhol. Havia também os que se opunham à chegada do rap à multinacional Sony: acreditavam que a indústria cultural queria apenas se apropriar do gênero para usá-lo, transformá-lo em moda, banalizá-lo e descartá-lo em seguida, o que já ocorrera com outros ritmos negros e com o próprio "breakdance" em meados dos anos 1980.

Aborrecido por não ter sido bem aceito pelos adeptos da própria cultura que pretendia defender, Gabriel O Pensador decidiu então deixar de lado o rótulo hip-hop. Preferiu seguir sua carreira sem erguer uma bandeira específica ou declarar-se parte de um "movimento". Até 2001, mesmo ano em que publicaria seu primeiro livro, lançaria um novo disco a cada dois anos e faria parcerias com músicos de estilos diversos, que vão dos cantores Lulu Santos e Evandro Mesquita às bandas Titãs e Barão Vermelho, passando por Fernanda Abreu,

Daniel Gonzaga (filho de Gonzaguinha), Digão (da banda Raimundos), Lenine, Cidade Negra e Adriana Calcanhoto, entre outros nomes.

Em 2013, já com a carreira artística consolidada, além de estar envolvido em vários projetos sociais, o rapper-escritor ainda lançaria seu sétimo álbum, *Sem Crise*, em que fechou parcerias com alguns rappers e com músicos de diversos gêneros, como Carlinhos Brown, Rogério Flausino, Nando Reis e Jorge Ben Jor, entre outros. Paralelamente, preparava seu quarto livro, sobre esporte, a convite do Comitê Olímpico Brasileiro (COB) e em parceria com a escritora Laura Malin.[10]

Com o passar dos anos e a expansão do hip-hop brasileiro, a exemplo do que já ocorrera nos EUA, a música rap tupiniquim começaria a se segmentar em vários estilos, com diferentes sonoridades, linguagens e temas abordados, entre outras diferenciações. No ritmo o gênero passaria a abarcar influências de gêneros diversos, incluindo as muitas facetas regionais da rica música brasileira. E na poesia o rap se segmentaria em temáticas festivas, politizadas, românticas, religiosas e gangsta, entre outras ramificações.

Toda essa diversidade ajudaria a derrubar alguns preconceitos que ainda existiam no seio da cultura de rua e faria com que pessoas de outras classes sociais e etnias passassem a ser mais bem recebidas. Assim, muitas das pessoas que criticavam e eram contra Gabriel O Pensador no início de sua carreira passariam a respeitá-lo e a reconhecer sua importância para a disseminação do hip-hop. Mas isso tudo ainda levaria mais de dez anos para ocorrer.

---

10   Depois do disco de estreia, que vendeu cerca de 350 mil cópias, Gabriel O Pensador lançou outros seis álbuns, todos pela Sony Music: *Ainda é só o Começo* (1995), *Quebra-Cabeça* (1997), *Nádegas a Declarar* (1999), *Seja Você Mesmo Mas Não Seja Sempre o Mesmo* (2001), *Cavaleiro Andante* (2005) e *Sem Crise* (2013). *Quebra-Cabeça* foi seu maior êxito comercial, ao vender cerca de um milhão e quinhentas mil cópias. Já sua incursão na literatura teve início com a coletânea de crônicas e contos *Diário Noturno* (2001). Em seguida, vieram os livros infanto-juvenis *Um Garoto Chamado Rorbeto* (2005) – vencedor do Prêmio Jabuti na categoria melhor livro infantil –, *Meu Pequeno Rubro-Negro* (2008) e *Meu Pequeno Rubro-Negro - Edição Especial do Hexa* (2009).

A consolidação do rap

Pela lógica "de mercado" das gravadoras os discos de rap brasileiro lançados até então ainda representavam incertas e arriscadas experiências fonográficas sem grandes pretensões. Com exceção da coletânea *Hip-Hop Cultura de Rua*, nenhum título tinha obtido vendagem significativa a ponto de justificar comercialmente a continuidade de investimentos em novos artistas de rap.

Contudo, com Gabriel O Pensador e Racionais MCs em evidência por todo o país, a partir de 1993 não houve mais como o rap ser ignorado como um gênero musical que já conseguira consolidar sua importância na cultura brasileira contemporânea. O fenômeno não só fez vários rappers anônimos visualizarem uma perspectiva para aquela curtição e passarem a acreditar na música como um caminho promissor, como também estimulou o mercado fonográfico a apostar em novos talentos.

O carro-chefe dessa fase de expansão do rap brasileiro foi o estado de São Paulo, que no mesmo ano viu diversos títulos chegarem às ruas, vinculados a pequenos selos e gravadoras: *Humanidade Selvagem*, do rapper Ndee Naldinho; *Cada Vez + Preto*, do grupo DMN;[11] *Super Remixes* e *Super Mix*, do grupo romântico Sampa Crew; *Quebra Tudo*, do Produto da Rua; *Valeu a Experiência*, do Filosofia de Rua; *Sólido*, do Rap Sensation; *Família Facção*, do grupo de mesmo nome;[12] *Nova Era*, de MT Bronk's; *Sentimento*, de MC Polmel; e, entre outros discos, *DVC em Branco*, do Gang Master 90.

No mesmo ano o interior paulista também começou a revelar talentos. De Campinas surgiu o grupo Sistema Negro, com o álbum *Ponto de Vista*; e de Bauru, o Desacato Verbal lançou *Desliga*

---

11   Na época, DMN era a sigla de Defensores do Movimento Negro. Anos depois os integrantes do grupo aboliriam essa definição e passariam a utilizar DMN apenas como o nome do grupo, sem uma significação específica para as três letras.

12   Em pouco tempo, o grupo mudaria seu nome para Facção Central e, com o lançamento de mais sete álbuns até 2006 e muita polêmica – incluindo a censura do videoclipe de "Isso aqui é uma guerra" (1999), sob a acusação de apologia ao crime –, se tornaria um dos nomes mais importantes do gangsta rap brasileiro.

Essa P... pelo selo independente Discovery, tornando-se o primeiro grupo de fora do Distrito Federal a assinar com o mesmo.

O Distrito Federal, aliás, tentou acompanhar o ritmo de São Paulo e, simultaneamente, começou a se tornar um dos mais importantes polos do rap brasileiro. Ainda em 1993 a própria Discovery, que já tinha lançado o primeiro trabalho de GOG, colocou nas ruas o álbum *Sub Raça*, do grupo Câmbio Negro, originado na mesma Ceilândia em que Nelson Triunfo residira em meados da década de 1970.[13] E muitos outros títulos surgiriam em seguida, boa parte lançada pela Discovery, projetando novos artistas do perímetro da Capital Federal, principalmente das cidades-satélites.

Uma delas era Sobradinho, onde Nelsão também residira em seu último ano no Distrito Federal. Lá nascera em 1965 o rapper GOG, um filho de migrantes piauienses que aos oito anos de idade foi morar na região do Guará, a cerca de trinta quilômetros dali, mais próxima do Plano Piloto. Com os pais GOG conheceu muitas joias da música brasileira e, com os primos, a música negra, que na adolescência o levara ao hip-hop por meio do breaking – antes de começar a fazer rap, chegara a participar do grupo de dança Magrello's Pop Funk (fase embrionária do grupo de rap Os Magrellos fundado por DJ Raffa).

Já na década de 1990, depois de lançar seu primeiro LP, *Peso Pesado*, pela gravadora Discovery, GOG resolveu abandonar o emprego de bancário e o sexto semestre de Economia que cursava na Universidade de Brasília (UnB). Dois fatores o motivaram: a incompatibilidade com os hábitos e o comportamento do público universitário, em cujo ambiente costumava ficar isolado com o amigo Frei a dançar breaking pelo pátio; e a decisão de se dedicar inteiramente ao rap.

Com o dinheiro de sua rescisão no banco, então, em 1993 ele decidiu apostar na criação do selo independente Só Balanço, o primeiro do Brasil fundado por um rapper, e que marcaria uma nova guinada para o mercado fonográfico do rap. No mesmo

---

13   Com instrumentais pesados e o vozeirão imponente do rapper X (pronuncia-se "écz", como no inglês), o Câmbio Negro se destacou com um *hit* raivoso e direto contra o racismo cujo refrão diz, sem firulas: "Sub raça é a puta que o pariu!".

ano lançou o LP *Vamos Apagá-los... Com o Nosso Raciocínio*, marco inicial dessa era de independência artística que, em pouco tempo, viria a influenciar muitos outros rappers brasileiros a criar suas próprias editoras musicais.

Ao menos pelas duas décadas seguintes o próprio GOG lançaria todos os seus discos pelo selo Só Balanço, em que também abriria oportunidades para novos talentos, como o grupo A Família e os rappers Félix Coban (falecido em junho de 1999), Rapadura Xique-Chico e Lindomar 3L, entre outros. Essa sequência de lançamentos teria início já em 1994, com *Dia-a-dia da Periferia*, terceiro álbum de GOG, que começava a se consolidar como um dos rappers mais importantes e politizados do país.

O ano de 1994, aliás, foi ainda mais promissor para o rap brasileiro. O volume de discos lançados continuou a crescer e, em igual proporção, o público também se multiplicou e se alastrou[14].

Sobretudo em São Paulo, onde o programa radiofônico *Projeto Rap Brasil* via sua grande audiência crescer ainda mais e incomodar outras emissoras – que tentaram criar programas similares, mas sem o mesmo êxito em audiência –, o hip-hop passou a movimentar um mercado próprio bastante significativo. Isso incluía a comercialização de discos, fitas de vídeo, roupas e outros objetos relacionados à cultura de rua e ao cada vez mais movimentado circuito de bailes e shows de rap. Tais festas eram realizadas em dezenas de quadras de escolas de samba, salões de baile e casas noturnas, muitas das quais já se dedicavam à divulgação da música negra desde a década de 1970. Em muitos casos as festas de rap eram organizadas pelas mesmas equipes de bailes daquela época, como Chic Show, Zimbabwe, Kaskata's e Black Mad, entre outras.

14   Só a título de exemplo, nesse ano foram lançados: *Brava Gente*, quarto álbum da dupla Thaide & DJ Hum; *Valeu a Experiência*, primeiro trabalho do grupo Filosofia de Rua; *Para Quem Quiser Ver*, disco de estreia do Doctor MCs; *Athalyba e a Firma*, de Athalyba e a Firma, formado por remanescentes do Região Abissal; *Enchergue Seus Próprios Erros*, primeiro álbum do Consciência Humana; *Metamorfose*, segundo LP de Duck Jam & Nação Hip-Hop; *Ex--Detento*, estreia do rapper Piveti; *A Hora da Verdade*, do Unidade Rap, grupo da Baixada Santista; *Bem-vindos ao Inferno*, segundo disco do Sistema Negro; e *MD MCs*, do grupo homônimo formado por dois baianos que residiam nos EUA, lançado pela multinacional EMI.

Na Grande São Paulo, onde se concentrava a efervescência da cena, havia eventos em todos os dias da semana. Os grupos mais badalados faziam cinco ou mais shows por final de semana – não era raro para os Racionais MCs, por exemplo, tocar em três lugares diferentes em uma mesma noite. Com periodicidade crescente, alguns rappers também já começavam a se apresentar em cidades do interior paulista e de outros estados.

Pouco a pouco, silenciosamente, o rap havia tramado uma teia que já conectava as diferentes regiões do Brasil. E nos anos seguintes essa rede se espalharia e se fortaleceria ainda mais, chegando aos estados e municípios mais distantes dos quatro cantos do país e estimulando o surgimento de incontáveis novos grupos de rap.

Rap por Zumbi

Grande prova da força do rap brasileiro nesse período foi um megaevento realizado no final de novembro de 1995, no Vale do Anhangabaú, em São Paulo. Em memória dos 300 anos da morte de Zumbi dos Palmares, o festival que reuniu mais de vinte mil pessoas durou mais de dez horas e contou com apresentações de inúmeros grupos de rap: Racionais MCs, Thaide & DJ Hum, DMN, Pavilhão 9, Posse Mente Zulu, Athalyba e a Firma, Consciência Humana, De Menos Crime, RPW, Doctor MCs, MRN, Sistema Negro, Potencial 3, MT Bronk's e Big Richard, entre outros.

Uma curiosidade, na época, foi o evento ter revelado a existência de um talentoso grupo de rap pernambucano, o Faces do Subúrbio – seus integrantes Zé Brown e Tiger estavam de passagem por São Paulo e, apresentados pelo rapper paulistano Rappin' Hood à organização do festival, também ganharam espaço no palco. O rap carregado de sotaque e expressões regionais, uma novidade para uma cena que ainda era bastante homogênea e padronizada, foi ovacionado pelo público.

O ainda desconhecido Zé Brown logo se tornaria amigo particular de Nelson Triunfo e, ao longo de mais duas décadas, se destacaria como um dos principais representantes da fusão entre o rap e a embolada, levando sua música a Cuba, Alemanha, Espanha, França e Suécia.

O FENÔMENO HIP-HOP

O festival 300 Anos de Zumbi ganhou uma edição especial na versão brasileira do programa *Yo! MTV Raps*, que na época era apresentado pelo empresário e produtor cultural Paulo Henrique Brandão, o Primo Preto. Irmão de Branco Mello, músico da banda de rock Titãs, ele também foi um dos organizadores do evento, que teve apoio da Prefeitura de São Paulo e da própria emissora.

A partir desse momento ficou praticamente impossível acompanhar o crescimento do rap brasileiro, principalmente pelo caráter independente da maioria dos lançamentos e pela popularização do CD, cuja produção é menos cara e muito mais acessível que a dos discos de vinil.

Do 'inferno' ao céu

O ano de 1998 ficou marcado por um fenômeno chamado *Sobrevivendo no Inferno*, terceiro álbum dos Racionais MCs, lançado em dezembro do ano anterior, obra que prontamente se eternizou não só na história do rap, mas de toda a música brasileira. O trabalho já era bastante aguardado pelo público que acompanhava a trajetória do grupo, mas chegou às lojas de surpresa, sem fazer anúncio prévio nem promover qualquer ação de marketing ou campanha de divulgação, e com distribuição da modesta Zambia Fonográfica – um braço da gravadora independente Zimbabwe, que projetara o grupo. Dessa vez, porém, o disco estava vinculado ao selo Cosa Nostra, pertencente aos próprios Mano Brown, Edi Rock, Ice Blue e KL Jay.

Essa nova empreitada seguia o exemplo iniciado por GOG anos antes, com a criação do selo Só Balanço. Em pouco tempo, aliás, esse tipo de iniciativa se tornaria algo recorrente no rap brasileiro, consolidando a independência artística e comercial dos principais representantes do gênero. O próprio KL Jay logo teria participação em mais dois selos: 4P, em sociedade com o rapper Xis, e Raízes Discos, em parceria com outro rapper, Rappin' Hood. E alguns anos mais tarde ainda criaria o Equilíbrio Discos. A maioria dos rappers de todo o país passaria a fazer o mesmo.

Mesmo sem pagar "jabá" para emissoras de rádio e com um formato estético contrário aos padrões do mercado fonográfico – algumas músicas têm mais de dez minutos de duração –, *Sobrevivendo no Inferno* foi um verdadeiro divisor de águas para o rap tupiniquim, alçando os Racionais MCs a um sucesso superior ao obtido alguns anos antes por Gabriel O Pensador. E diferentemente do carioca, que enfrentara preconceito por ser branco, oriundo da classe média e contratado por uma gravadora multinacional, os paulistas foram considerados representantes legítimos do rap independente, de favela e sem "maquiagem", mais contundente e explícito em suas críticas sociais e raciais. De fato, como seu próprio título expressa, o álbum trouxe em doze faixas um relato surpreendente e escancarado sobre temáticas relacionadas ao universo periférico.

O maior sucesso do álbum foi a canção "Diário de um detento", letra escrita em parceria com o ex-presidiário Josemir José Fernandes Prado, o Jocenir, sobre a histórica rebelião ocorrida no dia 2 de outubro de 1992 que culminou com a morte de 111 presos – segundo números oficiais – e ficou conhecida como "massacre do Carandiru"[15]. Com sete minutos e meio, a música narra o cotidiano daquele que já foi o maior complexo carcerário da América Latina e relembra o dia do fatídico massacre.

O videoclipe da música foi assinado pelo cineasta Maurício Eça, um dos principais diretores do gênero no país. Filmado no próprio Carandiru, foi considerado "um minidocumentário" pelo próprio, que atribuiu ao sucesso do vídeo uma guinada ainda maior em sua carreira – em que, nos anos seguintes, logo acumularia a direção de mais de cem videoclipes de diversos gêneros musicais. Foi com "Diário de um detento" que, pela primeira vez, uma canção de rap conquistou o prêmio Escolha da Audiência, principal categoria do Video Music Brasil (VMB), concedido pela filial brasileira da emissora MTV.

A segunda canção desse álbum que ganhou videoclipe, tam-

---

15 Josemir José Fernandes Prado ganhou a liberdade no final de 1998, depois de quatro anos preso. Em seguida, adotou o pseudônimo Jocenir para contar sua história no livro *Diário de um Detento: o Livro* (Labortexto Editorial, 2001).

bém com direção de Maurício Eça, foi "Mágico de Oz". Outras faixas do disco que se destacaram foram "Capítulo 4, versículo 3", "Tô ouvindo alguém me chamar", "Rapaz comum" e "Fórmula mágica da paz".

Chegou a hora do 'boom'

A estrondosa repercussão de *Sobrevivendo no Inferno*, que em pouco tempo superaria a marca de um milhão de cópias vendidas, obviamente rendeu aos Racionais MCs uma superexposição na mídia. Para o grupo isso significou estampar páginas de destaque dos principais jornais e revistas do país, além de receber vários convites de emissoras de televisão – e, como de praxe, recusar os de quase todas, com exceção da TV Cultura e da MTV.

A exemplo do que ocorrera em seguida ao lançamento do álbum anterior (*Raio X Brasil*, de 1993), esse novo êxito dos Racionais MCs mais uma vez catapultou o rap brasileiro na mídia e ajudou a abrir espaços para outros representantes do gênero. Neste novo *boom* o número de lançamentos se multiplicou sobretudo devido às facilidades tecnológicas, que simplificaram e baratearam consideravelmente os processos de produção musical e estimularam a proliferação e o fortalecimento dos selos independentes. Assim, além do aumento na quantidade de trabalhos lançados a partir de então, o rap brasileiro também ganhou em qualidade e se diversificou ainda mais, tanto no ritmo quanto na poesia.

O surgimento desses subgêneros com novas linguagens e tendências rítmicas, líricas e estéticas permitiu que o rap se renovasse e, assim, abrisse novas portas e chegasse a mais lugares e pessoas, de modo a romper paradigmas e tabus de anos anteriores.

Torna-se difícil e até desnecessário, a partir desse momento, mencionar a totalidade de discos de rap lançados no Brasil, bem como fornecer detalhes sobre tais obras *(veja, na página a seguir, uma tabela com os mais relevantes álbuns lançados no período)*. O fato é que o gênero se expandiu significativamente e o número de trabalhos começou a se multiplicar em progressão geométrica.

Principais lançamentos de rap no período

1996
Filosofia (de Rua) – *Da Rua*
GOG – *Prepare-se*
Thaide & DJ Hum – *Preste Atenção*

1997
Consciência Humana – *Lei da Periferia**
Facção Central – *Estamos de Luto*
Pavilhão Nove – *Cadeia Nacional*
Planet Hemp – *Os Cães Ladram, Mas a Caravana Não Para*
RZO – *O Trem**
Sistema Negro – *A Jogada Final*
Visão de Rua – *Irmã de Cela**
*O Poder da Transformação***

1998
Câmbio Negro – *Câmbio Negro*
Consciência Humana – *Entre a Adolescência e o Crime*
Consciência X Atual – *Contos do Crime*
Detentos do Rap – *Apologia ao Crime*
Doctor MCs – *Agora a Casa Cai*
Face da Morte – *Quadrilha de Morte*
Faces do Subúrbio – *Faces do Subúrbio*
GOG – *Das Trevas à Luz*
Marcelo D2 – *Eu Tiro é Onda*
MV Bill – *CDD Mandando Fechado*
Piveti & Branco – *Elos da Vida*
P.MC & DJ Deco Murphy – *Identidade*

1999
Apocalipse 16 – *Arrependa-se*
DMN – *H. Aço*
Edi Rock – *Edi Rock*
Facção Central – *Versos Sangrentos*
Face da Morte – *O Crime do Raciocínio*
Jigaboo – *As Aparências Enganam*
Pavilhão Nove – *Se Deus Vier, Que Venha Armado*
Realidade Cruel – *Só Sangue Bom*
RZO – *Todos São Manos*
SNJ – *A Sigla*
Tribunal Popular – *Xeque... Mas Não Mate!*
Xis – *Seja Como For*
*GOG Convida DF e Entorno***
*Hip-Hop Pelo Rio***
*Rima Forte***
*Vulcão em Erupção***

2000
509-E – *Provérbios 13*
Apocalipse 16 – *2ª Vinda - A Cura*
DJ Jamaika – *Pá Doido Pirá*
Doctor MCs – *Mallokeragem Zona Leste*
Faces do Subúrbio – *Como é Triste de Olhar*
GOG – *CPI da Favela*
Sistema Negro – *Na Febre*
SNJ – *Se Tu Lutas Tu Conquistas*
Thaide & DJ Hum – *Assim Caminha a Humanidade*

* (Single)   ** (Coletânea)

Pelas periferias de todo o Brasil

O bom momento vivido pelo rap na década de 1990 foi predominante em São Paulo, mas ganhou eco em outras regiões do Brasil, revelando novos talentos com sonoridades diferentes.
No Distrito Federal, um dos principais polos do rap brasileiro, o selo fonográfico Discovery colocou vários lançamentos nas ruas, com destaque para *Sub Raça* (1993) e *Diário de um Feto*, os dois primeiros álbuns do Câmbio Negro; *Cérebro Assassino* (1994), do grupo Cirurgia Moral; e *Abutre* (1995), da dupla Álibi. A gravadora lançou também uma coletânea intitulada *Vulcão em Erupção* (1998), com rappers do interior paulista, Distrito Federal, Minas Gerais e Goiás.
Também de Brasília, o rapper GOG lançou em 1993 o álbum *Vamos Apagá-los... Com o Nosso Raciocínio*, inaugurando o selo Só Balanço - o primeiro do Brasil fundado por um artista do hip-hop. Com o êxito da empreitada, na mesma década ele ainda lançaria *Dia a dia da Periferia* (1994), *Prepare-se!* (1996), *Das Trevas à Luz* (1998) e *CPI da Favela* (2000), além da coletânea *GOG Convida DF e Entorno* (1999).

O Rio de Janeiro, que tivera como marco zero a coletânea *Tiro Inicial* (1992), viu despontar em 1993 um rapper branco e de classe média alta: Gabriel O Pensador, que estreou com álbum homônimo. Até o ano 2000 ele ainda lançaria *Ainda é Só o Começo* (1995), *Quebra-Cabeça* (1997) e *Nádegas a Declarar* (1999). O ano de 1998 marcou a estreia de dois nomes cariocas que se tornariam fortes: MV Bill, com *CDD Mandando Fechado* (relançado no ano seguinte com nova roupagem e o título *Traficando Informação*) e Marcelo D2, com *Eu Tiro é Onda*.
Ainda que de forma mais tímida, o rap também se manifestava em diversos outros Estados. Como exemplos, o grupo maranhense Clã Nordestino surpreendeu com *A Peste Negra* (1993); vivendo em São Paulo, o mineiro P.MC colocou nas ruas o álbum *Revolução de Novos Ideais* (1995); em Pernambuco, o Faces do Subúrbio lançou em 1997 seu primeiro álbum, que leva o nome da banda; e, no ano seguinte, os gaúchos do Da Guedes surgiram à cena com o álbum *Cinco Elementos*, produzido pelo veterano DJ Hum.

A compra da 'própria casa'

Enquanto o rap brasileiro erguia sólidos pavimentos em seu promissor edifício, Nelson Triunfo enfrentava tristes contratempos, dignos de uma novela, no projeto de construir sua casa.

A começar, em final dos anos 1990, quando ele e seus vizinhos ainda cuidavam de limpar e capinar os lotes que tinham cercado, houve uma ocasião em que supostos policiais, sem fardas nem distintivos que permitissem sua adequada identificação, tentaram expulsar todos os ocupantes dali sob a alegação de invasão de propriedade alheia. Mesmo sem portar nenhuma representação formal que pudesse atestar a acusação, os truculentos homens chegaram até a derrubar os tapumes que demarcavam a divisão dos lotes. Mas, assim que eles se retiraram, Nelsão e seus vizinhos, que praticamente nada tinham senão a si próprios, se organizaram em uma espécie de mutirão para arrumar e cercar as terras novamente.

Em outra tentativa de intimidação, um ambicioso comerciante do bairro, que já tomara para si vários terrenos abandonados de uma rua próxima, também tentara se dizer dono daqueles lotes, mas novamente sem apresentar qualquer documento que confirmasse sua versão. Indignados com a prepotência da abordagem, os vizinhos se uniram. Em uníssono disseram que, mesmo que tivessem de ser retirados dali, estavam dispostos a resistir "até mesmo na base do facão". Se a ameaça era verdadeira ou mero blefe ninguém nunca soube, porque felizmente, depois desse incidente, a comunidade que começava a se formar naquele pedaço do Tiquatira não tornou a ser incomodada por supostos donos da terra.

Como seu terreno era espaçoso, Nelsão resolvera ceder parte da lateral esquerda a seu irmão Cid, mediante um acordo verbal: cada um teria sua casa, mas um ajudaria o outro na construção. Enquanto isso Cid residiria num quartinho vizinho ao dele, ali perto mesmo. A intenção de ajudar o irmão teve um preço para Nelsão, porque Cid exagerava na bebida e, quando isso acontecia, ficava agressivo e fora de controle. A fase mais crítica dessa crise teve início na época em que Jean era recém-nascido e Nelsão conquistara seu primeiro emprego com carteira assinada, ministrando aulas de dança nos centros culturais de Diadema. Por isso, diariamente saía cedo de sua casa e só retornava à noite, mantendo-se durante o dia todo com a cabeça preocupada com o comportamento do irmão.

Num certo dia de 1994, com sua futura casa ainda restrita a uma construção de tijolos à vista sem portas nem janelas, Nelson Triunfo teve uma surpresa ao retornar de Diadema para o quartinho em que ainda morava: Heloisa não estava lá com Jean e todas as roupas e objetos do casal tinham desaparecido. Não havia desordem, o que sugeria que eles não tinham sido sequestrados.

Antes de imaginar que algo ruim tivesse acontecido à mulher e ao filho, porém, Nelsão seguiu para a casa em construção e confirmou o que intuíra: cansada dos constantes surtos de Cid, que ficava irreconhecível sob efeito do álcool, e preocupada com a segurança de Jean, Heloisa resolvera deixar o quartinho e se mudar para a casa em construção, mesmo que ela ainda estivesse inacabada, sem portas nem janelas, que foram improvisadas com tábuas e pedaços de um caixote quebrado. A decisão acabou por incentivar Nelsão ainda mais a acelerar a aquisição dos materiais pendentes e o término da casa, enquanto a de Cid estava quase pronta, no mesmo terreno.

Nos anos seguintes surgiram outros aborrecimentos e constrangimentos, num episódio em que Auci, irmã de Nelsão, também chegou a ocupar um quinhão do terreno. Ele até a ajudou na construção da casa. Mas o convívio muito próximo e a diferença de gênios e humores logo acabaria resultando em complicações no relacionamento familiar.

Para não guardar mágoas nem prolongar o imbróglio, tanto com Cid quanto com Auci, Nelsão resolveu desembolsar um bom dinheiro que vinha economizando com a ideia de comprar um carro, e terminou por "comprar" as duas casas que, em tese, em boa parte já eram suas. Por fim, ficou com três casas semi-construídas e, nos anos seguintes, faria uma reforma para juntar em uma só a sua casa e a que fora de Auci, além de alugar para terceiros a construção menor, que fora de Cid.

O FENÔMENO HIP-HOP

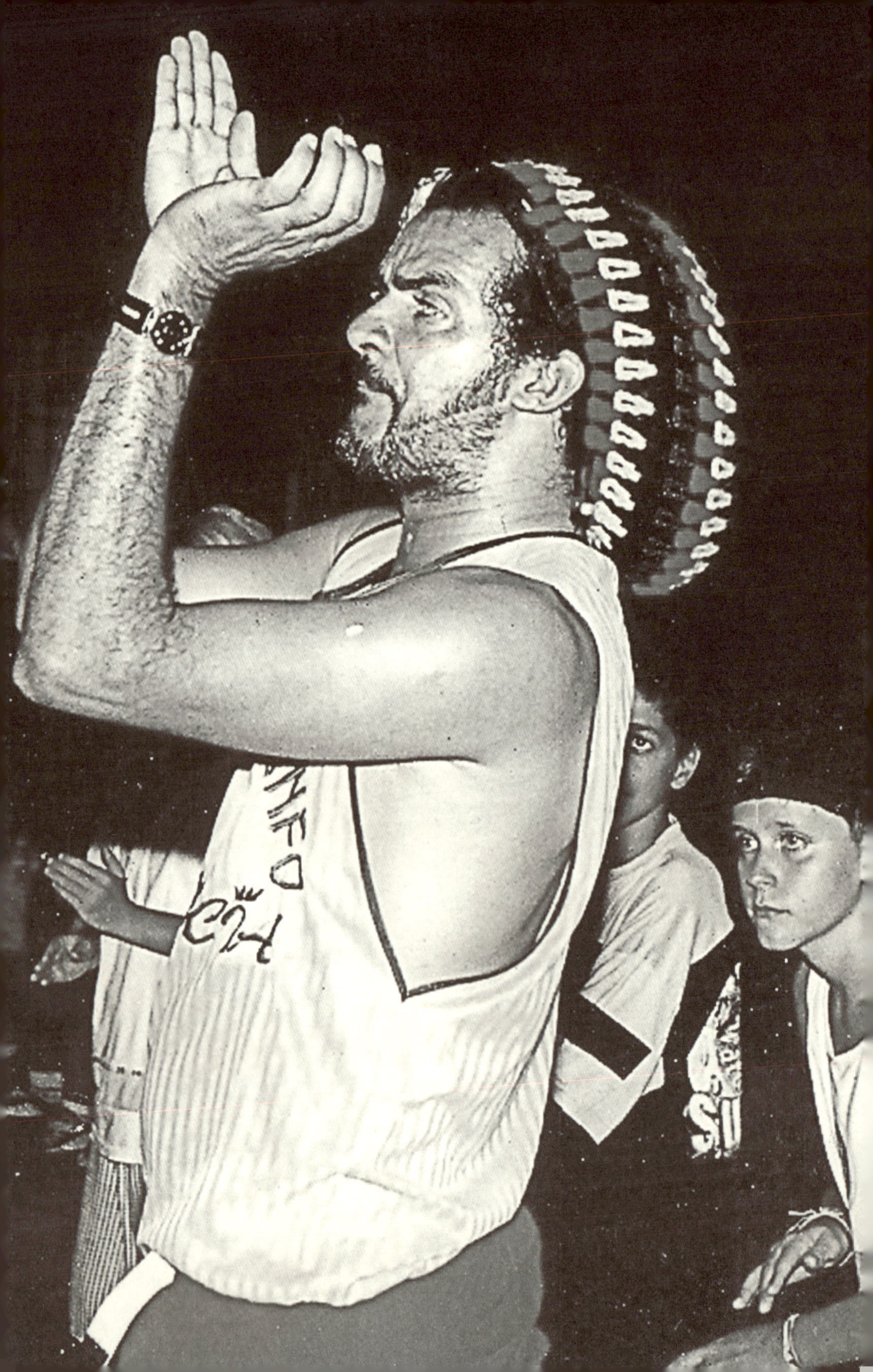

Cap. 7

PERPETUAÇÃO

Projetos educacionais

Os meses de experiência junto ao projeto RAPensando a Educação, em 1992, fizeram Nelson Triunfo descobrir sua veia de arte-educador – ou "educador social", como prefere ser chamado. Essa expressão, aliás, bem define seus métodos pedagógicos, basicamente intuitivos e apoiados sobre sua própria experiência de vida com a dança e a música.

Nelsão também lapidou sua didática inspirado nos conceitos do educador e filósofo Paulo Freire, que estivera à frente da secretaria municipal de Educação de São Paulo pouco antes do projeto com o hip-hop ter início. O sucessor da pasta, o também filósofo Mário Sérgio Cortella, vinha dando sequência à mesma filosofia de trabalho implementada por Freire, com a qual Nelsão prontamente se identificou e, por meio dos livros, se aprofundou. Encontrou grande afinidade, sobretudo, com as ideias que encontrou no título *Pedagogia do Oprimido*.

A ideia do RAPensando a Educação era utilizar a cultura como chamariz para atrair a atenção dos estudantes e também como instrumento de educação e reinserção social. A escolha do hip-hop, uma linguagem cultural bastante apreciada por aqueles jovens – e até então ignorada e incompreendida pela maioria dos educadores – foi certeira. Mais que conseguir a participação espontânea e intensa dos estudantes nas 37 escolas que percorreu, o programa também conseguiu envolver e ser abraçado pela comunidade local de cada unidade.

Por coincidência, foi nesse período da vida de Nelsão que nasceu Jean, o que o colocou pela primeira vez em contato com as atribuições de pai e o fez refletir bastante sobre a responsabilidade de colocar uma criança no mundo, cuidar dela e educá-la. Essa preocupação, de alguma forma, norteou a relação paternal desenvolvida junto às crianças e adolescentes com que lidou no RAPensando a Educação, principalmente porque não foram poucos os problemas detectados com essa experiência.

O baixo rendimento dos estudantes, logo pôde deduzir, não se devia unicamente aos desfalques existentes no âmbito do sistema educacional, como o sucateamento das unidades escolares e a desvalorização dos professores e funcionários. Havia um turbilhão de outras mazelas sociais relacionadas à evasão escolar. Conheceu crianças sem direito a infância e com pais ausentes, algumas delas órfãs ou filhas de presidiários, a vagar e crescer em ambientes precários, inóspitos, degradantes. Viu famílias inteiras desestruturadas pela miséria, pela falta de informação, pelo alcoolismo e por outros vícios legalizados ou ilícitos. Soube de muitas meninas e adolescentes que se tornaram mães antes mesmo de abandonar as bonecas e sem ter qualquer condição de sustentar ou educar uma criança. Entre outras situações preocupantes também percebeu que, além da necessidade de trabalhar precocemente, muitos rapazes que abandonavam os estudos eram seduzidos pela criminalidade e pela ilusão de, através dela, conseguir dinheiro fácil e rápido. Enfim, Nelsão testemunhou inúmeros conflitos individuais e coletivos que, não raro, acometem moradores de regiões periféricas de qualquer cidade. Um universo que ele já conhecia, mas que ainda não percebera ter se agravado tanto ao longo dos últimos anos.

DO SERTÃO AO HIP-HOP

Quando as atividades do RAPensando a Educação se encerraram, em 1993, a pedagoga Sueli Chan, que participara da equipe que o coordenava em São Paulo, seguiu para Diadema a convite da prefeitura local para elaborar projeto semelhante, dessa vez vinculado à Secretaria de Cultura. Inicialmente os artistas convidados foram Nelson Triunfo e o músico Toninho Crespo, que já tinha trabalhado com Miguel de Deus entre 1979 e 1985 e também possuía estreita ligação com o rap – já fizera colaborações em shows dos Racionais MCs, participara da música "Rasta", lançada em 1992 pelo rapper Pepeu, e dois anos depois também participaria de "Brava gente", da dupla Thaide & DJ Hum.

Nelsão ainda convidou o b-boy Marcelinho Back Spin, um dos fundadores da gangue Back Spin Crew, para integrar o grupo que elaborou o projeto com o objetivo de transmitir, por meio de oficinas de expressões artísticas, conceitos de cidadania às crianças e adolescentes dos bairros periféricos de Diadema.

Itinerantes, de setembro de 1993 ao final de 1996 as atividades percorreram diferentes centros culturais da cidade, localizados em bairros como Jardim Inamar, Jardim Promissão, Conceição e Canhema. Foi um "laboratório" que aperfeiçoou ainda mais o lado educador social de Nelson Triunfo, um dos pioneiros no uso do hip-hop em projetos sociais.

Multiplicação

Com o projeto RAPensando a Educação em São Paulo e as oficinas ministradas em Diadema, Nelsão pôde comprovar, na prática, a eficácia do uso da cultura como instrumento para resgatar e orientar jovens que largaram os estudos ou estavam à mercê de ser recrutados pela criminalidade.

Mais que um trabalho com o qual se identificara, Nelsão via grande importância social nessa atividade, pois sempre acreditara na educação das crianças e adolescentes como algo elementar para assegurar uma boa formação aos cidadãos do futuro. Por isso, as aulas e oficinas que ministrava não se limitavam à dança e à cultura hip-hop, mas tratavam de todo tipo de assunto, de história a meio ambiente, de conceitos de cidadania a hábitos de higiene e alimentação. Inclusive, em diversas ocasiões comprou com seu próprio dinheiro frutos exóticos, típicos nas regiões Norte e Nordeste do país, para apresentá-los a crianças que só conheciam produtos mais tradicionais, como banana, maçã, laranja e mamão. Foi com o professor Nelsão que muitas conheceram e se apaixonaram por ingá, pitomba, araçá, seriguela, umbu, carambola, cajá e pinha, entre outras frutas.

Envolvido de corpo e alma com a questão social e de certa forma otimista com os resultados que via ao seu redor, até então Nelson Triunfo não priorizara a ideia de multiplicar o número de educadores sociais como uma forma de fortalecer e ampliar essa missão social, mas imaginava que isso poderia ocorrer. Direta ou indiretamente, porém, os resultados nesse sentido não teriam como não aparecer. Afinal, depois de vários anos a espalhar e irrigar sementes, era de se esperar que ao menos algumas delas florescessem.

Indiretamente o êxito dos projetos educacionais que utilizavam a cultura hip-hop como instrumento inspirou o surgimento de outras iniciativas semelhantes, em diversas cidades de diferentes estados. No caso de Diadema, esse modelo de trabalho ainda culminaria, em 1999, com a oficialização da Casa do Hip-Hop, primeiro equipamento público do país destinado às práticas da cultura hip-hop, uma conquista em que Nelsão teve participação fundamental. Em pouco tempo o sucesso desse espaço cultural serviria de modelo para a criação de outras casas do hip-hop por todo o país, com ajuda do poder público ou não. Não é errado afirmar que, ao menos indiretamente, em cada um desses projetos que eclodiram por todo o país há o dedo de Nelson Triunfo e Marcelinho Back Spin.

PERPETUAÇÃO

De forma direta, torna-se válido mencionar as próprias crianças e adolescentes que participaram das oficinas ministradas por Nelsão, e que de alguma forma tiveram suas vidas transformadas. Algumas, inclusive, viriam a se tornar propagadoras ou multiplicadoras dos conceitos artísticos e de vida com ele apreendidos.

Um bom exemplo é o pernambucano Jodson do Nascimento Silva. Nascido em janeiro de 1979 em Jaboatão dos Guararapes, migrara ainda pequeno para a região do Grande ABC, em São Paulo, com os pais e quatro irmãos. Depois de algum tempo na cidade de Santo André se mudara para o bairro de Serraria, na periferia de Diadema. Naquela época o lugar ainda era uma favela em formação, espaço praticamente abandonado pelo poder público. As ruas de terra batida não tinham iluminação pública e o saneamento básico inexistia nos precários barracos que continuavam a ser erguidos de forma desordenada. Os índices de violência da região se mantinham muito acima da média da região metropolitana e a polícia, quando por ali circulava, não costumava ser cordial com ninguém. O pai de Jodson se embriagava com frequência e, por isso, era figura ausente, o que deixava o garoto exposto às ruas e sem qualquer perspectiva promissora. Para piorar, o casebre em que morava ficava nos fundos de uma "biqueira" – ponto de venda de drogas.

Ainda adolescente, em 1993 ele já ouvia rap e estava interessado em aprender a dançar breaking. Passou a frequentar o Centro Cultural Inamar, no bairro vizinho, onde sabia que alguns b-boys se reuniam, e lá começou a participar das aulas de dança de Nelson Triunfo. A partir de então sua vida mudou. Aprendeu a dançar, mas o mais importante foi ter despertado para o aprender. Estimulado pelas aulas, começou a buscar informações sobre diversos assuntos que o interessavam. Descobriu a leitura, desenvolveu habilidades no hip-hop e se tornou exímio b-boy e MC, sempre apadrinhado pela figura paternal de Nelsão.

Já batizado Joul, entre 1998 e 1999 passaria a integrar a nova formação do Funk & Cia, com a qual viria a fazer dezenas de apresentações artísticas por todo o Brasil e até na Alemanha. Alguns anos depois montou o Matéria Rima, seu próprio grupo de rap, um projeto paralelo ao Funk & Cia e com o qual lançou em 2005 o álbum *Procurando Respostas*. A essa altura já deixara Diadema e se mudara para Jandira, ainda na Grande São Paulo, mas trabalhando em Barueri, cidade vizinha, onde em 2010 daria início ao projeto educacional Vem Comigo Hip-Hop Arte junto à Secretaria de Educação. Entre shows, oficinas, debates e fóruns, as atividades percorreram todas as escolas municipais e envolveram cerca de 25 mil estudantes. Três anos depois Joul foi cogitado para assumir a coordenação da Casa do Hip-Hop de Diadema, em um processo político confuso e polêmico que culminou com a saída de várias pessoas que ajudaram a fundá-la – entre elas, o próprio Nelson Triunfo. Mas acabou tomando parte em projetos junto ao programa de Educação de Jovens e Adultos (EJA). Ainda em julho de 2013 foi finalizado o segundo álbum do Matéria Rima, *Influências*, produzido e lançado por DJ Hum por meio de seu selo Humbatuque Records.

Em resumo: de criança carente, desacreditada e sem futuro aparente, Joul se tornou um discípulo de Nelson Triunfo, com quem se descobriu artista e também educador social. Assim, continuou a espalhar os conceitos que absorvera do mestre.

Aliás, a multiplicação de agentes culturais dessa mesma "linhagem" continua a ocorrer. Alunos de Joul também já começam a colher frutos e lançar novas sementes por aí – o próprio rapper Sasquat, com quem divide o microfone no Matéria Rima, fora seu aluno em oficinas de rap. Essa ideia se torna ainda mais interessante quando se considera que Joul, seus galhos e respectivos frutos representam apenas uma das muitas ramificações geradas a partir da matriz Homem-Árvore. É preciso ter raiz forte para sustentar toda essa genealogia!

Da mesma geração de alunos de Nelson Triunfo à qual Joul pertence, diversos jovens que não prosseguiram no hip-hop foram presos ou morreram. Mas um outro nome também teve sua vida transformada: Vagner Melo, um rapaz que se apaixonou pelo breaking à primeira vista e demonstrou ter facilidade com os movimentos do *power move*, a ramificação mais difícil da dança.

Repleto de complexos movimentos acrobáticos semelhantes aos da ginástica artística, o *power move* exige muita força, equilíbrio e coordenação. Esforçado, Vagner treinou bastante e se tornou o b-boy Guinho, respeitado mundialmente como um dos principais nomes da modalidade. Depois de também integrar o Funk & Cia a partir de 2001 e participar da Copa da Cultura na Alemanha em 2006, empenhou-se ainda mais na dança e, determinado, aumentou sua carga de treinamento de cinco para até dez horas diárias. Logo foi convidado para participar de um evento de breaking na França, e a partir de então seu nome não parou de ganhar conceito na Europa. Alguns anos depois mudou-se para a Finlândia, onde fixou residência, passando a excursionar pelos países vizinhos entre diversas apresentações, competições, oficinas e aulas de dança. Também aficionado por idiomas, estudou com afinco e se tornou fluente em inglês, francês e finlandês, além de ter adquirido boas noções de alemão, espanhol e até chinês.

Criado na periferia de Diadema, Guinho é outro discípulo que vê em Nelson Triunfo a figura de mestre e segundo pai. Ele e Joul são apenas dois exemplos de muitos de seus alunos que conseguiram reverter um provável destino de poucas perspectivas e contrariar as estatísticas negativas que desde cedo rodeiam e perseguem jovens de periferia.

Nelsão não parou mais de ministrar aulas, oficinas e palestras por todo o país – e até na Alemanha. Assim, pode-se supor que de alguma maneira mudanças foram provocadas por ele na vida de milhares de crianças, moças e rapazes, tenham eles prosseguido com a prática de algum elemento do hip-hop ou não. É impossível mensurar quantas sementes foram lançadas nessa peregrinação socioeducativa do Homem-Árvore, mas não há como negar que ela gerou e segue a gerar muitos frutos, sementes e novas árvores.

Em seus shows Nelson Triunfo também sempre fez questão de abrir espaço para novos talentos, mesmo que isso tenha lhe custado gozar de situação financeira muito aquém de sua representatividade na cena artística. Nunca cresceu os olhos sobre os cachês recebidos, pelo contrário: às vezes, mesmo que o valor do show contratado não fosse o esperado, fazia questão de convidar vários jovens talentos para participar da apresentação e dividia aquele ordenado entre dez ou até quinze pessoas. Bem poderia convidar apenas um ou dois parceiros e embolsar uma parte mais gorda, até mesmo porque é em função de seu nome que os contratantes costumam procurar por seu show.

Mas Nelsão sempre fez questão de encher o palco e, muitas vezes, depois de pagar devidamente todos os participantes, acabou ficando com menos que o esperado. Isso quando não foi surpreendido por alguma despesa posterior referente ao show, como o pagamento de algum imprevisto referente ao transporte, encargos com documentação ou até mesmo o ressarcimento de desfalques cometidos na geladeira de algum quarto de hotel que não fora o seu, e terminou com uma parte menor que a de todos.

Para dezenas de moças e rapazes, boa parte oriunda das aulas, oficinas e eventos da Casa do Hip-Hop de Diadema, ainda que pequeno e simbólico, este pequeno cachê acabou sendo o primeiro de suas vidas conquistado com a dança ou a música. Mas a memória de vários deles guardaria com carinho outro tipo de gratificação recebida de Nelsão: a oportunidade de estrear oficialmente em um palco e o incentivo para acreditar no próprio talento. Com o tempo, muitos conseguiriam alavancar projetos artísticos próprios e passariam a viver de sua música ou dança de forma independente.

Nem todos, porém, expressaram sua gratidão a Nelson Triunfo. Ele nunca esperou nada em troca das pessoas que fez questão de ajudar, mas seu espírito de bom samaritano teve um preço semelhante ao que ocorrera quando quis ajudar seus irmãos: a decepção. Em ocasiões que não foram poucas, e mesmo assim Nelsão demorou a aprender a desconfiar do ser humano, foi traído por pessoas que ajudara a levantar no âmbito artístico.

Por mais de três décadas de teimosia, agindo mais com o coração do que com a razão, chegou a perder bastante dinheiro na intenção de ser generoso. Mas ainda hoje prefere se focar no "lado positivo" de tais episódios: o aprendizado proporcionado pela vida. Mesmo reconhecendo que "bonzinho demais só se ferra", não se arrepende de nenhuma ocasião em que estendeu a mão a alguém, mesmo que depois disso tenha levado rasteira de quem tentou ajudar.

A Casa do Hip-Hop

Entre 1993 e 1994 a grande concentração de apreciadores de hip-hop residentes em seus arredores, sobretudo b-boys, passou a fazer do Centro Cultural Canhema, situado no bairro de mesmo nome, um ponto fixo de encontros em que se ouvia muito rap, funk e soul, e onde intermináveis treinos e rachas de breaking varavam as tardes. O número de frequentadores até teve momentos altos e baixos ao longo dos anos, mas os b-boys nunca deixaram de marcar presença.

Como o local se tornara referência em Diadema, uma espécie de "metrô São Bento" da cidade, os jovens que o frequentavam se organizaram em torno de uma reivindicação: assegurá-lo como um equipamento público próprio para a cultura hip-hop. Na prática isso já vinha funcionando havia tempos, mas no papel essa conquista histórica só pôde ser celebrada no dia 28 de julho de 1999, quando o Centro Cultural Canhema também adotou oficialmente o nome "Casa do Hip-Hop". Não foram extintas eventuais atividades que envolvessem outras práticas, como o samba, a capoeira e a cultura nordestina, mas boa parte dos espaços, recursos e programação passaram a tratar os elementos do hip-hop como prioridade.

Alguns anos antes outro interessante projeto nascido a partir das oficinas de hip-hop em Diadema certamente ajudara a dar legitimidade a essa conquista: a montagem do espetáculo teatral *Se Liga Mano*, criação coletiva que envolveu Nelson Triunfo, Sueli Chan, Marcelinho Back Spin, MC Levy e Oswaldo Faustino, que assumiu a direção da peça. Apresentado por alunos das oficinas em 1996, o elogiado espetáculo reuniu as expressões artísticas dos quatro elementos do hip-hop (MC, DJ, breaking e graffiti), apresentados por alunos do Centro Cultural Canhema.

Sua narrativa abordava diversos aspectos da cultura afrobrasileira ao longo da história, refletindo sobre valores herdados por manifestações artísticas recentes – entre elas, o hip-hop.

Com uma agenda bem elaborada de aulas, oficinas e shows não demorou para que a Casa do Hip-Hop de Diadema chamasse a atenção de jornais, revistas e emissoras de televisão. O espaço rapidamente ganhou notoriedade em todo o país e se tornou parada obrigatória para todo apreciador do hip-hop. Assim como ocorrera com a estação São Bento entre meados dos anos 1980 e início dos 1990, o Centro Cultural Canhema virou referência. Passou a receber visitantes de todo o Brasil e até de outros países interessados em conhecer o tão comentado modelo de equipamento público destinado à cultura hip-hop.

Parte desse êxito, é claro, se deveu ao prestígio de alguns dos fundadores da Casa do Hip-Hop. Nelson Triunfo e Marcelinho Back Spin já eram bastante respeitados no meio e não tiveram dificuldades para levar os principais nomes do rap, do breaking e do graffiti para fazer palestras, oficinas e apresentações no local. A festa Hip-Hop em Ação, realizada no último sábado de cada mês, se tornou um dos eventos mais tradicionais do Brasil. Ao longo de pelo menos mais treze anos grandes nomes passariam por seu palco, desde Afrika Bambaataa a Miguel de Deus e Tony Bizarro, além de praticamente todos os principais nomes do rap brasileiro. Não por acaso muitos consideram a Casa do Hip--Hop de Diadema um "templo" da cultura de rua tupiniquim.

No início de 2013, com a eleição de Lauro Michels para a prefeitura em lugar de Mário Reali, a troca do comando político da cidade culminou com conturbadas e mal explicadas mudanças na Casa do Hip-Hop. No polêmico processo, que não ficou abertamente esclarecido para o público, agentes culturais que participaram de sua fundação foram desligados da casa. Entre eles, Nelson Triunfo, que acumulara vinte anos de atuação em projetos culturais e educativos daquela cidade e sempre se dedicara ao máximo para promovê-los, inclusive colocando dinheiro do próprio bolso, em diversas ocasiões, para custear parte das atividades.

DO SERTÃO AO HIP-HOP

Mesmo residindo no Tiquatira, na zona leste de São Paulo, sempre costumava ser o primeiro a chegar ao trabalho em Diadema, antes mesmo de colegas que moravam na própria cidade. Para isso Nelsão acordava pouco antes das cinco da manhã todos os dias, para em seguida encarar dois ônibus e mais uma viagem por dezoito estações de metrô, uma jornada de quase duas horas. Também foi o único funcionário a cumprir mais de um ano de trabalho sem contabilizar uma falta sequer. Mas toda essa dedicação de duas décadas de nada valeu no momento em que, por fatores que só os bastidores políticos de Diadema sabem ao certo, Nelsão foi subitamente cortado do quadro de funcionários da Casa do Hip-Hop.

Nino Brown e a Zulu Nation

Outro personagem que participou da fundação da casa e contribuiu bastante com seu sucesso, sobretudo para a reputação "didática" e conscientizadora que as atividades nela desenvolvidas ganharam, foi o amante de soul e funk Joaquim de Oliveira Ferreira, mais conhecido como Nino Brown. Pernambucano nascido na região de Canhotinho, em Garanhuns, e morador de São Bernardo do Campo, o antigo parceiro de dança de Nelson Triunfo nos bailes black da década de 1970 também já tinha sido um dos responsáveis pela criação da Posse Hausa, em 1993.

De tanto garimpar discos e devorar livros Nino Brown se tornara uma espécie de historiador autodidata da cultura negra. Com papel, caneta, máquina de escrever, tesoura, cola e muita criatividade, desde 1992 usava suas poucas horas vagas para redigir e montar pequenos fanzines informativos sobre música, diáspora africana e ícones da cultura negra. Trabalhava como vigia da prefeitura e bancava do próprio bolso as centenas de cópias mensais que distribuía gratuitamente, em mãos ou pelos correios, para qualquer pessoa que se interessasse.

Entre as dezenas de edições caprichosamente elaboradas, fez minibiografias de muitos músicos e personalidades negras estrangeiras, como James Brown, Afrika Bambaataa, Gil Scott-Heron, Malcolm X, Martin Luther King Jr., Steve Biko, Nelson Mandela e Marcus Garvey; e também do Brasil, como Castro Alves, Zumbi dos Palmares, Rainha Nzinga, Solano Trindade, Carolina Maria de Jesus, José Correia Leite e Abdias do Nascimento, entre muitos outros nomes. Nino Brown também escreveu resumos de inúmeros fatos históricos relacionados aos afrobrasileiros. Ainda que duas décadas tivessem se passado e utilizasse outros meios, essa preocupação de Nino Brown em conscientizar seus semelhantes sobre questões históricas, sociais e raciais não era diferente da que tivera Dom Filó, no início da década de 1970, ao projetar filmes, slides e mensagens sobre cultura negra nas Noites do Shaft que eram realizadas no Clube Renascença, no Rio de Janeiro.

Em meados de 1997, com a ajuda de um amigo que tinha boas noções de inglês, Nino Brown enviou uma carta para os EUA, destinada ao endereço que encontrou na contracapa de um LP de Afrika Bambaataa. Na correspondência contou sobre seu trabalho de divulgação da música e da cultura negra e anexou alguns exemplares de seus fanzines. Para sua surpresa, em outubro daquele ano recebeu uma resposta bastante amigável redigida de próprio punho pelo fundador da Universal Zulu Nation. A partir de então ambos continuaram a se corresponder, outras afinidades foram detectadas e o relacionamento se estreitou ainda mais. Não demorou para Bambaataa vir ao Brasil conhecer Nino Brown pessoalmente. Na ocasião, nomeou-o "Zulu King" e principal representante da organização mundial de hip-hop em território brasileiro. Esse intercâmbio se intensificaria e, em 2002, culminaria com a oficialização da afiliação brasileira Zulu Nation Brasil, constituída juridicamente como organização não-governamental (ONG).

PERPETUAÇÃO

Esse ativismo cultural de Nino Brown, que se alinhava perfeitamente ao que Nelson Triunfo vinha fazendo, foi bastante positivo para a Casa do Hip-Hop e deu ainda mais credibilidade às atividades desenvolvidas no local. O hip-hop passou a ser visto não só como uma gama cultural de entretenimento, mas ganhou legitimidade e respeito por seu forte potencial transformador.

Tal reconhecimento ajudou a desconstruir a imagem pejorativa e generalizada de que hip-hop era "coisa de bandido", um rótulo preconceituoso que ainda era comum aos leigos e propagado por boa parte da mídia.

No meio acadêmico o interesse por registrar e pesquisar as nuances desse novo fenômeno cultural também cresceu. Logo surgiram os primeiros trabalhos de conclusão de curso, dissertações de mestrado e teses de doutorado focados no hip-hop, estudos que também colaboraram para elevar sua reputação socioeducativa e inspiraram a aplicação daquele modelo de projeto em inúmeros outros lugares.

"Se liga na rima"

Quando o rap brasileiro começou a gravar discos, conquistar espaços nas rádios e em eventos, no início da década de 1990, boa parte do público que já acompanhava o hip-hop conhecia Nelson Triunfo e tinha ciência de sua importância, desde os tempos do soul e do funk, para a difusão da música negra no Brasil. Essas pessoas sabiam que ele fora um dos responsáveis por levar a dança para as ruas de São Paulo e era um dos pioneiros da cultura de rua no Brasil.

Mas nesse período o hip-hop viu seu público se multiplicar significativamente, de modo a conquistar muitos jovens que passaram a acompanhá-lo e não conheciam detalhes da sua história – afinal, praticamente não havia referências em que pudessem buscar tais informações. Até então, só quem participara ou testemunhara os acontecimentos sabia o que foram as rodas de dança na esquina das ruas 24 de Maio e Dom José de Barros, as batalhas de breaking e batucadas nas latas de lixo da estação São Bento do metrô e os encontros de rap na Praça Roosevelt, por exemplo.

A primeira menção ao nome de Nelson Triunfo em um rap foi feita por Thaide & DJ Hum na canção "Soul do hip-hop", incluída em *Brava Gente*, quarto álbum da dupla, lançado em 1994. Na letra, Thaide exalta a história do hip-hop em São Paulo, fala sobre os encontros na São Bento, lembra as dificuldades enfrentadas pelo "movimento" e frisa:

> A primeira gangue que eu vi na minha vida
> Foi no centro da cidade, Nelsão e Funk & Cia.

Quando ainda tinha seus doze anos, no Carnaval de 1980, Thaide se lembra de ter visto, pela televisão, um magrelo com gigante cabeleira black a desfilar pela Vai-Vai. Cinco ou seis anos depois viu aquele mesmo sujeito, ainda com o volumoso cabelão crespo armado, em outra reportagem televisiva. Dessa vez era no programa *Comando da Madrugada*, em que o jornalista e apresentador Goulart de Andrade adentrava um baile black para mostrar uma roda de soul liderada, é claro, por Nelson Triunfo – sempre ao lado do Funk & Cia. Thaide ficou impressionado com o estilo único, ímpar, daquele indivíduo com quem, de alguma maneira, sentia ter forte identificação. Anos depois, quando começou a frequentar os encontros da estação São Bento do metrô, lá estava novamente o tal magrelo cabeludo, por quem já nutria instintiva, inexplicável e silenciosa admiração. Até então ainda não tinham trocado palavra.

A primeira conversa entre ambos ocorreu às portas da estação Santa Cecília do metrô, numa ocasião em que Thaide, sozinho, rumava para um baile realizado pela Chic Show no notório Clube da Cidade, na avenida São João, e estava em dúvida sobre o caminho a seguir. Nelsão passava por ali, reconheceu o jovem b-boy que já tinha visto algumas vezes na São Bento e tomou a iniciativa de puxar papo com o rapaz que, até então, tinha receio de se aproximar dele, que já tinha *status* de artista. Ambos descobriram que estavam a caminho do mesmo lugar e foram juntos para o baile, e a partir de então nasceu uma grande amizade. Isso explica por que Thaide sempre demonstra ter muito respeito e cuidado com as palavras quando se refere a Nelsão, a quem considera "amigo, ídolo e herói".

No álbum seguinte de Thaide & DJ Hum, *Preste Atenção*, de 1996, a dupla voltou a se lembrar de Nelsão, em um dos maiores sucessos de sua carreira: a música "Sr. Tempo Bom", que celebra a década de 1970, sobretudo os shows e bailes de soul e funk:

> Me lembro muito bem, o som e o passinho marcado
> Eram mostrados por quem entende do assunto.
> E lá estavam Nino Brown e Nelson Triunfo
> Juntamente com a Funk & Cia, que maravilha!

Se essas duas homenagens colocaram o nome de Nelsão em evidência, sua imagem se popularizou ainda mais junto às novas gerações de amantes do hip-hop graças ao videoclipe de "Sr. Tempo Bom", lançado no final de 1997. Em clima de "anos 1970" e repleto de referências aos antigos bailes de soul e funk, o bem-humorado vídeo traz Thaide & DJ Hum, com figurinos extravagantes e perucas black power, a dançar ao lado de Nino Brown e Nelson Triunfo, também devidamente paramentados com trajes de época. Naqueles tempos o rap brasileiro ainda investia pouquíssimo no audiovisual e tal videoclipe logo se tornaria uma referência para o gênero no país.

O bom momento da cultura hip-hop, e particularmente do rap, despertou em Nelsão o desejo de reformular o Funk & Cia para voltar a participar de forma mais ativa daquele fenômeno que ajudara a construir. Para tanto, entre 1999 e 2000 ele resolveu unir talentos de gerações distintas e dar uma "nova cara" ao grupo. Primeiro convocou o antigo parceiro Dom Billy, MC que já fizera parte do Funk & Cia no início da década de 1980, e a então esposa deste, a cantora Thulla, que mais de uma década antes também participara com ele do grupo De Repent. Dos novos talentos que conhecera por meio das oficinas e aulas de dança convidou os b-boys Guinho e Danzinho, além de Joul, que no grupo se dividia entre cantar rap e dançar. Outro jovem talento a se juntar a eles foi DJ Davi.

Duas músicas foram registradas nesse período: "Se quiser vir, vem", incluída em uma coletânea lançada pela revista

Planeta Hip-Hop; e "Se liga na rima", que se tornou um dos destaques do primeiro álbum solo de KL Jay, DJ dos Racionais MCs: *KL Jay na Batida Vol. 3*, lançado em 2001. A parte cantada por Nelsão faz um resumo sobre sua trajetória desde os tempos do soul e celebra a união entre as diferentes gerações do hip-hop – conhecidas como Velha Escola e Nova Escola:

Também sou *Old School*, mas não sou da sul
Sou do Nordeste, cabra da peste
O preconceito senti na pele
Mas tudo o que sobe, desce, disso eu já sabia
Contando a minha história eu crio a rima
Assim como criei o Funk & Cia, que permanece hoje em dia
Quebrando as barreiras com a força do som
Eu sou Nelsão, tipo Sansão
Cabelão e tal, fora do normal
Visual, resistência e não pago pau
Passista do Carnaval tradicional
Mistura de Carlinhos de Jesus com James Brown
Sou filho do soul e pai do hip-hop no Brasil
Quem desacredita aí, é só perguntar pra quem viu
"A primeira gangue que eu vi na minha vida
Foi no centro da cidade, Nelsão e Funk & Cia"
Diante disso não tenho comentário nenhum
Essas palavras não são minhas, são de Thaide & DJ Hum
Brincadeira tem hora e eu respeito a trajetória
Por isso eu vivo bem com a Velha e a Nova Escola
A vida é que me ensina e minha rima é pra cima, pra cima
Nelsão, Funk & Cia, trilha sonora periferia

Só te peço que se ligue na rima
A ideia é forte, é pra cima
Viaje no clima sem demora
Funk & Cia, da Velha à Nova Escola

A boa aceitação da canção rendeu diversos shows para Nelson Triunfo e Funk & Cia. No dia nove de junho de 2001, o caderno *Ilustrada* do jornal *Folha de S.Paulo* trouxe, em sua capa, a reportagem "O último black power", sobre Nelsão, assinada pelo jornalista Pedro Alexandre Sanches.

A repercussão dessa matéria rendeu-lhe convite para participar, junto com o Funk & Cia, do popular *talkshow* apresentado pelo humorista Jô Soares na Rede Globo, em uma cômica entrevista seguida de apresentação musical exibida no dia 24 de julho daquele ano. Inclusive foi lá que Nelsão narrou um dos episódios mais inusitados que já viveu em sua vida: o dia em que uma tartaruga caiu "do céu" e por pouco não se espatifou em sua cabeça.

Outra música da mesma época que contou com a participação de Nelson Triunfo foi "Desafio no rap embolada", incluída no último álbum da dupla Thaide & DJ Hum, *Assim Caminha a Humanidade*, lançado no ano 2000. Desde a década de 1980 Nelsão já defendia a embolada e o repente como "primos" do rap, devido à semelhança entre os gêneros. E essa interessante junção rítmica entre o rap e a música nordestina caracterizou "Desafio no rap embolada", canção que também teve a participação do músico paraibano Chico César, que cantou interpretando o papel de mediador e juiz do fictício embate.

Thaide e Nelsão simulam um duelo entre repentistas, o primeiro cantando rap e o segundo rimando ao estilo da embolada.

(Chico César):
É o rap embolada
É o rap e o repente rebentando na quebrada
Duelo de titãs, atenção irmãs e irmãos
Acenderam o pavio, Nelson fez o desafio e Thaide aceitou
Vai começar a disputa, vale tudo nessa luta
Coco, hip hop, soul
(Thaide):
Quem não conhece o Nelsão, aquele cara comprido,
Magro, parece um palito, e com o cabelão

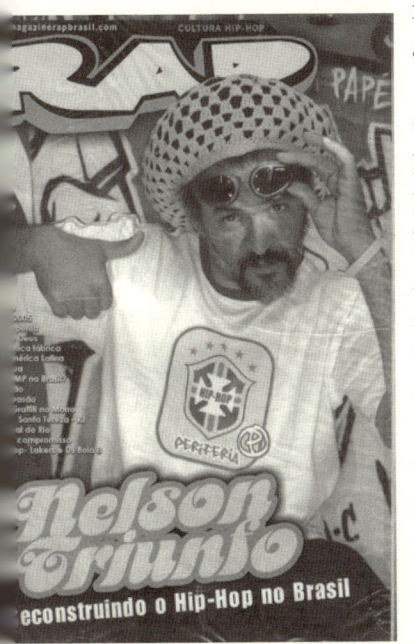

Hoje tá no hip-hop, mas já foi do soul
Me lembro da primeira vez que a gente conversou
Mas isso é passado, tô muito invocado
Porque em Diadema ele me desafiou
Tô ligado que ele é do Nordeste
Minha rima vai mostrar que eu também sou cabra da peste
Vou me transformar em tesoura, cortar o cabelo dele
E pôr debaixo do tapete com uma vassoura
Eu vou até o fim dessa batalha
Vai ser difícil superar a minha levada
No verso eu faço a treta, te dou um nó de letra
Abro e enfio o microfone na sua cabeça
Sou eu o responsável pela sua esperteza
Você não me assusta, então cresça e apareça

(Nelsão):
Você provocou agora, vontade também consola
Você diz que dá na bola, na bola você não dá
Cabra Thaide, você pode se lascar
Se você vier pra cima, vai cair da sua rima
Nem Deus que tá lá em cima vai poder te segurar
Você disse no CD: "Preste atenção"
Mas agora deu mancada e perdeu sua razão
Eu ouvi você dizer que vai cortar meu cabelão
Eu tô no ar, vou reagir
A poeira vai subir e a gente vai sumir
Porque no mundo ninguém jamais me tirou assim
Homem pra bater em mim,
Se nasceu, não se criou e, se criou, já levou fim
Eu curto Luiz Gonzaga, o meu país tropical
Conheço o bem e mal e o som do James Brown
Danço break, samba e soul, sou poeta e coisa e tal
Meu cabelo foi tombado, é patrimônio nacional,
Dentro do mundo da moda, sigo pela contramão
Do estilo black power é a foto original
Então, irmão, preste atenção
Meu cabelo é real, não é ficção
Aqui é Nelsão, descendente de Sansão

A tartaruga que caiu do céu

Até mesmo para o humorista Jô Soares, Nelson Triunfo fez questão de contar o episódio que considera "o mais pitoresco, o mais bizarro, o mais inusitado" de sua vida: o dia em que uma tartaruga caiu "do céu" e quase o atingiu, fato ocorrido em 1984, no centro de São Paulo. O causo foi lembrado na edição do *Programa do Jô* exibida no dia 24 de julho de 2001, na Rede Globo:

– Um dia eu tô lá na [rua] Vinte e Quatro de Maio e tem aquela galeria grande. Em cima tem um jardim suspenso, lá em cima. Um cara foi me cumprimentar, acho até que ele foi minha salvação – recordou Nelsão. – Na hora que ele apertou minha mão, uma tartaruga caiu lá do jardim, caiu a um metro na minha frente, eu senti quase o vento... Páá! Foi uma pancada, a coitada se espatifou no chão mesmo, né?

– Grande? – perguntou Jô Soares.

– Nossa! Eu olhei aquilo ali e fiquei tremendo. Depois, eu imaginei... Poxa, você já pensou se aquilo cai na minha cabeça?

– Não ia acontecer nada. Caía no cabelo e ela amortecia... pum. Parecia aquelas coisas de bombeiro – respondeu o humorista, de pronto, a fazer mímicas que arrancaram gargalhadas da plateia e do próprio interlocutor.

Nelsão prosseguiu:

– Na verdade eu não tava mais nem aqui, né? Mas o engraçado é que naquele...

– Não, peraí – interrompeu. – Antes eu quero saber o tamanho dessa tartaruga.

– É mais ou menos assim – contou Nelsão, a gesticular com as mãos e indicar um animal com entre trinta e quarenta centímetros

– Um cágado?

– Um cágado, isso mesmo. E eu fiquei assim... Poxa, já pensou se eu morresse, que notícia? "O cara morreu com uma tartarugada na cabeça"... Seria estranho no jornal isso daí, né?

O inusitado acontecimento, porém, que por pouco não foi trágico e poderia apenas ter sido engraçado, foi também revelador de uma triste realidade: a miséria social exposta no coração da maior metrópole da América Latina. O próprio Nelsão explicou o triste desfecho do episódio da tartaruga, que literalmente pareceu ter caído do céu para algumas crianças:

– Mas a cena que mais me impressionou também, Jô, foi naquele mesmo momento ali, eu fiquei triste pra caramba vendo o sangue dela escorrer assim naquela, na galeria... Chegou três garotinhos de rua, fez a maior alegria, eles riam pra caramba, pegou ela e saiu correndo, "Vâmo cumê, vâmo cumê"...

– Uma sopa de tartaruga!

(Chico César):
O bicho pegou nessa queda de braço
Dois homens de aço estão frente a frente
A força da mente, do verso ligeiro
Feliz nessa luta é quem sai inteiro
E diz a verdade para toda gente

(Thaide):
Sei que você não é de nada, manda logo a embolada
Se prepara pra batalha porque aqui é escorpião
É um tiro de canhão,
Não respeita soldado raso nem mesmo capitão
Te jogo no chão, se liga Nelsão!
Não leva uma comigo só porque é grandão
O meu facão é o microfone e tô com ele na mão
Te dou lápis, caderno, borracha, régua, compasso
Sua matrícula eu faço pra te ensinar a lição

(Nelsão):
Me ensinar a lição? Sai dessa, meu irmão!
Eu estudei, sou formado, sou um grande cidadão
Eu sei o que é certo e errado, também sou escorpião
Eu não vou lhe maltratar,
Só quero lhe preparar pra fazer o vestibular

(Thaide):
Conheço muita gente, a maioria inteligente
Veja bem nesse exemplo que eu não estou só
Conheço RZO, DMN, Xis, GOG, Z'África Brasil
Todos componentes hip-hop do Brasil
E não acabou e tal, conheço Nino Brown,
Charlie Brown, Zé Brown, Paulo Brown, nada mal
Se ainda não te convenci, conheço Mano Brown

(Nelsão):
Não vem que não tem, conheço eles também
E até te dou um toque, são todos do hip-hop
Você diz que é b-boy, mas minha dança lhe destrói
Sinto pena de você, mas nada posso fazer

(Thaide):
Então sente a sequência, movimento em ação
Vou te detonar agora no break de chão

PERPETUAÇÃO

Do giro de cabeça, passo pro moinho de vento
Aprendi lá na São Bento, paro no giro de mão

(Nelsão):
Parar no giro de mão, isso não me assusta não
Sou forte que nem tornado, vou e dou um pião
Me transformo em tempestade, te jogo lá pro sertão

(Thaide):
Valeu, Nelsão, você é muito bom!

(Nelsão):
Falô Thaide, você é bom também!

(Ambos):
Então agora vamos apertar as mãos
Porque no rap embolada não tem pra ninguém

(Chico César):
Ninguém perdeu, todo mundo ganhou
Pois o povo aprendeu com o cantador
Veja aí, meu povo, vem do mesmo ovo
O rap, o repente, o neto e o avô

Apesar da fórmula criativa e inovadora, "Desafio no rap embolada" não teve a repercussão imaginada por seus autores, talvez porque o álbum tinha muitas participações ou em razão de a dupla Thaide & DJ Hum ter se separado poucos meses após o lançamento do disco.

Uma observação que não foi incluída nos créditos do disco é a inclusão de alguns gritos do rapper carioca Marcelo D2 ao fundo da canção, junto com outras vozes que simulam a "torcida" do duelo. Segundo Thaide, ele estava no estúdio para gravar sua participação em outra faixa do disco, "Viagem na rima", mas aproveitou para fazer essa pequena brincadeira no rap embolada. Outra curiosidade que poucos sabem: considerados entre os principais ícones do rap de São Paulo e Rio de Janeiro, respectivamente, Thaide e Marcelo D2 nasceram exatamente no mesmo dia: 5 de novembro de 1967.

Já no novo milênio menções a Nelson Triunfo se tornaram cada vez mais comuns em outras canções de rap, tanto entre artistas mais antigos quanto entre nomes das novas gerações. Uma forma de homenagem e reconhecimento que logo seria cada vez mais frequente, inclusive com convites para participar de mais músicas, videoclipes e shows não só de artistas de rap, mas também de outros gêneros musicais.

Em novembro de 2004, em razão de seus cinquenta anos de idade completados dias antes, Nelsão também recebeu uma homenagem especial na quinta edição do Prêmio Hutuz, premiação do hip-hop brasileiro que foi realizada entre 2000 e 2009 pela organização Central Única das Favelas (Cufa).

O espírito eclético de Nelson Triunfo também lhe rendeu o reconhecimento em outros meios musicais. Lançada em 1998, a música "Agamamou", do grupo de pagode Art Popular, rapidamente fez sucesso em todo o país. Com suingue bastante *funkeado*, a canção que é um convite à dança caiu nas graças de público e mídia, podendo até ser considerada a de maior êxito da carreira do grupo. Ela foi incluída no sexto álbum do Art Popular, *Samba Pop Brasil II*, que inclusive traz na capa seus integrantes ostentando perucas que simulam o penteado black power. A convite dos músicos, Nelsão começou a acompanhá-los para dançar "Agamamou" em diversos shows e apresentações em programas televisivos.

> E a galera lá do Morro, do Salgueiro e Vidigal
> Tá querendo balançar!
> E a torcida do Corinthians, do Flamengo, tá também
> Tá querendo balançar!
> E o povo do Nordeste, do xaxado, quer o que?
> Tá querendo balançar!
>
> Brasileiro vive na raça
> O pagode é o canto da massa
> Tá plantando bananeira
> É José, é João, é Ferreira
> Mas ninguém me reconhece como grande cidadão
> É cidadão, é cidadão, é cidadão (...)

Dois anos depois o Art Popular regravou "Agamamou" no disco Acústico MTV, em versão ao vivo que ganhou a participação de Jorge Ben Jor. Dessa vez, porém, Nelson Triunfo não foi lembrado e o show, que também foi exibido na televisão, não teve nenhum dançarino no palco, justo em seu momento mais dançante.

Outro trabalho que significou uma forma de reconhecimento à trajetória de Nelsão foi o convite para participar do filme *Uma Onda no Ar*, dirigido por Helvécio Ratton. Além de participar como ator, interpretando o líder de uma roda de dança, ele também foi responsável por criar parte das coreografias feitas pelos dançarinos participantes do filme na simulação de um campeonato de breaking. Lançada em 2002, a obra conta a história verídica da Rádio Favela, de Belo Horizonte, que depois de resistir a muitas repreensões e tentativas de censura se tornou referência internacional de rádio comunitária e até foi premiada pela Organização das Nações Unidas (ONU).

Nordestinidade

Mesmo não tendo obtido grande repercussão, a música de Thaide & DJ Hum "Desafio no rap embolada" teve um significado bastante especial para Nelson Triunfo. Primeiro porque sua imagem sempre fora fortemente associada à dança e essa era uma oportunidade de apresentar seu lado músico. E também porque naquela participação pôde mostrar o ecletismo de sua trajetória artística, misturando influências que vão do soul à embolada, do funk ao coco, do rap à literatura de cordel – cujos livretos compra sem economia toda vez que vai ao Nordeste, para ler nas viagens e aumentar sua coleção.

Nelsão sempre imprimiu em suas músicas essa "nordestinidade" de que tanto se orgulha, não só no ritmo como também nas poesias. Tanto que ele mesmo se define como um híbrido de Luiz Gonzaga com James Brown. Os hábitos sertanejos, as expressões regionais, os costumes simples, o humor sarcástico e a habilidade do verso ligeiro estão bem presentes, por exemplo, em sua composição chamada "O comum tá diferente":

Levanta essa bunda dessa cadeira
A vida é dura, não é brincadeira
Não vem com pantim fazendo munganga
Sou caboclo sério, de mim ninguém manga
Ôoo, de mim ninguém manga
Ôoo, de mim ninguém manga
Vôute, oxente, o comum tá diferente
Não era assim o mundo da gente
Na casa do caboclo tem antenas parabólicas
O mundo mudou desafiando a lógica
Vi fogo fato muitas vezes a vagar
E que as estrelas nunca mudam devagar
Formiga quando quer se perder cria asas
Sapo com fome e apressado engole brasas
É mau costume, ele confunde a brasa com vaga-lume
No Sertão do Cariri também tem Nação Zumbi
Feira de Caruaru, Triunfo, maracatu
Paulo Afonso, hip-hop no bairro do Mulungu
A história do nego velho se confunde com a do mato
Ele nunca teve dinheiro, só teve couro de rato
Mas com ele eu aprendi a sempre ser um ser humano
Já fui matuto na roça e na cidade eu sou mano

Eu tenho pena do besouro rola-bosta
Quase sempre perde a vida quando ele cai de costas
Não quero abraço de amigo-tamanduá
Quem tem cabelo tem medo de arapuá
Primeiro rolo foi na porta da cadeia
Vi nêgo gritar na peia e o facão alumiar
Outro no bar bebe uma lapada de cana
Mete bronca no sacana e vai pra cadeia morar
Ô, dá cá um abano pra me abanar
Meu chapa, o calor está de lascar
Pipoca taboca, malandro se toca
Maluco malaco, respeita a maloca
Só cabra safado gosta de fofoca
Bala perdida se esconde, não aloca
Eu vou abafar porque sou capaz
E você, rapaz, é feio demais

Na canção "Influências", do grupo Matéria Rima, da qual Nelson Triunfo participou no ano de 2004, ele menciona vários aspectos folclóricos do sertão pernambucano e relembra fatos e costumes de sua infância:

PERPETUAÇÃO

E o cavalo de pau, os quatro cantos e o garrafão,
Assustei com um estilingue o pica-pau e o cancão
Com riunas e bacamartes se festejava São João,
Canjica, bolo de caco, pé-de-moleque, baião,
Sempre foi lindo e bem-vindo o folclore nordestino
Olha o jogo de São Severino,
Joga homem, mulher e menino
O povo fazia promessas na festa da padroeira,
Quantos balanços de corda fiz no galho da mangueira?
Rastapé, a fogueira clareava o terreiro,
Quantas pamonhadas fiz com o milho do rendeiro?
Comi preá com andu e piaba com angu
Capitão e ribacão, café com banana-pão,
Já brinquei lá em Triunfo e no sítio Caldeirão
Vi surgir a Jovem Guarda, dancei muito o Tremendão,
Eu já conhecia os Beatles e a história de Lampião
Já fui Nelsinho de Seu Nelson, hoje Triunfo ou Nelsão

O possível parentesco do rap com ritmos nordestinos como a embolada e o repente já era defendido por Nelson Triunfo desde a década de 1980. Ele sempre viu muitas semelhanças entre esses gêneros: na métrica das construções poéticas, no ritmo da entonação verbal e mesmo no humor malicioso dos criativos desafios de rimas improvisadas. Por isso, sempre acreditou que o rap e o repente fossem frutos de uma mesma semente atirada em diferentes tipos de solo – o primeiro nos EUA (com influência jamaicana) e o segundo, no Brasil.

Quem também havia muito já percebia com curiosidade as semelhanças entre tais manifestações era Gilberto Gil, músico que sempre se caracterizou por valorizar a preservação dos regionalismos sem deixar de se ater aos fenômenos contemporâneos globais.

À frente do Ministério da Cultura, então, ele concebeu um grande evento para celebrar as afinidades entre o hip-hop e a cultura nordestina: o Encontro Nacional de Rappers e Repentistas (Rap & Rep), realizado em Campina Grande, na Paraíba, entre os dias 26 e 28 de outubro de 2007. A programação incluiu palestras, oficinas, seminários, exibições de filmes, apresentações musicais e exposição de materiais relacionados à cultura hip-hop, repente, embolada, literatura de cordel e outras manifestações afins.

Nelson Triunfo foi um dos curadores do evento, ministrou uma palestra e também se apresentou no palco, inclusive fazendo um inesquecível dueto de improviso com o músico Baixinho do Pandeiro, um dos mais respeitados percussionistas da "velha guarda" da Paraíba. Nos três dias do festival também passaram pelos palcos do Rap & Rep nomes como GOG, Gabriel O Pensador, Zé Brown, MC Marechal, Z'África Brasil, Caju e Castanha, Oliveira de Panelas, Selma do Coco, Cidade Negra, Confluência, As Ceguinhas de Campina, Lia de Itamaracá e a atração internacional Manu Chao, entre outros.

No DNA

Quando Jean nasceu, um dos primeiros princípios que Nelson Triunfo se preocupou em adotar para criá-lo foi o de nunca bater no filho. Apanhara muito de seus pais na infância e não confiava que esta era a melhor forma de educar uma criança. Acreditava que era possível disciplinar seu filho sem precisar castigá-lo fisicamente ou ameaçá-lo com o uso de violência.

Outra diretriz básica que decidira seguir na educação de Jean era a de interferir o mínimo possível em suas escolhas. Talvez por ter se incomodado bastante, ao longo de sua vida, com familiares que sempre implicaram com seu cabelo e com sua opção pela difícil vida artística, não queria que o filho sofresse o mesmo tipo de aborrecimento.

Mas no ambiente em que cresceu, com um pai que respira e transpira dança e música negra, não foi surpresa que desde pequeno Jean gingasse o corpo ao som de soul, funk e rap. O desabrochar de seu talento artístico ocorreu de forma espontânea e, quando Nelsão se deu conta, o garoto já cantava rap e dominava várias coreografias do Funk & Cia.

Em junho de 2001 Nelson Triunfo cedeu "Você conhece o vento?", canção de sua autoria, para a dupla musical infantil Palavra Cantada, formada por Paulo Tatit e Sandra Peres. Quem colocou voz nessa música foi seu filho Jean, que na época estava com nove anos. Os *scratches* foram feitos por DJ Dri, que em meados dos anos 1980 formara a dupla Os Metralhas com seu irmão Lino Krizz. O divertido rap que fala sobre o vento foi incluído no sétimo disco da Palavra Cantada, *Canções do Brasil*, lançado em CD e DVD. O material se tornou referência didática, foi distribuído em escolas de todo o Brasil e, ainda hoje, é utilizado em salas de aula.

"Você conhece o vento?" traz versos como

> Eu conheço o vento há muito tempo
> Ele é a sensação do calor do verão
> O vento vai à festa, nas folhas da floresta
> Mas se ele fica nervoso vira um furacão
> E não respeita nada pela contramão
> Vento, traz as águas da chuva
> Mas ele não tem freio e sobra nas curvas
> Vento educado, vento sem vergonha
> Faz a confusão e foge da raia
> Passa pela praia, depois invade as ruas

Mexendo com garotas, levantando a saia
(...) Tem vento que é legal, tem vento que é mal
Tem vento imoral e vento normal
Existe vento grande, vento vendaval
Tem vento no Natal e no Carnaval
Tem vento estrangeiro invadindo o litoral
Virando brasileiro, vento tropical
Ele tem mistério, ele tem poder
O vento lhe abraça, mas você não vê
O vento não tem asas, mas sabe voar
Não usa passaporte, tá em qualquer lugar
Tá em todo lugar, e dentro de você, é só você soprar
O vento complica o bêbado no andar,
Leva ele pra lá, traz ele pra cá
Derruba seu boné só pra lhe investigar
O vento é espião e sempre sabe onde você está
E leva o perfume só pra te provocar

Com o passar dos anos Jean continuou a desenvolver suas habilidades artísticas. Na adolescência, tirando proveito da estatura avantajada que herdou do pai, se apaixonou pelo basquetebol, continuou a dançar nas apresentações do Funk & Cia e também descobriu o dom de fazer *beatboxing*. Aos vinte anos, em 2012 já se tornara peça fundamental nos shows do pai, em que dança, canta rap – incluindo composições próprias – e faz *beatboxing*, além de dar ainda mais segurança para as investidas artísticas de seu irmão mais novo, o b-boy Andrinho.

Concebido durante uma viagem a Triunfo em janeiro de 2003, o segundo filho de Nelson Triunfo e Heloisa nasceu no dia 15 de outubro daquele ano. Andrew Batista Campos, o Andrinho, recebeu este nome em uma homenagem que o pai fez ao músico Andrew Woolfolk, da banda Earth Wind & Fire, que conhecera e com quem fizera alguns passeios por São Paulo em outubro de 1980.

Mais até do que Jean, Andrinho desde cedo também mostrou ter herdado toda a malemolência do pai. Talvez a pressa por dançar tenha sido tanta que, aos onze meses, já largara as fraldas e começara a andar. Com quatro anos já arriscava passos de soul e funk com muita desenvoltura. Aos seis também já dominava diversos movimentos de breaking, incluindo o difícil giro de cabeça. A partir de então se tornou membro oficial do Funk & Cia e presença constante nas apresentações do grupo por todo o Brasil.

Curiosidade à parte, a inteligência e a ótima memória de Andrinho também se tornaram um destaque nessas performances. O menino aprendeu a ler entre três e quatro anos, e desde então conhece de cabeça as capitais de todos os estados brasileiros e de diversos países, bem como as bandeiras de várias nações. Aos seis o garoto já falava um pouco de inglês e descobrira ser capaz de fazer rimas de improviso, o chamado rap *freestyle*.

Nelsão passou a usar essas peculiaridades nos shows, como uma forma de chamar a atenção para a importância da educação. E Andrinho se tornou uma atração à parte em seus shows cantando, dançando soul e breaking, falando inglês e citando capitais de estados e países que lhe são perguntados aleatoriamente – a única escolha premeditada é a de Tocantins para encerrar o pinguepongue:

– Vâmo lá! Qual é a capital da França? – indaga o pai ao microfone, no meio do show.

– Paris! – dispara o menino.
– E da China?
– Pequim!
– Holanda?
– Amsterdam!
– México?
– Cidade do México!
– Piauí?

– Teresina!
– Amapá?
– Macapá!
– Tocantins?
– Palmas!
– Palmas, então! – costuma repetir Nelsão nesse momento, aproveitando o trocadilho para encerrar o desafio de geografia e conclamar o público a aplaudir o garoto.

Desde que Andrinho tinha seis anos, não têm sido poucas as vezes em que o telefone da casa de Nelson Triunfo toca com algum interlocutor convidando para participação em um evento ou programa televisivo.

– O convite é pro Nelson Triunfo? – questiona Heloisa, que geralmente atende aos telefonemas.

– Não. Na verdade, estamos ligando para convidar o filho dele, o Andrinho – respondem, do outro lado da linha.

Dono de gosto musical eclético e também fã de rock e heavy metal, aos oito o garoto já sabia de cabeça diversas letras de música nacionais e estrangeiras, e se atrevia até mesmo a discorrer sobre a técnica dos guitarristas que mais admira, como Joe Satriani, Slash, Jimmy Hendrix, George Harrison, Steve Vai, Tom Morello e Stanley Jordan. Já nessa época, a quem perguntasse que tipo de música ele gosta de escutar seria recomendável ir preparado para ouvir uma lista pronunciada com inglês perfeito:

– De rock gosto e sei umas letras de Megadeth, Black Sabbath, Led Zeppelin, Deep Purple, Living Colour, Guns'n'Roses, Rage Against the Machine, Linkin' Park, Queen, System of a Down, Metallica e Dragon Force. Mas também gosto de James Brown, Afrika Bambaataa, Doobie Brothers, Funkadelic, Chris Brown, Lil' Wayne, Busta Rhymes, Black Eyed Peas, Projota, Rashid, Emicida, Inquérito...

Filho de peixe, não?

Até a conclusão deste livro, no primeiro semestre de 2014, Jean cursava faculdade de educação física e planejava a gravação de seu primeiro CD solo de rap, com o nome artístico Jean B. Sua primeira incursão oficial no mundo do rap – depois da "Você conhece o vento?" gravada em 2001 – foi a participação, ao lado do pai, na música "Motivação", do rapper Zap-san, incluída no álbum *A Importância Disso*.

Com bolsa de uma boa escola particular conquistada devido ao ótimo aproveitamento, Andrinho vinha se mantendo sempre entre os melhores alunos da classe e com o desejo de conciliar a carreira de b-boy com a de biólogo – assim como o pai, ama a natureza e já sabe diferenciar inúmeros tipos de frutos, plantas, insetos e animais.

Os dois filhos de Nelsão e Heloisa continuam a se apresentar com o Funk & Cia, cada qual com um papel especial dentro dos shows. A tese pode parecer absurda e não há nenhum estudo científico que a confirme, mas não há como deixar de imaginar que talvez o hip-hop esteja no DNA deles.

O futuro

Como temos visto ao longo de todo este livro, o legado cultural de Nelson Triunfo já é uma realidade dentro e fora de sua casa, em inúmeras partes do Brasil e até em Berlim. E certamente ainda seguirá rendendo muitos desdobramentos por todos os cantos, a curto, médio e longo prazo. O Homem-Árvore gerou uma verdadeira "floresta genealógica" no âmbito cultural.

No final de 2010, em colaboração ao escritor, produtor cultural e apresentador de televisão Alessandro Buzo, questionei Nelson Triunfo sobre o que ele espera do futuro do hip-hop brasileiro. Seguem abaixo trechos do seu depoimento, publicado no livro *Hip-Hop: Dentro do Movimento*, um dos muitos títulos lançados por Buzo:

– Espero que chegue a um status de respeito, de nome, de alto nível na cultura brasileira, como tem hoje a Ivete Sangalo, por exemplo. E que a gente consiga sobreviver de forma sólida, que tenha independência financeira e possa gerar empregos, mas de forma unida, sem se isolar. Espero que o hip-hop se mantenha como um movimento social, musical, educacional, politizado e transformador também. E que as pessoas envolvidas não tenham medo de interagir com outras manifestações culturais e artísticas, ou com os esportes, por exemplo. Não podemos ter medo de diversificar, mudar, evoluir, parar no tempo.

– O hip-hop tem mudado com o tempo. Os quatro elementos permanecem vivos, mas há outros elementos se relacionando com ele, criando coisas paralelas, enriquecendo ainda mais a cultura. O "tempo bom que não volta nunca mais", como canta o Thaide, foi maravilhoso, mas hoje há outras coisas boas. Eu tinha a barba preta e hoje ela é branca, mas eu continuo sendo hip-hop desde aquela época.

– Acho interessante preservarmos os valores, mas temos que assimilar concepções diferentes de se ver e produzir cultura, respeitando a diversidade. Uns trabalham mais a questão racial, outros seguem uma linha romântica, politizada, gospel ou underground, entre outras. Tudo isso junto é que dá ao hip-hop a beleza que ele tem. É até legal ter esse ar de "desorganização", porque isso é que dá total liberdade de expressão e criação. Acho que, se organizarmos demais a cultura, ela se estraga. Chico Science já dizia, né? "(...) Que eu me organizando posso desorganizar".

Aproveitemos a menção ao músico Chico Science para que seja registrada mais uma curiosidade. Poucos sabem que ele e Nelson Triunfo se admiravam reciprocamente à distância, mas não tiveram a oportunidade de se encontrar. Também pernambucano – nascido em Olinda em março de 1966 –, o músico falecido em acidente automobilístico aos dois dias de fevereiro de 1997 fora um dos primeiros b-boys da cultura hip-hop pernambucana.

Inclusive, antes de criar a banda Nação Zumbi, em meados da década de 1980 Chico Science chegara até a visitar um encontro de breaking na estação São Bento, em São Paulo, mas por

PERPETUAÇÃO

algum motivo não conhecera Nelsão. Ambos já vinham tentando agendar um encontro que só não foi possível em razão do fatídico acidente. É bem provável que, se tivessem conseguido se cruzar pessoalmente, daí poderia ter surgido alguma parceria musical entre ambos. Quis o destino que, para os fãs deles, isso se tornasse apenas um curioso e indecifrável exercício para a imaginação...

GALERIA DE FOTOS

Nelsão e as variações de visual adotadas no início dos anos 1980.
Como sempre, prevaleceu a enorme cabeleira black solta. Fotos: arquivo pessoal.

Na praia ou na cidade, Nelson Triunfo e Funk & Cia chamavam a atenção, entre os anos de 1 e 1980, com visual extravagante e as vistosas cabeleiras black power. Fotos: arquivo pessoal.

Nelson Triunfo e Funk & Cia nos bastidores do *Programa Silvio Santos*, em maio de 1983, e no *Programa da Hebe*, já nos anos 2000. Fotos: arquivo pessoal.

Gravação de participação no videoclipe da música "Afro soul", do grupo de rap Uclanos, de Poços de Caldas (10/1/2012). Foto: Rodrigo Fonseca.

Em ensaio fotográfico registrado em maio de 1983. Foto: arquivo pessoal.

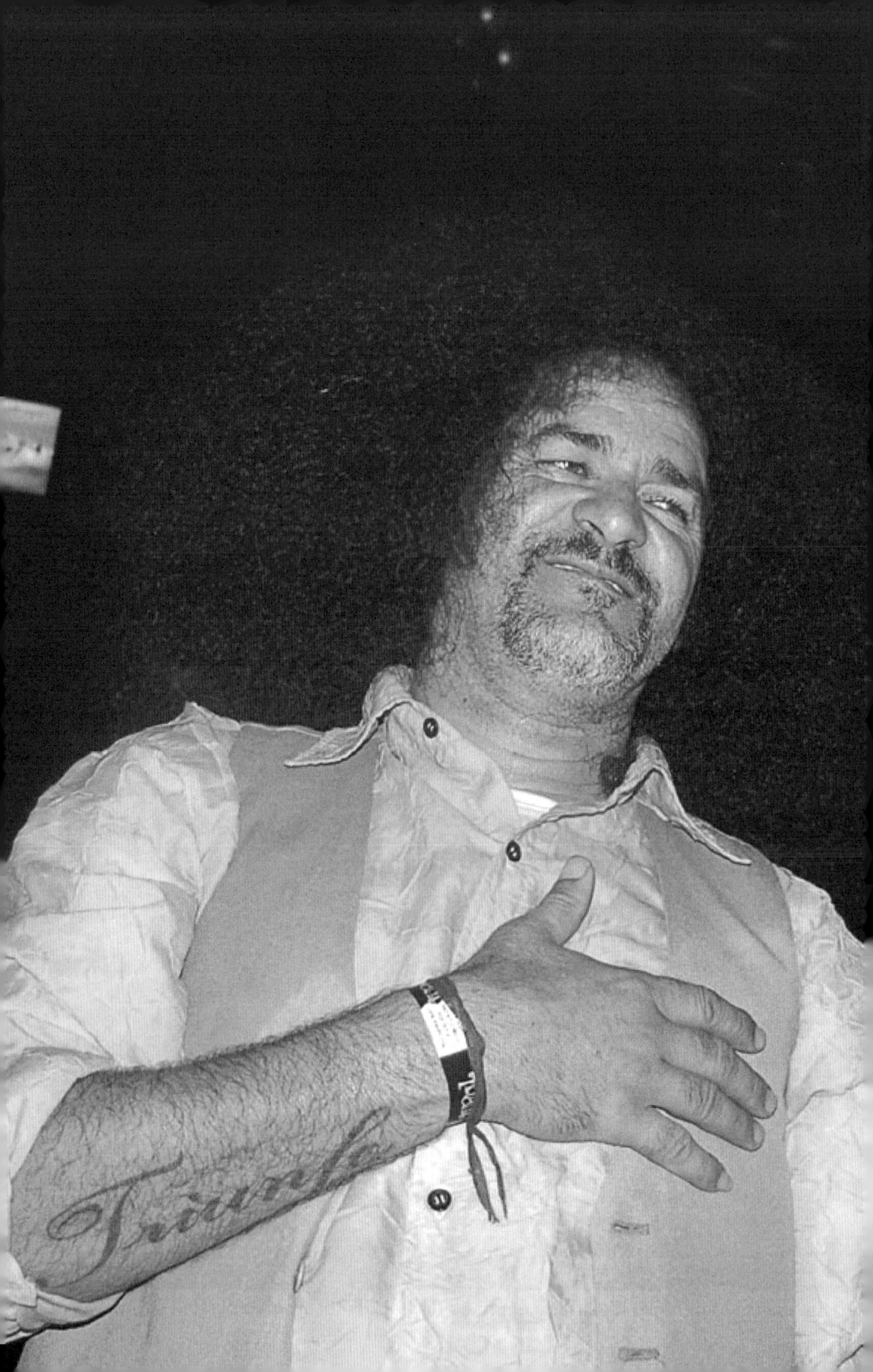

RETICÊNCIAS... (Encerramento)

História sem fim

É difícil encerrar um livro cuja história inspiradora não apenas continua em andamento, mas segue a gerar desdobramentos instigantes e imprevisíveis. Um desafio inerente à proposta de biografar alguém como Nelson Triunfo, um artista de múltiplos talentos, um vulcão de ideias, uma incansável metamorfose dançante e ambulante.

Até ouso sugerir uma analogia inspirada em um de seus apelidos, Homem-Árvore. Ao longo deste livro já pudemos observar o plantio desta árvore e detalhes sobre as diversas etapas de seu desenvolvimento: a irrigação e consolidação de suas raízes, a multiplicação das folhas, o brotar das flores e, finalmente, o nascimento dos frutos. E não foram poucos esses frutos, alguns dos quais geraram sementes e mudas de novas árvores, de forma a multiplicar ainda mais os galhos, flores e frutos, e assim sucessivamente. Já pudemos acompanhar todo este ciclo contínuo e Nelson Triunfo, célula principal desse sistema, além de manter suas raízes bem fincadas em solo seguro, segue a gerar e distribuir novos frutos com a robustez de quem preserva, em mais de quatro décadas de cabeleira black, a copa de um longevo baobá cultural.

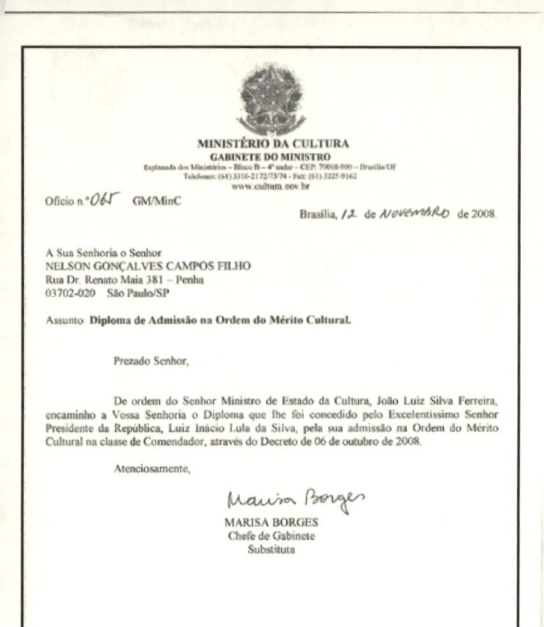

A ideia de escrever este livro surgiu em meados de 2009, um ano depois de Nelsão ter recebido da Câmara dos Vereadores de São Paulo o título de Cidadão Paulistano, proposto em dezembro anterior pelo então vereador Chico Macena. A cerimônia contou com a presença de familiares e amigos, entre eles artistas como Thaide, Rappin' Hood, DJ Theo Werneck, Dom Billy, Thulla e Joul, além do então senador Eduardo Suplicy e do ator Sergio Mamberti.

Em outubro do mesmo ano de 2008 Nelsão também foi agraciado pelo Ministério da Cultura com a comenda da Ordem do Mérito Cultural, condecoração máxima do governo federal a um agente cultural. Ele foi um dos 47 homenageados da décima-quarta edição da premiação, ao lado de nomes como o dramaturgo Benedito Ruy Barbosa, os atores Eva Todor e Leonardo Villar, os músicos Edu Lobo e Johnny Alf e o escritor Milton Hatoum, entre outros. Mais uma vez presente à solenidade, Sergio Mamberti, que na época era secretário da Identidade e da Diversidade Cultural, presenteou Nelsão com uma coleção de livros: a obra completa de Machado de Assis, dividida em cinco luxuosos volumes, que ganharam lugar de destaque na estante da sala de sua casa, como verdadeiros troféus.

DO SERTÃO AO HIP-HOP

Nos quase quatro anos que dediquei à pesquisa e redação deste livro, Nelsão rodopiou como um furacão, oscilando sua moradia entre o Tiquatira e Diadema, e realizando incontáveis shows, intervenções artísticas, oficinas, palestras, desfiles e curadorias por todo o Brasil. Continuou a, esporadicamente, participar de diversos programas televisivos com sua dança, como *Manos & Minas* (TV Cultura), *Melhor do Brasil* (Rede Record), *Mulheres* (TV Gazeta), *A Noite é uma Criança* (TV Bandeirantes) e *TV Xuxa* (Rede Globo), entre outros. Foi entrevistado por Antônio Abujamra no programa *Provocações* (TV Cultura). Surpreendeu ao participar do *Troca de Família* (Rede Record), um *reality show* editado em dois programas de uma hora de duração, em que deixou ótima impressão, para leigos, sobre a cultura hip-hop como instrumento de entretenimento, conscientização e transformação social. Entre outubro e novembro de 2011 esteve novamente em Berlim – pela terceira vez! – para ministrar oficinas e fazer apresentações de dança durante quase um mês. Foi a primeira vez que passou um aniversário fora do Brasil: completou cinquenta e sete anos de idade com animada festa black em uma casa noturna berlinense. E em maio de 2012 foi ao Bronx, em Nova York, berço da cultura hip-hop, especialmente para gravar cenas de um mais que merecido documentário sobre sua trajetória artística.

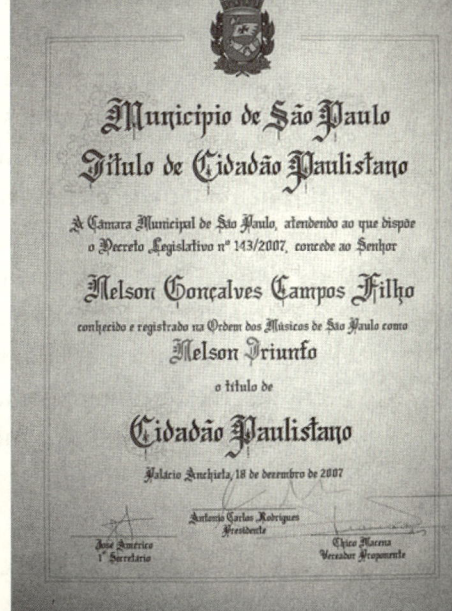

Ufa! O homem não para. Exatamente por isso a nomenclatura mais apropriada para este "encerramento" é "reticências...". A história de Nelson Triunfo continua a seguir por trajetória imprevisível e a criar novos e curiosos desdobramentos. Enfim, ainda há muita história a ser escrita. O que se registra neste livro é uma parcela importante e digna de reflexão, mas igualmente tem sido sua incessante rotina de músico, dançarino, educador social, ativista cultural... e pai de família. Em edições futuras desta obra pretendo promover as atualizações que se fizerem necessárias.

Alguns ventos e trovoadas foram soprados pela vida nos últimos anos, mas ainda assim o Homem-Árvore continua em pé, com raízes firmes e fortes, resistindo a infortúnios, oferecendo sua sombra a quem precisa, gerando novos frutos e esbanjando vigor.

Por ora finalizo este livro com o relato de alguns episódios recentes, um mosaico de situações que acredito possuírem algum significado especial para entendermos melhor quem é não apenas o artista Nelson Triunfo, mas também o cidadão Nelson Gonçalves Campos Filho.

Os 101 anos de Seu Nelson

Foram pouco mais que seis horas dentro de um ônibus a partir de Recife, a maior parte do tempo pela rodovia BR-232, até chegarmos a Triunfo pouco antes das cinco da manhã do dia 31 de maio de 2011. De imediato, mesmo sem nunca ter ido aos Alpes, entendi por que a cidade é chamada de "Suíça do Nordeste". Estávamos em pleno sertão pernambucano mas fazia frio, creio que em torno de 10°C, e a forte cerração não nos permitia enxergar mais que dez ou vinte metros à frente. Sem nenhuma pressa despendemos cerca de trinta minutos para dar uma volta ao redor do lago João Barbosa Sitônio, meu primeiro contato visual com a cidade cuja encantadora paisagem, em poucos minutos, se descortinaria aos meus olhos.

RETICÊNCIAS...

Às seis horas já tomávamos café da manhã na casa de Seu Nelson, situada a poucos metros do Cine Teatro Guarany, bem ao lado do lago. Quem nos recebeu foram duas irmãs de Nelson Triunfo: Socorro, que residia em Fortaleza mas estava de passagem pela terra natal; e Neide, que mora em Triunfo e, com muito custo, vinha dedicando cuidados à saúde do pai.

Depois de ter sido atropelado por uma moto alguns anos antes, Seu Nelson nunca mais se recuperou plenamente. Antes apreciador de passeios a pé e de bicicleta – com mais de 90 anos, ainda pedalava pela cidade –, ele ficara traumatizado e resolvera se enclausurar, evitando a rua. Havia meses que estava acamado e padecia ainda mais depois de ter sofrido uma queda no banho. Mesmo assim, o velho ainda surpreendia com muitas reclamações e xingamentos aos berros, espasmos de uma rabugice compreensível para sua idade e condição. Foi assim que reagiu quando o apressaram para que trocasse de roupa àquela hora da manhã. Mas quando soube que era seu aniversário e que receberia visita da Banda Isaías Lima, tradicional patrimônio cultural da cidade, ele se acalmou e caprichou na vestimenta.

A imagem foi emocionante: ainda entre discretos resquícios de neblina, às seis e quinze em ponto os dezoito músicos da banda surgiram a marchar e tocar pelas ruas do centro de Triunfo e se postaram diante da casa. Abraçado pelos três filhos presentes e por duas netas – Renata e Karoliny, filhas de Neide –, Seu Nelson aguardava na calçada, bem acomodado em sua cadeira de rodas. De frente para ele, a banda, que completou 121 anos de existência exatamente no mesmo dia, tocou e cantou "Parabéns a você". Personalidade muito querida pelos poucos habitantes da cidade, o patriarca dos Campos retribuiu com aplausos e cada músico fez questão de cumprimentá-lo e abraçá-lo individualmente. Foi um dos raros momentos que passei ao lado de Nelson Triunfo e as pessoas não o viam como protagonista da situação. Aliás, em sua cidade natal ele é conhecido apenas como "Nelsinho de Seu Nelson".

Perto de completar 103 anos, Seu Nelson faleceu no dia 4 de janeiro de 2013. Diferentemente de quando perdera a mãe, dessa vez Nelsão assimilou bem, até mesmo porque seu pai conseguira viver mais de um século e já não estava em plenas condições de saúde.

Outros dois falecimentos, ocorridos alguns meses antes, foram bem mais sentidos por Nelson Triunfo: o de seu irmão Frank, em 5 de maio de 2012; e o do músico Aroldo, amigo dos tempos de Paulo Afonso e então vereador naquela cidade, no dia 2 de agosto. Foram perdas que o abalaram bastante, sobretudo a de Frank. Era seu irmão mais próximo, que sempre estivera ao seu lado, desde as tenras brincadeiras de infância, e com quem mais se identificava. Além de ajudá-lo em todos os momentos da vida que precisou, Frank também fora grande incentivador de sua arte. Em diversas ocasiões driblou seus próprios compromissos só para acompanhar Nelsão nas apresentações de rua, em shows e viagens, ou mesmo na hora de erguer as paredes da casa no Tiquatira.

Na época em que perdeu o irmão e o amigo Aroldo, Nelsão estava em um frenético ritmo de campanha política e precisou ser forte para não interrompê-la em razão desses baques pessoais. Pela segunda vez, aspirava a uma cadeira de vereador na cidade de Diadema.

Política de rua

Com uma equipe bastante limitada, que não passou de dez pessoas nos dias mais voluntariosos, foram três meses de campanha pelos mais diversos bairros de Diadema.

Por muito pouco os 1.676 votos obtidos no dia sete de outubro de 2012 não foram suficientes para que Nelson Triunfo se elegesse vereador do município pelo Partido dos Trabalhadores (PT), registrado sob o número 13.688. O resultado rendeu a ele a terceira suplência da coligação nessa segunda tentativa de se tornar vereador em Diadema. No sufrágio de 2008 obtivera 1.277 votos, número também considerado expressivo para um candidato estreante e de limitadíssimos recursos.

Depois dessas experiências Nelsão se mostrou bastante inclinado a se distanciar da política em definitivo. Ao menos passou a rejeitar a ideia de voltar a se candidatar a cargo eletivo. Nas duas tentativas decepcionou-se com pessoas que pensava que o apoiariam, sentiu repulsa por algumas conversas que ouviu nos bastidores políticos e, depois da segunda candidatura em vão, até imaginou que, se tivesse sido eleito, precisaria lidar com mais frustrações que realizações. Concluiu para si mesmo que sua melhor forma de fazer política poderia não estar dentro das instituições formais, mas sim nas ações práticas, de rua, onde sempre esteve: na periferia, nas oficinas com crianças e adolescentes, nas palestras, nas apresentações artísticas e no contato olho-no-olho com todo tipo de gente. Percebeu que essa era uma modalidade informal de fazer política, ao seu modo e com sua arte, sua ginga, sua musicalidade e seu sotaque. Sem marqueteiro de renome, sem paletó e gravata, sem maquiagem, sem efeitos especiais, sem Photoshop, sem *ghost-writer* nem protocolos e padrões de comportamento a seguir.

Mesmo em ambientes eruditos ou pretensamente intelectuais Nelsão nunca se intimidou nem tentou rebuscar seu vocabulário ou disfarçar seu sotaque nordestino para fingir ser o que não é. Seguidor das ideias de Paulo Freire, ele acredita que o bom discurso não é o que impressiona com academicismo, palavras difíceis ou teorias mirabolantes, mas sim o que pode ser assimilado pelo maior número de pessoas possível.

– Falar bem é falar e ser compreendido – costuma dizer.

Um episódio ocorrido em 2010 exemplifica muito bem essa sua característica. Em meio a uma conferência sobre cultura popular, um dos convidados para o debate, detentor de títulos acadêmicos dos quais se gabava ao mencionar pausadamente e com a boca cheia, começou a demonstrar certa arrogância em suas palavras. Queria apenas falar, mas recusava-se a ouvir. Mesmo diante de um público repleto de pessoas simples, sabidamente com pouca escolaridade, ele não se esforçava para ser entendido e fazia questão de usar palavras rebuscadas no discurso que tentava impor. E foi além: falou com desdém sobre o trabalho social desenvolvido por Nelsão junto a crianças e adolescentes em Diadema e sugeriu ser uma pessoa "mais capacitada" para fazê-lo, unicamente pelo fato de ter mais anos de estudo e conhecer determinadas teorias pedagógicas e sociológicas.

Aquela situação começou a deixar Nelsão profundamente irritado, principalmente porque seu interlocutor parecia estar preocupado unicamente em exibir seu suposto eruditismo, sem se dar conta de que o objetivo do evento era debater ideias em busca de um consenso. Quando chegou sua vez de tomar o microfone Nelsão já estava decidido a desabafar:

– Olha... Pra falar a verdade, man... eu não entendi quase nada do que o nosso colega aqui falou e acredito que a maioria das pessoas aí embaixo também não entendeu – disse, enquanto apontava para o público, que até então ostentava rostos sonolentos devido ao insolente discurso anterior. – A gente tá aqui pra discutir um plano de cultura, e é sempre bom lembrar que a cultura é de todos, principalmente das pessoas mais simples. Então a gente precisa ter consciência disso e falar de uma maneira simples, sem firula.

Em seguida, com muita ironia, Nelsão emendou uma frase sarcástica e arrebatadora:

– Man, vou dizer uma coisa... Eu me sinto não muito rápido: devagar, porém de uma forma constante. E o meu medo é que todas essas palavras estrambólicas e prosopopeias assustem as pessoas, elas fujam por uma tangente metabólica e a gente fique sozinho, perdido num espaço metafísico...

Ninguém ouviu mais nada: nesse instante os espectadores começaram a aplaudir e vibrar, como se fossem torcedores a comemorar um gol na arquibancada. O estardalhaço provocado pelas palavras de Nelsão fez o evento ser encerrado no ato.

Humor e palhaçadas

Ainda que empregado com propósito sério, como no caso da palestra anteriormente citada, esse tipo de sarcasmo de Nelsão reflete uma característica marcante em sua personalidade: o bom humor. Não importam o momento, o ambiente ou o interlocutor. Para ele tudo pode inspirar um gracejo, uma piada de improviso ou uma pegadinha, mesmo que às vezes extrapole sem perceber ou ter essa intenção, como na ocasião em que fez o amigo Fred desmaiar de susto ao usar a mão gelada para agarrar seu braço de supetão, no apartamento que o mesmo acreditava estar vazio.

Mesmo no cotidiano corrido, repetitivo e exaustivo, Nelsão está sempre pronto para brincar com alguém, seja essa pessoa conhecida ou estranha. Invariavelmente as palhaçadas vêm seguidas de uma sonora e estridente gargalhada enquanto dá tapas na própria perna ou barriga e meneia a cabeça para frente e para trás.

Com esse espírito sempre bem humorado, adiciona boas doses de descontração que acabam por tornar menos cansativa e enfadonha a rotina – sua e das pessoas que o rodeiam.

– Esse cara aqui é o negão mais bonito que eu já vi! Ele tinha que ter nascido lá nos Estados Unidos, de tão bonito que ele é. Mas... pra não dar desgosto pra mãezinha dele, ele resolveu nascer lá no fundão de Itaquera mesmo! – costumava dizer ironicamente Nelsão para o público, referindo-se a um companheiro do Funk & Cia cujos predicados físicos nem eram tão elogiáveis assim, na época das rodas de dança nas ruas de São Paulo, em meados da década de 1980.

– Ei, man. Você pode me dar uma mão? – pergunta, com semblante sério, ao vendedor da loja de frutas do Mercado Municipal da Penha. No que este consente, pega o maior mamão papaia da banca e acelera o passo, fingindo que vai sair sem pagar.
– Ingresso na mão! Todo mundo com o ingresso na mão aí na fila, senão ninguém entra! – grita, à beira da plataforma da estação Sé do metrô paulistano, em pleno horário de pico e espremido entre centenas de desconhecidos, para surpreender, descontrair e arrancar risadas até mesmo dos passageiros mais emburrados com a vida.
– Na verdade eu queria ter dentes de ouro, que nem aqueles cantores de rap milionários dos Estados Unidos. Mas como eu não tenho tanto dinheiro, só consegui essas duas unhas de ouro, man. Mas é melhor que ser unha-de-fome, né? – brinca, dentro do ônibus, com um desconhecido que observava com curiosidade as unhas de seus dedos mindinhos, que em determinada época entre 2012 e 2013 começou a pintar com esmalte dourado.
– Tá com a sua carteirinha do Ibama aí? Vê direito, vai que os caras não te deixam sair de lá! – brinca com um amigo, quando este lhe comunica que vai ver o preço do ingresso de um circo.

Se esse bom humor constante chegou a constranger Nelsão em algumas situações em que seu uso exacerbado não era tão recomendável, as vantagens que certamente obteve com ele foram maiores em sua vida. Com esse espírito piadista e "meio palhaço", como se autodefine, cativou plateias, abriu diversas portas, conquistou espaços, colecionou amigos e quebrou muitos preconceitos.

O passar do tempo o ensinou a dosar o uso dessas brincadeiras, mas nos momentos de seriedade ele também sempre soube se conter e defender suas convicções, como no período em que enfrentara a resistência dos últimos anos de ditadura militar para prosseguir dançando nas ruas de São Paulo. E, mesmo nessas ocasiões, usara o humor diversas vezes para "dobrar" muitos comerciantes e policiais que eram avessos às rodas de dança em via pública.

Simplicidade

O orgulho de ser simples é outra marca registrada de Nelson Triunfo, que pisa em cortiços e favelas com o mesmo respeito que dedica a hotéis de luxo ou paços nobres; que viaja de avião, mas não se recusa a embarcar em um ônibus ou trem lotado quando necessário; que aprecia bons vinhos, mas não se furta a dividir uma tubaína na birosca da esquina; que conheceu o mirtilo *(blueberry)* na Alemanha, mas também colhe ingás e bananas que ele mesmo plantou no canteiro de uma avenida perto de sua casa, no Tiquatira; e que tem a amizade e consideração de pessoas famosas ou pomposas, mas não deixa de dedicar igual atenção e respeito a quem quer que o aborde nas ruas ou em algum evento, independentemente de gênero, idade, traços étnicos, religião, cargo, vestimenta, orientação sexual, gosto musical ou qualquer outra divisão social.

Um episódio curioso bem resume esse jeito simples que Nelsão tem de conduzir a vida. Debaixo de fina chuva, no final da tarde de 22 de janeiro de 2012 ele chegava à Favela do Moinho, ao lado do bairro Bom Retiro, no centro de São Paulo. Atingido por outro de uma sequência de incêndios de origem suspeita exatamente um mês antes, às vésperas do Natal, o complexo – única favela situada na região central da maior metrópole da América Latina, área que em muito interessa a grandes conglomerados imobiliários – sediava naquele domingo um evento beneficente em prol das vítimas do tal incêndio "acidental".

Repentinamente interpelado por um agente da Guarda Civil Metropolitana quando descia a rua Guaianases, que dá acesso à entrada da favela, Nelsão reagiu com muita tranquilidade. Posteriormente confessou a este autor que, de alguma forma, pressentira que em nenhum momento seria revistado ou investigado, e que a abordagem seria amigável.

– Com licença, você não é o Homem-Árvore que dança pra caramba desde os velhos bailes da Chic Show e agora é paizão dessa geração do hip-hop? – perguntou o sorridente guarda municipal, um agente negro e grisalho, de quarenta e cinco anos presumíveis. Ao que Nelsão confirmou com a cabeça, ele sorriu e prosseguiu, empolgado. – Cara, dancei muito vendo você nos bailes e shows! Posso pegar um autógrafo seu e tirar uma foto, pra poder provar pra minha esposa que te encontrei de verdade?

Nelsão não só tirou a foto e dedicou o autógrafo, que foi cuidadosamente acondicionado pelo agente no bolso de sua jaqueta, como também passou cerca de quinze minutos a conversar animadamente com o "velho amigo" de bailes black – que acabara de conhecer de fato –, relembrando os memoráveis eventos realizados pela Chic Show no ginásio da Sociedade Esportiva Palmeiras.

Com uma chamada ao rádio solicitando informações do agente em expediente e a chuva a cair cada vez mais pesada sobre suas cabeças, o guarda despediu-se e Nelsão seguiu favela adentro, junto a este autor, para enfiar o pé em grande lamaçal. Ao menos com sua presença ele fazia questão de colaborar com o evento beneficente Festival Moinho Vivo, em que Mano Brown, Dexter, Ndee Naldinho, Inquérito, SNJ, Kamau, Rincon Sapiência, Du Corre, Crônica Mendes, Duck Jam e Nação Hip-Hop, Projota, Yzalú, Rimatitude e tantos outros nomes do hip-hop se revezavam no palco, de forma solidária, para de alguma maneira ajudar as famílias vitimadas por aquele obscuro incêndio.

Entre os moradores da Favela do Moinho, na liderança das reivindicações por uma apuração justa do ocorrido e pela garantia de manutenção das famílias instaladas naquele espaço havia décadas, estava uma figura politizada que participara até mesmo da fundação do Partido dos Trabalhadores (PT) e já carregava ilustre e inabalável história no hip-hop brasileiro: Milton Sales, o homem que apresentou os integrantes dos Racionais MCs uns aos outros e, por muitos anos, conduziu a carreira do grupo, além de ter fundado a organização Movimento Hip-Hop Organizado (MH2O) e ajudado a lançar outros importantes nomes do rap por meio do selo Cia. Paulista de Hip-Hop, como SNJ e Clã Nordestino, bem como trabalhos de Edi Rock, Filosofia de Rua, DMN e Armagedon.

O espírito simples de Nelsão também sempre se revelou no trato com a natureza. Sertanejo assumido, que ama caminhar descalço sobre a grama, nunca perdeu seu amor pela diversidade da fauna e da flora, mas sobretudo pelo lido com a terra, herança de seus tempos de Sítio Caldeirão. Entre os hábitos simples que sempre fez questão de manter está o cultivo de plantas e árvores, principalmente as frutíferas. Com pés de manga, amora, goiaba, pitanga e seriguela plantados por ele mesmo, Nelsão apelidou seu quintal de "chácara urbana". À sua maneira, incrustou um pedaço bem colorido de Triunfo no meio da cinzenta selva de concreto e aço chamada São Paulo. E nunca colhe todos os frutos que ali brotam: faz questão de sempre deixar generosa cota para os pássaros, que décadas antes aprisionava e, havia tempos, já se tinha habituado a alimentar no mini-pomar de seu quintal.

A construção de sua casa, aliás, acompanhou o ritmo de suas conquistas nos últimos anos. O sobrado foi erguido tijolo a tijolo com suas próprias mãos e ainda há espaço para ser ampliado. Nelsão compara as acomodações de hoje, bem mais espaçosas, com o aperto do precário quartinho em que quase perdeu tudo com a enchente de janeiro de 1985, e se orgulha da casa que ergueu. Na porção esquerda do mesmo terreno, ainda mantém a outra pequena casa, que costuma alugar para terceiros.

Por quase toda a região da Penha, onde reside desde 1984, as pessoas mal o conhecem como Nelson Triunfo, mas sim como Break. Recebeu esse apelido assim que se mudou para lá devido ao fato de, na época, aparecer com frequência em programas televisivos e reportagens de jornais e revistas como um dos principais divulgadores do chamado "breakdance" – na época em que a dança era febre em grande evidência na mídia.

O tempo passou, mas o apelido ficou.

– E aí, Break! Firmeza? – cumprimentam os frequentadores do Bar do Pedrinho, uma pequena bodega de esquina situada a um quarteirão de sua casa.

– Tá famoso hein, Break?! Eu te vi na televisão! – comenta

uma dona de casa que o reconhece em um dos corredores do Mercado Municipal da Penha.

– Ô tio Break, faz uma rima aí! – costumam pedir as crianças da vizinhança, a cercá-lo toda vez que o encontram na rua, na padaria, no supermercado ou na feira. E são sempre atendidas por um solícito Nelsão, que logo começa a cantar rap de improviso e exibir passos de dança, para delírio da molecada.

Ele mesmo nunca conseguiu entender direito por que as crianças costumam ficar tão encantadas diante de sua presença. Mais que carisma, acredita possuir algum tipo de magnetismo que, geralmente, os atrai e enfeitiça.

Entre as andanças pelo bairro em que reside Nelsão/Break também costuma visitar uma pista de skate localizada perto de sua casa, bem como o campo de futebol de várzea onde frequentemente lembra já ter feito gols memoráveis. Moradores antigos que assistiram a um "jogo épico" confirmam o relato:

– Veio pra cá um time de outra cidade disputar contra nós e o jogo tava pegado. Na torcida que eles trouxeram tinha até uma rapaziada meio barra-pesada...

– Aí o Break meteu dois golaços nos caras e a gente acabou ganhando o jogo!

– Depois disso, quando a gente passou perto do time deles, tinha um malucão com pinta de líder da quebrada botando mó pânico nos caras: "Pô, bando de bunda mole! O cara do cabelão deitou e rolou aí e vocês não fizeram nada"...

Em muitos domingos o ritual de Nelsão é tomar café na Padaria do Japonês, estabelecimento do amigo Marcelo situado na avenida Gabriela Mistral. Depois segue para o Mercadão da Penha, onde compra os ingredientes para organizar algum churrasco em sua chácara urbana, ocasiões em que o espaço se transforma no que Nelson Triunfo gosta de chamar de "quintal cultural". Geralmente tudo é decidido de última hora, sem prévia programação.

E assim vara tardes descontraídas sob a sombra das árvores que ele mesmo plantou há mais de duas décadas, reunido com amigos para comer, degustar vinhos, ouvir música, tocar violão, cantar, dançar, contar piadas... Muitos artistas já passaram pelo quintal cultural de Nelson Triunfo, como vários integrantes e ex-integrantes do Funk & Cia, músicos da banda canadense Nomadic Massive, Gerson King Combo, Thaide, Paulo Brown, Gaspar e DJ Tano (Z'África Brasil), Zé Brown, Sandrão (RZO), Lindomar 3L, Zap-san, Maltrapilho (Terceira Safra) e os integrantes da banda Nhocuné Soul, entre muitos outros nomes.

Com esses últimos, inclusive, sobretudo os irmãos músicos Ronaldo e Renato Gama, Nelsão estabeleceu uma parceria para a gravação de seu primeiro álbum solo. Nesse disco, que começou a produzir em 2011, ele pretende mostrar sua veia de músico e compositor, que pouca gente conhece. Eclético, o repertório inclui rap, soul, funk, reggae e música nordestina, entre outros ritmos. Vai ser uma surpresa para muitas pessoas que só o conhecem como "o cabeludão que dança".

Reconhecimento

Um agradável almoço de domingo no quintal cultural de Nelsão, em maio de 2011, reuniu o geógrafo, rapper e escritor Renan Inquérito, líder do grupo Inquérito, além do MC-embolador Zé Brown, o MC e b-boy Joul, a jornalista e escritora Jéssica Balbino e o cineasta autodidata Vras77, diretor de dezenas de videoclipes de rap brasileiro.

Inspirado por aquele encontro, já na semana seguinte Renan Inquérito escreveu a poesia "Ao mestre com carinho". Essa homenagem a Nelsão, que segue reproduzida na íntegra, foi incluída em seu primeiro livro, #*PoucasPalavras*, lançado no ano seguinte:

Nascido em um país que o Brasil desconhece
Num outro planeta chamado Nordeste
Com o corpo quebrando quebrou preconceitos
De quebra, trouxe pra quebrada o respeito
Baião, vuco-vuco? SP, Pernambuco
DJ, tufu-tufu, b-boy num giro maluco
Das ruas pras telas, o pai da matéria
O soul tá no sangue e o funk na artéria
Cabelos crespos, compridos, milhares de fios condutores
De conhecimento
E desse movimento,
Condicionadores

Homem-Árvore
A copa black, o tronco e os membros balançam
Raízes em forma de pés, sustentam e dançam
É cabra da peste, é agreste, é sertão
É invertebrado, é Nelsão, é Sansão
É Luiz Gonzaga e também James Brown
O corpo que grita eu soul triunfal[1]

Um ano depois de escrever "Ao mestre com carinho" Renan Inquérito resolveu adaptar a poesia e musicá-la. Gravada com os outros integrantes do grupo Inquérito, a canção obviamente foi construída a partir de um sample de James Brown – "Payback"

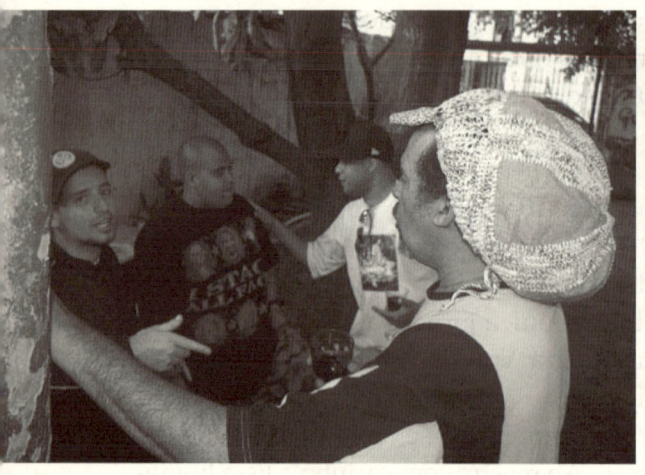

---
1   INQUÉRITO, Renan. *#PoucasPalavras*. São Paulo, LiteraRUA, 2011 (pp. 116-117).

foi a obra escolhida. A iniciativa atraiu o convite para incluir a música no documentário *Triunfo*, longametragem que estava sendo produzido sobre a vida de Nelson Triunfo – aliás, outro reconhecimento à altura de sua trajetória artística.

Dessa primeira música surgiu o convite para que o Inquérito assumisse a coordenação de toda a trilha sonora – dezenove faixas ao todo – do filme, que começou a ser rodado em meados de 2010. *Triunfo* conta com depoimentos de dezenas de personalidades artísticas, entre elas nomes como Sergio Mamberti, Sandra de Sá, Carlinhos de Jesus, Caju e Castanha, Pepeu, Thaide, KL Jay, Tony Bizarro, Emicida, Carlos Dafé, Osgemeos, Criolo e DJ Dan Dan, João Marcello Bôscoli, GOG, Paulo Brown, Primo Preto e Moisés da Rocha, entre muitos outros nomes. Com cenas gravadas até mesmo em Berlim e Nova York, até este livro ser concluído o documentário tinha previsão de ser lançado ainda em 2014.

A esse registro e ao presente livro juntem-se os elogios de Frank Castorf, o título de Cidadão Paulistano, a Ordem do Mérito Cultural, os constantes convites para participar de todo tipo de show musical e programa televisivo, a escolha para figurar no livro comemorativo dos 450 anos da cidade de São Paulo, em 2004, com direito a ver sua foto em um gigantesco *outdoor*[2]... Enfim, ainda que tardio, o reconhecimento veio.

Papo de Pássaros

Terminar de escrever um livro e lançá-lo é outro projeto que Nelson Triunfo pretende colocar em prática. A ideia nasceu depois de refletir sobre diferentes situações de sua vida a envolver os pássaros, e também muito influenciada pela identificação que tem com o espírito de liberdade de tais animais.

---

[2] Nelson Triunfo foi um dos 97 personagens de São Paulo, famosos e anônimos, clicados para as páginas de *Cidade de Todos os Sonhos*, livro assinado pelos jornalistas Gilberto Dimenstein e Okky de Souza. Sua foto foi feita por Edu Simões, um dos treze fotógrafos que participaram da publicação comemorativa.

Mas o filho Jean também foi fundamental para que ele tivesse esse estalo de inspiração.

Nelsão nunca se esqueceu de que em sua infância, quando ainda era um matutinho ingênuo em Triunfo, em suas orações sempre pedia para ter asas, pois alimentava o inocente desejo de voar. Já rapaz feito, quando estudava e trabalhava em Paulo Afonso, em visita ao Sítio Caldeirão decidiu abandonar a antiga prática de alvejar pássaros com o uso de estilingue e, mais que isso, libertou todos os que eram mantidos dentro de gaiolas. Depois desse episódio se tornou ferrenho defensor da liberdade das aves, talvez até mesmo para se redimir do passado de caçador mirim.

Avancemos algumas décadas até 1997, já na casa de Nelsão no Tiquatira. Jean está com cinco anos de idade, entra em casa chorando e corre para se abrigar nos braços do pai, em busca de consolo.

– Que foi, meu filho? Por que cê tá chorando?

– Pai... – ainda vertendo lágrimas, o garoto começou a explicar, entre soluços. – A vizinha aí da frente mandou cortar aquela árvore onde os passarinhos ficavam cantando todo dia. E agora... onde é que eles vão morar, pai?

Comovido com a preocupação do filho, Nelsão foi ligeiro:

– Ei, Jean! Calma lá, cê não precisa chorar. Amanhã o papai vai lá no Mercadão comprar mudas pra gente plantar três árvores lá no canteiro, tá bom? Se ela derrubou uma árvore, a gente vai plantar três!

No dia seguinte, logo cedo pai e filho revolviam a terra no canteiro central da avenida Governador Carvalho Pinto, onde plantaram uma bananeira, um abacateiro e um pé de ingá. O extenso espaço, aliás, possui várias outras plantas e árvores semeadas por Nelsão e vizinhos ao longo de vários anos.

Pouco tempo se passou desde que Jean chorara a derrubada da árvore que servia de abrigo para os passarinhos e, certo dia, Heloisa ganhou de presente uma gaiola com um casal de periquitos. A reação de Nelsão foi súbita e irredutível:

– Devolva isso, Heloisa! Na minha casa pássaro nenhum fica engaiolado!

– Mas Nelson... Esses pássaros são criados, são bichos de gaiola mesmo, já nasceram assim... Disseram que se soltar, eles podem até morrer.
– Heloisa... pense comigo: se uma mulher grávida estiver presa e tiver seu filho dentro da cadeia, isso significa que só porque nasceu lá dentro a criança vai ter que ficar presa o resto da vida?
– ...
– Não, né? Pois então devolva esses periquitos, por favor! Enquanto não me provarem qual foi o crime que eles cometeram, eu não me convenço de que eles têm que ficar presos – prosseguiu Nelsão. – Além disso, eu ensino pra molecada nas minhas oficinas que os animais têm que ser livres. E com que cara de besta eu vou ficar se eles chegarem aqui em casa e eu tiver dois periquitos presos numa gaiola? Desse jeito cai a casa pro meu lado...

Heloisa entendeu o marido e devolveu os animais a quem lhe havia "presenteado".

Mais alguns meses se passaram e Jean, já com seis anos de idade, voltou a surpreender o pai. Ambos caminhavam pela rua Dr. Renato Maia num trecho próximo a uma escadaria que conduz ao Mercado Municipal da Penha, a algumas centenas de metros de sua residência. Ao passarem em frente a uma casa onde havia cerca de vinte gaiolas com pássaros diversos, distribuídas ao longo de um amplo corredor lateral, o garoto comentou, em tom de indignação:

– Pai, tadinhos desses passarinhos. Eu queria ter bastante dinheiro pra comprar todas essas gaiolas aí, quebrar tudinho e soltar todos eles...

Nelsão se emocionou mais uma vez e disfarçou para enxugar com a manga da blusa algumas tímidas lágrimas de felicidade que insistiram em lhe fugir dos olhos.

– Peraí porque caiu um cisco aqui no olho do papai, filho...

Naquele momento ele percebeu o poder da educação em família: a consciência de Jean já estava formada sobre o respeito à liberdade dos animais. "E pensar que na idade dele eu tava começando a caçar passarinhos e preás...", recordou em pensamento, orgulhoso por perpetuar valores diferentes do que os que aprendera quando criança.

Durante dias esse último episódio vivido com Jean ficou a martelar a cabeça de Nelsão, que começou a ligar os diferentes fatos de sua vida envolvendo pássaros. A imagem do filho dizendo que queria comprar todas as gaiolas para quebrá-las e libertar os pássaros se repetia como um filme em sua mente. Lembrou-se que, toda vez que passavam defronte àquela casa onde estavam as dezenas de gaiolas, Jean sempre observava, quieto, aquele verdadeiro presídio de aves. Provavelmente ele já estava bronqueado com aquela situação havia tempos, até o dia em que resolveu externar ao pai sua vontade de livrar os bichos das grades.

O turbilhão de reflexões sobre sua relação com os pássaros, sobre sua trajetória de vida sempre em busca da liberdade plena e sobre como as gaiolas se assemelham a celas de uma detenção o inspirou em pleno sono. Em sonho Nelsão teve a ideia de escrever um livro, uma fábula em que pudesse dar voz a todos os pássaros engaiolados do mundo. Assim, dormindo, concebeu o projeto do livro *Papo de Pássaros*, estória que se passa em uma imensa "prisão" aviária e os "detentos" falam sobre a angústia de, mesmo inocentes, terem de viver dentro de uma claustrofóbica jaula enquanto suas asas atrofiam em desuso e o céu convidativo não passa de mera paisagem inalcançável.

A redação de um segundo livro autoral, com suas reflexões sobre assuntos diversos, também faz parte dos projetos futuros de Nelson Triunfo. Aguardemos...

Isto não é um final...
Na condição de amante da cultura hip-hop desde 1988, além de biógrafo, amigo e admirador de Nelson Triunfo, fico particularmente muito feliz por ver que sua vida dedicada a lutas de vanguarda pela cultura brasileira começa a ser reconhecida, refletida e documentada, o que também permite a perpetuação de sua história. Nosso país costuma ser ingrato com a maioria de seus verdadeiros heróis e mártires. Sou defensor de que esse agradecimento deve ser feito em vida. Mesmo que, no caso de Nelsão, o próprio agraciado nunca tenha se preocupado com esse tipo de coisa. Nunca se importou com bens materiais, Ibope, prêmios, medalhas, homenagens, congratulações...

Afinal de contas, Nelson Triunfo nunca teve tempo para pensar nisso.

Por que?

Porque ele sempre esteve ocupado demais fazendo aquilo que mais ama e que, ao que tudo indica, ainda vai fazer por muito tempo: cantar, dançar as músicas mais tronchas que puder e dançar mais um pouco, man!

NELSON TRIUNFO, POR...

- **Alessandro Buzo:**

"Quando vi o Nelsão pela primeira vez, senti que ele era uma pessoa especial. Ele passava próximo às galerias da rua 24 de Maio e todo mundo mandava um salve pra ele: 'E aí, Nelsão!'... Ele sorria e cumprimentava todos. Descobri que ele pode ser definido em uma só palavra: TRIUNFO. Nelson Triunfo é história viva e merece ter sua trajetória escrita neste livro. Ele é O CARA!"

- **Alexandre de Maio:**

"Nelson Triunfo para mim é o exemplo perfeito de como a cultura hip-hop se adapta a cada país. Um cabra que veio do Nordeste e em São Paulo misturou a cultura brasileira com a cultura norte-americana e inspirou milhares de pessoas a entrarem nessa cultura urbana. Nelson é o novo e o tradicional, o hip-hop e o maracatu, o gueto e o mainstream, ele é a prova de que tudo pode conviver em harmonia."

- **Aroldo Ferreira** *(in memorian)*:

"Mesmo com a distância e a fama que ele conquistou, Nelsão nunca se esqueceu da nossa amizade. Eu me sinto muito privilegiado por isso. É um grande amigo, companheiro que considero como irmão. Ele sempre transmite alegria e positividade, desde o soul e hoje no hip-hop. Quando vejo o Nelson na televisão, me emociono e às vezes até choro, pela emoção e pela verdade que ele nos transmite. Eu me sinto muito orgulhoso de ser seu companheiro, seu amigo, seu 'irmão' de lutas. Em Paulo Afonso ele é conhecido e amado por todos."

- **BNegão:**

"Várias pessoas não fazem ideia do quanto ele é importante pra gente estar aqui. Por isso que eu digo: você saber quem você é, de onde é que você veio, pra onde é que você vai, isso é importantíssimo. E o Nelsão é tudo isso!"

- **Carlinhos de Jesus:**

"Eu resumo o segredo do sucesso dele em uma só palavra: talento. A cultura da dança no nosso país certamente passa por Nelson Triunfo."

- **Clodoaldo Arruda (Resumo do Jazz):**

"Nelson Triunfo não é importante só porque ele foi o pioneiro, porque foi o primeiro. Se ele não iniciasse, algum outro iniciaria... A importância do Nelsão é que ter iniciado com ele, um negro nordestino com consciência social, norteou o hip-hop no Brasil sobre como ele seria, de onde ele viria e a quem ele deveria servir."

- **Criolo:**

"Ele é um mestre, dono de uma generosidade muito grande em dividir essa energia que ele tem com todas as pessoas que estão ao redor dele. Nem ele tem a dimensão do quanto ele contribuiu. Ele sabe que ele contribuiu, mas ele não sabe o quanto."

- **DJ Dan Dan:**

"Nelsão é a resistência que transcende o hip-hop, propagando seu jeito amigo e eclético de ser. Ele é cultura, vivência, história, cidadania. É moleque, mambembe, jagunço, astuto, porreta! E que soem as trombetas: Nelsão é hip-hop, Nelsão é Brasil!!!"

- **DJ Man (Filosofia de Rua):**

"Não dá pra falar do hip-hop brasileiro sem falar do Nelsão, e vice-versa, as histórias se fundem. Amor e dedicação que expandiram as barreiras sociais. Um exemplo vivo."

- **DJ Marcelinho (Câmbio Negro):**

"O mais original soulman de rua brasileiro!"

- **Dom Billy:**

"O Nelsão pra mim é um irmão, um irmão mais velho que eu encontrei na minha caminhada. Conheço-o desde o final dos anos 1970, quando o encontrei dançando num baile que eu ia na época, lá no Jaçanã. O baile era o Sideral, e eu vi um cara dançando no meio de uma roda de soul, um cara alto magro e com uma cabeleira exuberante que chamou minha atenção. Era o cara, já tinha ouvido falar muito do tal do Black Bahia, que era como ele era conhecido em Guarulhos, onde eu morava na época. Além do cabelo, suas roupas esdrúxulas também compunham o visual psicodélico, multicolorido e genial. Isso muito me incentivou a aprimorar aquilo que eu já gostava muito: dançar. Lembro-me que um dia depois de a gente se trombar numa dessas domingueiras do Sideral, ele me convidou pra ir ao ensaio do Funk Cia... demorou! Fui ao 'QG' do grupo que ficava lá na Bela Vista, no apartamento dele. Eles ensaiavam ali próximo, numa quadra de futebol de salão que ficava atrás da Câmara Municipal. Pouco tempo depois eu já me tornaria um dos elementos do grupo. Para mim isso era como um alto estágio alcançado, pois o grupo era um verdadeiro selecionado dos melhores dançarinos de soul-funk de São Paulo."

- **Dom Filó:**

"Nelsão é o cara que conseguiu atravessar várias barreiras trazendo a sua mensagem, deixando o seu legado, e com uma responsabilidade macro que é exatamente a de fazer a história!"

- **Egildo de Biata:**

"Nelsinho me admirava quando era garoto e depois eu passei a admirar ele também. Vi o tanto que ele batalhou quando era jovem em Paulo Afonso e sempre soube que ele chegaria longe. Mesmo como artista que brilha na televisão, ele nunca mudou, sempre é alegre e espontâneo, tem o dom de se comunicar e cativar a todos. Aliás, aqui em Triunfo todo mundo é admirador desse cabra, porque na vida ele sempre foi humilde, simples... gente boa!"

• **Éli Éfi:**
"Entre os mestres, o sábio com alma (soul). Sou grato por conhecê-lo e sentir como a força da natureza esse ser humano incrível conhecido como Homem-Árvore. Com-passos no solo do Deus da verdade, traz a força no show que é revelar seus cabelos, o emblema de um grande guerreiro responsável por inspirar uma geração que mudou as páginas desse imenso Brasil. Nelson Triunfo realizou sonhos daqueles que não tinham voz e dignificou movimentos que traduzem a vida ao deslizar no solo, esse solo que abençoa o funk, o soul e a energia da vida. Showman "Genius" Nelsão, Homem-Árvore, para mim ser seu amigo é um grande Triunfo!"

• **Elly (DMN):**
"Falar de Nelson Triunfo é muito fácil: um homem preto como eu e pernambucano como meus pais, que chegou ao topo da soul music brasileira trazendo arte, cultura, entretenimento e estilo de sobra, além de muito amor pela dança e pelo hip-hop. Alguém ímpar que atravessou gerações com seu carisma e talento. Grande amigo, grande grande homem... homem soul!!!"

• **Flávia (Soul Sister's):**
"Tudo o que eu escrever ainda será pouco diante da grandeza da pessoa que é Nelson Triunfo. Para alguns, Black Bahia ou Homem-Árvore... São tantos apelidos, mas para mim é Nelsão, sinônimo de alegria. Hoje existem vários artistas e agentes culturais que trabalham e vivem da arte, e foram alunos do Nelsão. Isso é o máximo! Admiro sua humildade e seu grandioso coração, que sempre está recebendo novas pessoas. Ele é artista, esposo, pai, articulador cultural e herói. Nunca abandonou suas raízes, tem muito orgulho de sua história, tanto que acrescentou no nome artístico o nome da sua cidade, Triunfo. Além de continuar sempre levando a dança do funk original por onde passa, também está sempre inovando, e acrescentou ao seu hip-hop a dança e a música nordestinas, de um jeito novo (como ele mesmo diz, "juntos e misturados"). Nelsão tem a

minha eterna gratidão, amizade, admiração e respeito. Para mim é uma honra e um privilégio fazer parte da sua vida. Que Deus continue o abençoando com muita saúde, muita dança, e que em todas as oportunidades e projetos futuros ele continue fazendo a diferença no mundo e, principalmente, na vida das pessoas, assim como fez na minha."

• **GOG:**
"Nelson, ascendência Mandela. A história do ritmo e da dança. Meu amigo de som e de soul. Minha referência na longevidade. O baobá brasileiro. O menino que Gerson (King Combo) e Tony (Tornado) prepararam para a geração futuro. O nordestino alado. O triunfo no qual Emicida se inspirou, o mestre que eu descrevo aqui e agora. Sem sensacionalismo, mas na sensação do que existe de mais belo. Nelson, um elo das juventudes!"

• **Grandmaster Duda:**
"Revolucionário! Ousado!! História do hip-hop no Brasil! NELSÃO.... BIG MAN!"

• **Guinho:**
"Nelson Triunfo foi minha faculdade da vida. Com ele, a todo momento se aprende."

• **James Lino (Potencial 3):**
"Nelsão é pioneiro, uma das memórias mais antigas que tenho do hip-hop e da cultura de rua."

• **Japão (Viela 17):**
"Grande amigo, dançarino, ativista, conselheiro, que tive a grata alegria de encontrar várias vezes em minha caminhada, morador da Ceilândia na QNM 08 nos anos 1970, amigo comum de Sales, dono de equipe de som dos anos 1970 e 80. Falar de Nelson Triunfo é reviver a melhor parte da história musical brasileira, pois cada história vem recheada de conselhos e alertas. Sou grato por fazer parte da vida dele, mesmo que em alguns momentos à distância. Vida longa e muita paz, guerreiro!"

- **Kall (Conceitos de Rua):**
"Nelson Triunfo é um *griot*, mensageiro da resistência e do desejo, dos sonhos, das ruas. Para mim, mais que uma referência, ele é um símbolo da cultura de rua e do sonho de periféricos em viver e gritar sua liberdade."

- **Kamau:**
"Nelsão é a definição de 'Lenda Viva'. Alguém que causou nos bailes há 30 anos ainda hoje tem tanto impacto e disposição quanto naquele tempo. Um cara que faz questão de dizer que 'não é peça de museu e quer trabalhar'. Talvez uma definição do hip-hop para Peter Pan. Nego véio com disposição de menino novo. Energia boa sempre que o encontro, sempre uma novidade. Não vive de passado, renova o presente sempre e planeja o futuro. Respeitando e respeitado desde Tony Tornado ao menino que quer aprender o moinho-de-vento. Nelsão é Triunfo. Agradeço por poder ver e conviver com esse mestre."

- **KL Jay:**
"FUNDADOR!!!!! Nelson Triunfo é um dos fundadores da cultura hip-hop no Brasil!"

- **Lindomar 3L:**
"Pra mim, ele é uma fonte inesgotável de inspiração. Ao contrário da maioria, conheci o trabalho dele ouvindo ele rimar, na música 'Desafio no rap embolada'. Treze anos depois, tive a imensa honra de almoçar com ele e sua família em seu próprio lar. Eu me identifico com o título *Do Sertão ao Hip-Hop*, principalmente com o protagonista dessa história, o mestre Nelsão. Tâmo junto, uai!"

- **Lívia Cruz:**
"Nelson Triunfo é um capítulo à parte na história do hip-hop no Brasil!"

- **Maltrapilho (Terceira Safra):**
"Referência, pioneiro ou fundador seriam palavras muito rasas pra definir Nelson Triunfo. O Nelsão é um universo dentro de um mundo, nada melhor que uma biografia para nos apresentar um pouco desse universo."

- **Moisés da Rocha:**
"O Homem-Árvore, para mim, é um exemplo de artista, de objetividade, de perseverança e de humildade também. Ele é referência e exemplo pra toda essa garotada, pra todos os seguidores, pra muita gente. Não enriqueceu com sua arte e até poderia estar numa outra situação financeira, mas se preocupou mais com o trabalho de inclusão social, de educação dos jovens. Sou admirador dele, fã mesmo."

- **Mr. Kokada** *(in memorian)*:
"Nelsão é um grande mestre no hip-hop e na Escola da Vida. Sempre tem algo pra nos ensinar e sempre quer aprender algo novo, com muita humildade e amor."

- **Osvaldo Cassapa:**
"Nelsão, como amigo, é o cara! Como artista também dispensa comentários, ele é bom no que faz porque faz com amor, e a cada dia ele consegue melhorar mais. Toda vez que vejo ele dançando, penso: 'Poxa, esse cara não fica velho!' Eu tô ficando velho e o cara tá sempre vigoroso, dançando mais do que antes. Além de tudo, é um ótimo pai, um cara batalhador, que nos ensinou a correr atrás do que queremos. É merecedor de tudo o que conquistou e ainda vai conquistar muito mais!"

- **Paulo Brown:**
"Nelson Triunfo é o nosso furacão com ritmo, ideologia e cultura!"

- **Penna Prearo:**
"Acompanho Nelson Triunfo há décadas e sinto-me muito honrado e contente por ter testemunhado momentos mágicos de sua trajetória e por poder participar deste livro, sobretudo com o meu trabalho, que é o que nos uniu."

- **Pepeu:**
"Ele é uma pessoa que triunfa, que vem triunfando até hoje, e eu creio que ainda vai triunfar por muitos e muitos anos."

• **Raimundo Coutinho (DJ Tatinha):**
"O querido guerreiro Nelsão é uma pessoa ímpar. Um grande amigo, ótimo pai, artista único, que considero como um irmão. Ele deu e continua dando uma grande contribuição ao que temos de melhor na cultura popular brasileira. Por isso, este livro é mais que merecido. Sua história precisa ser preservada e perpetuada, pois ela aponta novos caminhos para a nossa juventude."

• **Rappin' Hood:**
"Nelson Triunfo é o grande mestre do hip-hop brasileiro. Ainda me lembro de que, ainda garoto, eu o via em programas de TV e ouvia meus tios falarem sobre o Homem-Árvore. Depois disso pude conhecê-lo e ele, sempre com muito carinho, vem nos dando aulas de humildade e hip-hop. Obrigado, Professor!"

• **Ronaldo Gama (Nhocuné Soul):**
"Ele é um autêntico representante do fluxo contínuo de artes que ocorre entre diversas regiões do Brasil e do mundo, captando com sua sensível antena qualquer expressão artística, conectando assim culturas outrora distantes."

• **Sergio Vaz:**
"Nelson Triunfo não é uma referência apenas para a periferia. Através dos seus atos e da sua luta, através da dança, se tornou um dos cidadãos mais respeitados do Brasil. Seu nome quando soa nas quebradas é um chamado pra dançar, pra lutar e sem perder o ritmo."

• **Sueli Chan:**
"Homem-Árvore de raiz forte, ancestral
Resguarda na sua seiva a cultura africana e afro-brasileira
Saído de Triunfo, por todas as estradas chega e
Apresenta e... representa na 24 de Maio,
na Praça Ramos e no Largo São Bento.
Nas ruas e vielas da ZL, de Diadema e pelo mundo afora,
Sambando e hip-hopiando nas estradas da vida
Lança sementes, multiplicando artistas
Periféricos, centralizando urbanidades
Marcando... afirmando... enraizando a força ancestral."

- **Thulla Melo:**
"Falar sobre o Nelsão é simples... simples como ele. Homem batalhador, trabalhador, amigo, justo e extremamente bondoso! Quando soube que iam escrever sobre ele fiquei muito feliz porque ele tem história... e por ter plantado a história do hip-hop no Brasil, nada mais justo que ele colha. Parabéns Nelsão, meu amigo de hoje e sempre, você é merecedor desse reconhecimento. Deus tarda, mas não falha!!! Muita paz, saúde e muita música em sua vida!!"

- **Toni C.:**
"Sou fã do soulman. E o soul é a alma, Nelsinho filho de seu Nelson é a alma do hip-hop brasileiro. Com os fios toca o céu sem perder os pés fincados no chão, as raízes do Homem--Árvore. Somos frutos de sua genealogia. São Bento Estação Hip-Hop, Nelsão e Funk & Cia. Nelson Triunfo não é outra coisa, sinônimo de vitória!"

- **Tony Bizarro:**
"Nelson Triunfo é a Black Music!"

- **Zap-san:**
"O hip-hop em si, pra mim que o conheci quando ainda era criança, sempre foi uma mistura de escola e família. E Nelson Triunfo, uma mistura de professor e pai, ambos escassos em minha vivência. Seus tantos ensinamentos não se limitam a essa cultura, e sim se estendem para toda a vida."

NELSON TRIUNFO

REFERÊNCIAS/RECOMENDAÇÕES

ALEXANDRE, Ricardo (2009). *Nem Vem que Nem Tem: A Vida e o Veneno de Wilson Simonal*. Rio de Janeiro, Globo.

ALONSO, Gustavo (2011). *Simonal: quem não tem swing morre com a boca cheia de formiga*. Rio de Janeiro, Record.

ALVES, César (2004). *Pergunte a Quem Conhece: Thaide*. São Paulo, Labortexto.

ANDRADE, Elaine Nunes de (1996). *Movimento Negro Juvenil: Estudo de Caso sobre Jovens Rappers em São Bernardo do Campo*. São Paulo, Fac. de Educação/USP (dissertação de mestrado).

_____ (org./1999). *Rap e Educação: Rap é Educação*. São Paulo, Selo Negro/Summus.

ARAÚJO, Paulo César de (2006). *Roberto Carlos em Detalhes*. São Paulo, Planeta do Brasil.

BALBINO, Jéssica (2010). *Traficando Conhecimento*. Rio de Janeiro, Aeroplano Editora.

BARBOSA, Márcio & RIBEIRO, Esmeralda (org./2007). *Bailes: Soul, Samba-Rock, Hip-Hop e Identidade em São Paulo*. São Paulo, Fundação Cultural Palmares/Quilombhoje.

BEZERRA, Luciana Rocha (2009). *Ativismo x Entretenimento: Tensões Vivenciadas no Discurso e nas Práticas do Hip-Hop*. Rio de Janeiro, Fac. de Educação/UERJ (dissertação de mestrado).

BROWN, Geoff (2011). *A Vida de James Brown*. São Paulo, Madras.

BUZO, Alessandro (2010). *Hip-Hop: Dentro do Movimento*. Rio de Janeiro, Aeroplano Editora.

_____ (2012). *Profissão MC*. São Paulo, nVersos.

CONTADOR, Antônio Concorda & FERREIRA, Emanuel Lemos (1997). *Ritmo e Poesia: Os Caminhos do Rap*. Lisboa, Assírio & Alvim.

DJ RAFFA (2008). *Trajetória de um Guerreiro*. Rio de Janeiro, Aeroplano Editora.

DJ TR (2007). *Acorda Hip-Hop*. Rio de Janeiro, Aeroplano Editora.

ESSINGER, Silvio (2005). *Batidão: Uma História do Funk*. São Paulo, Record.

GEORGE, Nelson (1998). *Hip-Hop America*. New York, Penguin Books.

GOG (2010). *A Rima Denuncia*. São Paulo, Global Editora.

GUIMARÃES, Maria Eduarda Araújo (1998). *Do Samba ao Rap: a História da Música Negra no Brasil*. Campinas, Unicamp (tese de doutorado).

HALEY, Alex (1992). *Autobiografia de Malcolm X*. Rio de Janeiro, Record.

HERSCHMANN, Micael (org./1997). *Abalando os Anos 90: Funk e Hip-Hop: Globalização, Violência e Estilo Cultural*. Rio de Janeiro, Rocco.

HOBSBAWM, Eric J. (1989). *História Social do Jazz*. São Paulo, Paz e Terra.

INQUÉRITO, Renan (2011). *#PoucasPalavras*. São Paulo, LiteraRUA.

JOCENIR (2001). *Diário de um Detento: o Livro*. São Paulo, Labortexto Editorial.

KASEONE & DIAS, Raul (2012). *Hip-Hop Cultura de Rua*. São Paulo, Posse Suatitude.

LIGHT, Alan (org. 1999). *The Vibe History of Hip-Hop*. New York, Three Rivers Press.

LOPES, Diana Rodrigues (2003). *Triumpho A Corte do Sertão*. Triunfo (edição da autora).

MOTTA, Anita & BALBINO, Jéssica (2006). *Hip-Hop – A Cultura Marginal*. São João da Boa Vista, Unifae (trabalho de conclusão de curso).

MOTTA, Nelson (2007). *Vale Tudo: O Som e a Fúria de Tim Maia*. Rio de Janeiro, Objetiva.

PIMENTEL, Spensy Kmitta (1997). *O Livro Vermelho do Hip-Hop*. São Paulo, ECA/USP (trabalho de conclusão de curso).

RIBEIRO, Ana Cristina & CARDOSO, Ricardo (2011). *Dança de Rua*. Campinas, Editora Átomo.

RIDENHOUR, Carleton (Chuck D) & JAH, Yusuf (1997). *Fight the Power: Rap, Race and Reality*. New York, Delta Books.

RISÉRIO, Antônio (1981). *Carnaval Ijexá*. Salvador, Editora Corrupio.

ROCHA, Andréa Pires (2000). *Hip-Hop: Cultura e Resistência que Explode no Interior Paulista*. Franca, Unesp (trabalho de conclusão de curso).

ROSE, Tricia (1994). *Black Noise: Rap Music and Black Culture in Contemporary America*. Hannover, Wesleyan Press.

SHETARA, Paulo (2001). *A Nação Hip-Hop*. Rio de Janeiro, UNE.

SHUSTERMAN, Richard (1998). *Vivendo a Arte – O Pensamento Pragmatista e a Estética Popular*. São Paulo, Editora 34.

SILVA, José Carlos Gomes (1998). *Rap na Cidade de São Paulo: Música, Etnicidade e Experiência Urbana*. Campinas, Unicamp (tese de doutorado).

SPOSITO, Marília Pontes (1993). "A Sociabilidade Juvenil e a Rua: novos conflitos e ação coletiva na cidade" in *Revista Tempo Social* 5 (1,2). São Paulo, Depto. de Sociologia/USP (artigo).

SULLIVAN, James (2010). *O Dia em que James Brown Salvou a Pátria*. Rio de Janeiro, Jorge Zahar Editores.

TELLA, Marco Aurélio Paz (1995). *Uma Forma de Manifestação e Resistência da Cultura Negra*. São Paulo, PUC-SP (trabalho de conclusão de curso).

TONI C. (2011). *O Hip-Hop Está Morto*. São Paulo, LiteraRUA.

_____ (2013). *Sabotage - Um Bom Lugar*. São Paulo, LiteraRUA.

VAZ, Sérgio (2011). *Literatura, Pão e Poesia*. São Paulo, Global Editora.

VIANNA, Hermano (1987). *O Baile Funk Carioca: Festas e Estilos de Vida Metropolitanos*. Rio de Janeiro, Museu Nacional/UERJ (programa de pós-graduação).

_____ (1988). *O Mundo Funk Carioca*. Rio de Janeiro, Jorge Zahar.

YOSHINAGA, Gilberto (2001). *Resistência, Arte e Política: Registro Histórico do Rap no Brasil*. Bauru, FAAC/Unesp (trabalho de conclusão de curso).

LEGENDAS DE FOTOS

Págs. 6 e 7: Aos 15 anos de idade, ao concluir o ginásio escolar, em Triunfo. Foto: arquivo pessoal.

Introdução
Pág. 18 - No aeroporto de Berlim-Tegel, ao pisar na Alemanha pela primeira vez. (26/5/2006). Foto: arquivo pessoal.

Pág. 22 - Em um de seus passeios pela Alexanderplatz, a praça Alexander, lugar que o deixou encantado (junho/2007). Foto: arquivo pessoal.

Pág. 25 - Na Copa da Cultura, o Funk & Cia se apresentou com formação reduzida, composta por Zóio, Guinho, Joul e Nelson Triunfo (27/5/2006). Foto: arquivo pessoal.

Págs. 26 e 27 - Reprodução de um encarte oficial da programação do evento na Alemanha, com o nome de Nelson Triunfo em destaque.

Pág. 31 - Apresentação do Funk & Cia na Haus der Kulturen der Welt, a Casa das Culturas do Mundo, em Berlim (27/5/2006). Foto: arquivo pessoal.

Pág. 33 - Pouco antes de deixar a Alemanha, em sua primeira ida ao país com o qual acredita ter algum tipo de "magnetismo" (28/5/2006). Foto: arquivo pessoal.

Capítulo 1
Pág. 34 - De sanfona na mão, aos 16 anos, Nelsinho participa da Cutilada, tradição folclórica comum na região (dezembro de 1970). Foto: José Alves de Carvalho.

Pág. 41 - Loja de Antônio de Campos, avô de Nelsinho, depois de ter sido incendiada pelo bando de Lampião (7/5/1926). Foto: arquivo pessoal.

Pág. 42 - Carmelita e Seu Nelson, com os três primeiros filhos: Maria do Socorro, ao fundo; Nelsinho, no colo do pai; e Frank, com a mãe (por volta de 1960). Foto: arquivo pessoal.

Pág. 47 - Socorro, Nelsinho e Frank: infância bem vivida em Triunfo (por volta de 1960). Foto: arquivo pessoal.

Págs. 48 e 49 - Seu Nelson e Carmelita defronte ao lago João Barbosa Sitônio, "coração" de Triunfo (final da década de 1980). Foto: arquivo pessoal.

Pág. 52 - A pacata cidade de Triunfo, no sertão pernambucano (1º/6/2011). Foto: Gilberto Yoshinaga.

Capítulo 2

Págs. 68 e 84 - Já rebatizado Nelsão, fez sua estreia nos palcos do Cine Coliseu, em Paulo Afonso/BA, participando do Coliseu Show (1973). Foto: arquivo pessoal.

Pág. 72 - Aos 18 anos, o estudante 'Nelsinho' já era o mais alto dentre seus colegas. Detalhe em sua mão: o LP *Composite Truth*, da banda Mandrill (1973). Foto: arquivo pessoal.

Págs. 79 e 82 - Em andanças pelo Pelourinho, durante uma das muitas idas a Salvador (1983). Fotos: arquivo pessoal.

Pág. 81 - Theatro Cinema Guarany, atual Cine Teatro Guarany, um dos cartões-postais da cidade de Triunfo (1º/6/2011). Foto: Gilberto Yoshinaga.

Pág. 89 - Em visita ao Clube Operário de Paulo Afonso (Copa), onde frequentou inúmeros bailes entre 1973 e 1974 (3/6/2011). Foto: Gilberto Yoshinaga.

Pág. 93 – De volta às usinas da Companhia Hidrelétrica do Vale do São Francisco (Chesf), onde chegou a trabalhar em 1973 (4/6/2011). Foto: Gilberto Yoshinaga.

Capítulo 3

Pág. 100 - Nelsão na Esplanada dos Ministérios, no Distrito Federal, onde residiu entre 1974 e 1977 (imagem de 1982). Foto: arquivo pessoal.

Pág. 104 – Ceilândia foi o primeiro lugar do Distrito Federal em que Nelsão residiu, entre final de 1974 e 1976. A imagem registra uma visita ao local, feita alguns anos depois (1982). Foto: arquivo pessoal.

Pág. 110 - A gigante cabeleira black cultivada desde 1972, que se tornaria sua marca registrada, em imagem de 1974. Foto: arquivo pessoal.

Capítulo 4

Págs. 118, 126, 130, 131, 137 e 154 - Diversas imagens de Nelson Triunfo e Funk & Cia registradas entre final da década de 1970 e início dos anos 1980, período em que o grupo de dança foi o mais notório no circuito de bailes e shows de funk e soul. Fotos: Frank de Assis e Heloisa Batista.

Págs. 124, 125, 144 e 145 – Circulares (panfletos) de divulgação dos bailes black, na época, também anunciavam Nelson triunfo como Homem-Árvore. Reproduções de arquivo pessoal.

Pág. 147 - Capa do LP *Black Soul Brothers*, de Miguel de Deus, lancado em 1977, com participação de Nelson Triunfo.

Pág. 150 - Imagem histórica em show de james Brown em São Paulo, com a capa ganhada do próprio cantor, e que pouco depois lhe seria furtada (11/11/1978). Foto: Penna Prearo.

Pág. 158 - Nelsão e Heloisa, companheira nos bailes e na vida diária, em imagem de 1982. Foto: Frank de Assis.

Pág. 160 - Em um momento de compositor com seu violão, no apartamento em que residia no Bixiga, em São Paulo (1982). Foto: Heloisa Batista.

Pág. 162 - Nelson Triunfo, em imagem de 1982. Foto: arquivo pessoal.

Capítulo 5
Págs. 164, 189 e 202 - Nelsão foi o pioneiro em levar a dança dos salões para as ruas, em 1983, migrando por diversos pontos de São Paulo. Fotos: Frank de Assis (164 e 202) e arquivo pessoal (189).

Pág. 173 - Nelson Triunfo e Afrika Bambaataa, dois pioneiros da cultura hip-hop, cada qual em seu país, em encontro promovido em 2006. Foto: Heloisa Batista.

Págs. 177 e 189 - Com trajes inspirados na banda Funkadelic, Nelson Triunfo e Funk & Cia posam nos bastidores do *Programa Silvio Santos*, na emissora Sistema Brasileiro de Televisão (SBT), na época conhecida como TV Studios, ou TVS (maio/1983). Fotos: Frank de Assis.

Págs. 180 e 181 - Circular (panfleto) em forma de dinheiro, algo muito comum entre os anos 1970 e 1980. Reprodução do arquivo pessoal de José Gabriel Vidal.

Pág. 196 - O grupo Black Juniors, que em 1984 lançou o compacto *Mas que Linda Estás*, um dos primeiros raps do Brasil no contexto da cultura hip-hop. Foto: Nelson Triunfo.

Pág. 217 - Capa do álbum *Vou de Samba com Você*, lançado em 1964 por Jair Rodrigues.

Capítulo 6

Págs. 222 e 249 - Em diferentes momentos, na década de 1980, ensaiando e desfilando pela escola de samba Vai-Vai – pela qual ganharia, em 1992, o prêmio Estandarte de Ouro como passista de destaque do Carnaval paulistano. Fotos: arquivo pessoal.

Pág. 234 - Carmelita, mãe de Nelsão, em visita feita ao apartamento do Bixiga (1983). Foto: Nelson Triunfo.

Pág. 242 - Capa do LP *Se Liga Meu!*, lançado pelo selo independente TNT Records no início de 1990.

Págs. 252 e 265 - Diferentes momentos na região da Penha, na zona leste de São Paulo, para onde se mudou em 1984. Fotos: Heloisa Batista.

Pág. 279 - Nelson Triunfo e Heloisa no aniversário de um ano do filho Jean, em abril de 1993. Foto: arquivo pessoal.

Capítulo 7

Pág. 282 - Uma das muitas oficinas com adolescentes ministradas por Nelsão pelo Brasil - a imagem registra uma atividade em Fortaleza/CE, em 2002. Foto: arquivo pessoal.

Pág. 287 - Ao lado de Marcelinho Back Spin (ao centro), Nelson Triunfo foi um dos fundadores da Casa do Hip-Hop de Diadema, oficializada em 1999 (foto de 26/7/2009). Foto: Gilberto Yoshinaga.

Pág. 295 - Com Nino Brown, outro importante personagem dos tempos áureos da Casa do Hip-Hop de Diadema (31/10/2009). Foto: Gilberto Yoshinaga.

Pág. 300 - Em homenagem recebida por seus 50 anos de idade, na cerimônia de entrega do Prêmio Hutuz, no Rio de Janeiro (novembro/2004). Foto: Heloisa Batista.

Pág. 301 - Mais reconhecimento: o "pai do hip-hop brasileiro" é capa da revista *Rap Brasil* (2005). Reprodução de arquivo pessoal.

Págs. 302 e 303 - Participação no programa de entrevistas de Jô Soares (24/7/2001). Foto: reprodução.

Pág. 309 - Sem nunca esconder seu orgulho de ser nordestino, Nelson Triunfo se define como um "híbrido de Luiz Gonzaga e James Brown" (31/10/2009). Foto: Gilberto Yoshinaga.

DO SERTÃO AO HIP-HOP

Págs. 311, 313 e 315 - Jean (13/4/2011) e Andrinho (28/10/2010) costumam se apresentar com o Funk & Cia, grupo criado e liderado pelo pai. Jean dança, canta rap e faz beatboxing, e Andrinho se tornou b-boy - aos seis anos, já fazia o difícil giro de cabeça (26/7/2009). Fotos: Gilberto Yoshinaga.

Reticências... (Encerramento)

Pág. 318 - Durante apresentação de dança soul em Juiz de Fora/MG (17/12/2010). Foto: Gilberto Yoshinaga.

Págs. 322 e 323 - Reproduções dos títulos de Cidadão Paulistano, recebido em 2007, e de comendador da Ordem do Mérito Cultural, ganho em 2008. Na foto, a primeira cerimônia, na Câmara dos Vereadores de São Paulo, com o filho Jean, Eduardo Suplicy, o rapper Rappin' Hood, o então vereador Chico Macena e o ator Sergio Mamberti (6/7/2008).

Pág. 324 - Com frequência, Nelsão concede entrevistas ou faz participações nos mais diversos programas televisivos. Nesta imagem, ele conversa com Rodney Suguita, o Maníaco da Câmera, em reportagem exibida pelo programa *Manos & Minas*, da TV Cultura (31/10/2009). Foto: Gilberto Yoshinaga.

Pág. 326 - Nelson Triunfo em sua cidade natal, com irmãs Socorro e Neide, os 18 músicos da banda Isaías Lima e o pai Seu Nelson, no dia em que este completava 101 anos de idade (31/5/2011). Foto: Gilberto Yoshinaga.

Pág. 329 - Reprodução de artigo de campanha em sua segunda tentativa de se eleger vereador em Diadema (agosto/2012).

Pág. 334 - Sujeito simples, como se autodefine, Nelsão também aprecia o futebol de várzea. A foto registra um dia de jogo em sua cidade natal, em 2006. Foto: arquivo pessoal.

Pág. 336 - Encontro com amigos, muitos deles artistas, são comuns no "quintal cultural" de Nelsão (16/9/2011). E apresentação musical com a banda Nhocuné Soul, com a qual gravou seu primeiro álbum solo, a ser lançado em 2014 (31/10/2009). Fotos: Gilberto Yoshinaga.

Pág. 339 - Outdoor de uma série comemorativa aos 450 anos de São Paulo, a maior imagem que Nelson Triunfo já viu de si mesmo, em registro feito em 2004 pelo fotógrafo Edu Simões. Foto: Nelson Triunfo.

Ven, ven pra RUA...

SABOTAGE
UM BOM LUGAR

Toni C.
BIOGRAFIA OFICIAL DE
Mauro Mateus dos Santos

O Hip-Hop Está Morto! — Toni C.
A História do Hip-Hop no Brasil
ORPAS — Um Sonho de Periferia — "...Porque sonhar não paga imposto!"
#POUCASPALAVRAS — @RENAN_INQUERITO

www.**LiteraRUA**.com.br

Este livro foi composto em fontes
Palatino 11 e Century Gothic 11.